循阶渐进　登高望远

命案的辩护
从侦查角度谈刑事辩护
MURDER DEFENSE

杨汉卿 著

北京大学出版社
PEKING UNIVERSITY PRESS

图书在版编目(CIP)数据

命案的辩护:从侦查角度谈刑事辩护/杨汉卿著.—北京:北京大学出版社,2018.7
(律师阶梯)
ISBN 978-7-301-29519-9

Ⅰ.①命… Ⅱ.①杨… Ⅲ.①杀人罪—刑事诉讼—辩护—研究—中国 Ⅳ.①D924.344 ②D925.210.4

中国版本图书馆 CIP 数据核字(2018)第 097555 号

书　　　名	命案的辩护——从侦查角度谈刑事辩护 MING'AN DE BIANHU——CONG ZHENCHA JIAODU TAN XINGSHI BIANHU
著作责任者	杨汉卿　著
策 划 编 辑	陆建华
责 任 编 辑	陆建华　焦春玲
标 准 书 号	ISBN 978-7-301-29519-9
出 版 发 行	北京大学出版社
地　　　址	北京市海淀区成府路 205 号　100871
网　　　址	http://www.pup.cn　http://www.yandayuanzhao.com
电 子 信 箱	yandayuanzhao@163.com
新 浪 微 博	@北京大学出版社　@北大出版社燕大元照法律图书
电　　　话	邮购部 62752015　发行部 62750672　编辑部 62117788
印 刷 者	北京大学印刷厂
经 销 者	新华书店 720 毫米×1020 毫米　16 开本　18.75 印张　306 千字 2018 年 7 月第 1 版　2018 年 7 月第 1 次印刷
定　　　价	49.00 元

未经许可,不得以任何方式复制或抄袭本书之部分或全部内容。
版权所有,侵权必究
举报电话:010-62752024　电子信箱:fd@pup.pku.edu.cn
图书如有印装质量问题,请与出版部联系,电话:010-62756370

前　言

了解侦查知识有助于律师实现辩护目的。

作为一名曾从事过18年刑事侦查、预审工作的律师，我似乎更加容易找到辩点。但从事律师职业之初，一些律师前辈、同人，一直在讲述一个共同的话题——刑事辩护律师风险很大，随时可能被《中华人民共和国刑法》（以下简称《刑法》）第306条追究刑事责任。从事刑事辩护9年以来，我深刻地感受到做刑事辩护业务并没有那么可怕，甚至没有风险。只要坚持依法辩护、坚守法治底线，公安、检察、法院也不会故意为难你。为了总结、传承刑事辩护经验，我萌发了撰写一本刑事辩护书籍的想法，希望将自己的经验分享给每一个刑事辩护律师。

本书以命案的侦查与辩护为主轴，从侦查人员的侦查思维、侦办案件程序等谈起，再到辩护律师如何分析问题、如何实现有效辩护，即从侦查思维到辩护思维，以不同视角思考同一个案件和问题，作为辩护律师实现辩护目的的辩护重点内容和技巧。本书以个人的办案心得、办案方法为主，重点谈论以下四个方面的内容：

一是简述侦查程序、方法、侦查思维。刑事案件的侦查是追诉刑事犯罪的根基，刑事公诉、刑事审判是刑事诉讼的一个环节。司法实践中，侦查阶段取证的证据，很少在法庭上作为非法证据排除。虽然当前在推动以审判为中心的刑事审判思维，但是检察、审判机关仍以侦查阶段获得的证据作为裁判依据，而被告人当庭陈述或辩解仅作参考，尤其被告人当庭供述与侦查阶段供述有罪事实不一致时，普遍认定被告人认罪态度不好。因此，作为刑事辩护律师，了解侦查基本程序、基本方法，对做好刑事辩护业务至关重要。

二是简述刑事辩护律师阅卷关注点。通常，刑事案件辩护律师自行调查的证据很少,甚至无证据可查。刑事辩护律师如何通过阅卷,发现案件疑点,找到辩点是刑事辩护律师的基本功。本书以《中华人民共和国刑事诉讼法》(以下简称《刑事诉讼法》)规定的证据种类为依据,通过具体案例,讲述如何查找案件疑点,如何发现问题、分析问题,如何质证辩论,全面反驳公诉机关的论点、论据。

三是刑事辩护律师阅卷技巧。刑事辩护律师阅卷,不像看书,可以做个标记、记个笔记。做一个好的刑事辩护律师,辩护效果的关键在于高水平地阅卷,所以本书以实际案例为主轴,配合各种比对表格,谈如何从中发现问题,提炼质证意见和辩护观点。

四是刑事辩护律师辩护重点。每一起刑事案件,特点不同,案情不同,辩护方案不同,辩护的重点也不同。如何找到辩点并实现辩护目的,是每位刑事辩护律师的目标。本书从不同角度,采用不同方式,提出查找辩护重点与辩护技巧的方法。

初次著书立说,加之时间仓促,难免存在错误与矛盾,在此恳请各界法律人士、律师同人批评指正。

杨汉卿
2018年1月10日

目录

第 1 章 命 案 概 述

第一节 命案特点 001
一、有预谋过程 002
案例 1-1 分析判断预谋犯罪过程有利于增强辩护律师内心确信 003
二、有因果关系 004
案例 1-2 案件因果关系的判断有利于辩护工作的开展 005
三、有尸体检验 006
案例 1-3 从尸体检验中可推断出被害人是否他杀死亡 008
四、有痕迹物证 008
案例 1-4 审查判断痕迹物证可以确认案件发生的事实 009

第二节 命案类型 010
一、绑架杀人 010
案例 1-5 查明案件类型有助于辩护律师审查、分析、判断证据 011
二、侵财杀人 012
案例 1-6 审查判断先后作案顺序可以明辨罪名的构成 013
三、强奸杀人 014
案例 1-7 强奸杀人案件的判断关键为是否发生性关系 015
四、报复杀人 015

五、激情杀人 016
　　案例 1-8　确认为激情杀人是罪轻辩护的有利条件 017
六、其他杀人 017

第三节　命案手段 018
一、投毒杀人 018
二、机械杀人 019
　　案例 1-9　查明作案手段有助于辩护律师找到从轻辩点 020
三、爆炸杀人 020
四、纵火杀人 021
五、枪弹杀人 022
六、窒息杀人 023

第四节　命案侦查途径 024
一、从因果关系入手展开刑事侦查 025
　　案例 1-10　查明因果关系有助于辩护律师发现冤假错案 027
二、从现场遗留的痕迹物证开展侦查 027
　　案例 1-11　仔细审阅证据有助于辨别提取的痕迹物证的合法性 028
三、从调查作案人逃离现场路线开展侦查 029
　　案例 1-12　审查被告人逃离现场的证据有助于查明案件事实 029
四、从调查犯罪条件入手开展侦查 030
　　案例 1-13　查明犯罪条件有助于辩护律师发现冤假错案 031
五、从调查被害人活动情况开展侦查 032
　　案例 1-14　查清被害人生前活动有助于辩护律师明辨是非 033
六、从调查可疑人员入手开展侦查 033
　　案例 1-15　查清可疑人员涉案依据是判断真假案件的关键 034
七、依靠技术侦查措施开展侦查 034

第 2 章　命案重要证据

第一节　现场勘查笔录　036
　一、现场勘查基本要求　037
　二、现场勘查组织领导　039
　三、现场访问　040
　　案例 2-1　研究侦查过程有助于辩护律师发现案件重要疑点　041
　四、现场勘验　041
　五、现场分析　042
　　案例 2-2　研究侦查顺序有利于发现侦查漏洞　044

第二节　法医尸体检验　044
　一、法医尸体检验的程序　045
　二、命案尸体检验的目的　046
　三、辩护律师审阅案卷审查尸体检验报告的重点　048
　　案例 2-3　尸体检验报告可验证被告人供述真假　049

第三节　证人证言　049
　一、确定尸源　050
　二、案发时间　051
　三、被害人情况　051
　四、发案情况　051
　　案例 2-4　查明证人作证时间有助于辩护律师围绕客观真实性质证　052

第四节　痕迹物证检验　053
　一、同一鉴定　053
　二、种属鉴定　054
　三、常见的痕迹鉴定　055
　四、其他鉴定　057

第五节　其他证据　057
　一、犯罪嫌疑人、被告人的供述和辩解　057

案例 2-5　研究被告人供述有助于辩护律师分析被告人是否受到
　　　　　　　刑讯逼供　　　　　　　　　　　　　　　　　　058
二、视听资料　　　　　　　　　　　　　　　　　　　　　　　058
三、电子数据　　　　　　　　　　　　　　　　　　　　　　　059
　　案例 2-6　查明电子证据形成有助于分析判断证据的客观性　　060
四、检查、辨认笔录　　　　　　　　　　　　　　　　　　　　061
五、侦查实验　　　　　　　　　　　　　　　　　　　　　　　063

第 3 章　侦查的基本程序

第一节　侦查的立案　　　　　　　　　　　　　　　　　　　　065
　一、立案的依据　　　　　　　　　　　　　　　　　　　　　065
　二、立案的条件　　　　　　　　　　　　　　　　　　　　　066
　三、接受案件线索　　　　　　　　　　　　　　　　　　　　066
　四、决定立案或不予以立案　　　　　　　　　　　　　　　　067
　　案例 3-1　查明案件来源是判断侦查程序合法性的起点　　　068
第二节　侦查的组织实施　　　　　　　　　　　　　　　　　　069
　一、对案情的分析判断　　　　　　　　　　　　　　　　　　069
　二、制订侦查方案　　　　　　　　　　　　　　　　　　　　070
　三、专案侦查与并案侦查　　　　　　　　　　　　　　　　　070
　四、破案　　　　　　　　　　　　　　　　　　　　　　　　071
　五、预审工作　　　　　　　　　　　　　　　　　　　　　　072
　　案例 3-2　询问被告人是辩护律师发现案件疑点的最直接方法　073
第三节　侦查的基本措施　　　　　　　　　　　　　　　　　　075
　一、常规侦查措施　　　　　　　　　　　　　　　　　　　　075
　二、询问证人　　　　　　　　　　　　　　　　　　　　　　077
　三、勘验、检查、侦查实验　　　　　　　　　　　　　　　　078
　四、搜查　　　　　　　　　　　　　　　　　　　　　　　　079

五、扣押物证、书证　　080
　　六、鉴定　　080
　　七、通缉　　081
　　八、查询、冻结存款、汇款　　082
　　九、辨认　　083
　　十、技术侦查　　084

第四节　侦查的终结　　085
　　一、犯罪嫌疑人、被告人羁押期限规定　　085
　　二、侦查阶段听取律师意见规定　　086
　　　　案例 3-3　充分利用侦查阶段的辩护权利　　087
　　三、侦查终结条件规定　　087
　　四、侦查阶段撤案规定　　087
　　五、侦查终结前证据审查判断内容　　087

第 4 章　命案的数轴辩护思维

第一节　刑事辩护的法律规定　　089
　　一、委托辩护规定　　089
　　二、侦查司法机关义务规定　　089
　　三、辩护人的责任权利规定　　090
　　四、辩护律师会见规定　　091
　　五、辩护人强制性规定　　091
　　六、有利于被告人规定　　092
　　七、保密规定　　092

第二节　命案的数轴辩护思维　　092
　　一、数轴辩护思维理念来源　　093
　　二、如何构建数轴辩护思维　　093

三、构建数轴辩护思维的重要意义　094

第三节　制作数轴辩护思维分析图的基本方法　095
　一、制作被害人案发前后的活动轨迹图　095
　　示例 4-1　聂某故意杀人、强奸案被害人康某 8 月 5 日活动轨迹图　096
　二、制作犯罪嫌疑人、被告人在案发前后的活动轨迹图　097
　　示例 4-2　聂某故意杀人、强奸案聂某案发前后活动轨迹图　097
　三、侦查机关侦查行为轨迹图　098
　　示例 4-3　聂某故意杀人、强奸案的侦查轨迹数轴图　099
　四、构建数轴思维分析判断证人证言的客观性　101
　　示例 4-4　聂某故意杀人、强奸案的侦查轨迹数轴图　102
　五、综合分析被告人是否构成犯罪　103

第 5 章　律师会见辩护技巧

第一节　会见前准备工作　105
　一、会见前准备工作的重要性　105
　二、会见前的准备工作　106

第二节　律师会见重点内容　107
　一、辩护律师首次会见程序和重点工作内容　107
　二、每个阶段会见的重点工作内容　109

第三节　律师会见谈话技巧　112
　一、律师会见谈话的意义　112
　二、律师会见谈话技巧　113
　三、律师会见谈话笔录制作　115
　　示例 5-1　刑事辩护律师首次会见犯罪嫌疑人笔录式样　115
　　示例 5-2　刑事辩护律师第二次起会见犯罪嫌疑人笔录式样　117

第四节　律师核对证据的方法　　　　　　　　　　　118
一、核对证据真实性的方法　　　　　　　　　　　　119
二、核实证据关联性的方法　　　　　　　　　　　　121
三、核实证据的范围　　　　　　　　　　　　　　　121

第五节　律师会见的注意事项　　　　　　　　　　　121
一、会见犯罪嫌疑人、被告人严格禁止的行为　　　　122
二、辩护律师会见犯罪嫌疑人、被告人时应做到六个细心　　125
三、辩护律师会见结束时的注意事项　　　　　　　　129

第6章　庭审前准备技巧

第一节　庭前准备工作概述　　　　　　　　　　　　130
第二节　制作阅卷提纲　　　　　　　　　　　　　　132
一、制作全部案卷主目录　　　　　　　　　　　　　132
　　示例6-1　葛某拐卖妇女儿童案主目录　　　　　133
二、制作案件大事记　　　　　　　　　　　　　　　139
　　示例6-2　聂某故意杀人、强奸案大事记　　　　140
　　示例6-3　袁某欣故意杀人、抢劫、强奸案大事记　141
　　示例6-4　庞某祥抢劫案大事记　　　　　　　　141
三、制作被告人讯问基本情况统计表　　　　　　　　142
　　示例6-5　庞某祥抢劫致二人死亡案讯问情况统计表　143
四、制作被告人供述情况统计表　　　　　　　　　　144
　　示例6-6　被告人庞某祥历次供述情况统计表　　144
　　示例6-7　被告人袁某欣供述事实比较表　　　　145
五、制作证人询问情况、证明事实统计表、比对表　　147

六、制作证明主要犯罪事实比对表 　　　　　　　　　　　　　　　148
　　示例 6-8　被告人供述作案成员与受害人陈述比较表　　　　　　148
　　示例 6-9　庞某祥抢劫案各被告人供述作案人员分工情况比较表　150
　　示例 6-10　庞某祥抢劫案各被告人供述作案工具比较表　　　　　150

七、制作其他事实对比表　　　　　　　　　　　　　　　　　　　　151

第三节　辩护律师收集、调查取证　　　　　　　　　　　　　　　　　152
　　一、法律规定　　　　　　　　　　　　　　　　　　　　　　　　152
　　二、申请人民检察院、人民法院收集、调查取证　　　　　　　　　153
　　三、申请人民法院通知证人出庭作证　　　　　　　　　　　　　　153
　　四、辩护律师自行收集、调查取证　　　　　　　　　　　　　　　153
　　　　示例 6-11　辩护律师调查笔录式样　　　　　　　　　　　　155

第四节　审查判断证据　　　　　　　　　　　　　　　　　　　　　　156
　　一、对物证、书证应当重点审查的内容　　　　　　　　　　　　　157
　　二、对证人证言和被害人陈述审查的重点内容　　　　　　　　　　158
　　三、对犯罪嫌疑人供述和辩解审查的重点内容　　　　　　　　　　159
　　四、对鉴定意见审查的重点内容　　　　　　　　　　　　　　　　159
　　五、对勘验、检查、辨认笔录重点审查的内容　　　　　　　　　　160
　　六、对视听资料应当重点审查的内容　　　　　　　　　　　　　　161
　　七、对电子邮件、电子数据交换、网上聊天记录、博客、微博、手机短信、
　　　　电子签名、域名等电子数据的重点审查内容　　　　　　　　　161
　　八、非法证据排除　　　　　　　　　　　　　　　　　　　　　　162
　　九、证据的综合审查与运用　　　　　　　　　　　　　　　　　　164

第五节　法庭举证质证　　　　　　　　　　　　　　　　　　　　　　166
　　一、撰写举证质证提纲的方法　　　　　　　　　　　　　　　　　166
　　二、撰写举证质证提纲的重点　　　　　　　　　　　　　　　　　168
　　三、法庭发表举证质证意见的技巧　　　　　　　　　　　　　　　169
　　四、举证质证法律意见文书格式　　　　　　　　　　　　　　　　169
　　　　示例 6-12　庞某祥抢劫案件辩护律师质证意见　　　　　　　170

示例 6-13　袁某欣故意杀人、强奸、抢劫案质证意见格式	173
五、庭后整理并提交质证法律意见	173

第 7 章　法庭发问技巧

第一节　法庭发问目的 174
　一、发现证据证明力 174
　二、发现无罪或罪轻线索 174
　三、解决辩护律师的疑问 175
第二节　法庭发问原则 175
　一、发问准备原则 175
　　案例 7-1　法庭询问技巧是辩护律师发现问题印证证据的有效方法 176
　二、简单直接原则 178
　　示例 7-1　发问被告人 178
　　示例 7-2　发问证人 179
　三、目的发问原则 180
　四、针对性原则 180
　五、发问条理清楚原则 181
　六、禁止诱导发问原则 181
第三节　法庭发问范围 181
　一、对证人的发问 181
　二、对鉴定人的发问 182
　三、对被告人的发问 182
　四、对侦查人员的发问 182
第四节　法庭发问技巧 183
　一、熟悉案件事实 183
　二、制作发问提纲 183

三、法庭发问方法　　　　　　　　　　　　　　　　　　　　　183

第8章　法庭辩护技巧

第一节　法庭辩论概述　　　　　　　　　　　　　　　　　　185
一、法庭辩论的重点　　　　　　　　　　　　　　　　　　　　185
二、法庭辩论先后顺序　　　　　　　　　　　　　　　　　　　186
三、归纳法庭辩论焦点　　　　　　　　　　　　　　　　　　　187

第二节　拟定辩论提纲方法　　　　　　　　　　　　　　　　189
一、数轴式提纲　　　　　　　　　　　　　　　　　　　　　　189
　　示例8-1　聂某故意杀人、强奸案侦查人员的侦查轨迹数轴图　　190
　　示例8-2　葛某聪拐卖妇女儿童案数轴图　　　　　　　　　　191
二、图表式提纲　　　　　　　　　　　　　　　　　　　　　　192
　　示例8-3　葛某聪、陈某领养顾某A孩子涉案人员关系图　　　　192
三、文字性提纲　　　　　　　　　　　　　　　　　　　　　　192
　　示例8-4　被告人袁某欣的辩论提纲（节选、摘要）　　　　　192
四、图表与文字结合提纲　　　　　　　　　　　　　　　　　　198
　　示例8-5　庞某祥抢劫案辩护提纲（节选、摘要）　　　　　　198

第三节　法庭发表辩论注意事项　　　　　　　　　　　　　　204
一、文字表达技巧　　　　　　　　　　　　　　　　　　　　　204
二、语言表达技巧　　　　　　　　　　　　　　　　　　　　　204
三、形象技巧　　　　　　　　　　　　　　　　　　　　　　　205
四、法庭辩论的注意事项　　　　　　　　　　　　　　　　　　206
五、法庭辩论应遵循下列规则　　　　　　　　　　　　　　　　206

第四节　撰写辩护词　　　　　　　　　　　　　　　　　　　207
一、辩护词的撰写方法　　　　　　　　　　　　　　　　　　　207
二、辩护词撰写的基本要求　　　　　　　　　　　　　　　　　209

三、辩护词定稿校对	210
四、提交辩护词	211
示例8-6 吉林省某县王某禹故意杀人案一审辩护词	211

第9章 命案证据吻合性辩护重点

第一节 作案时间的吻合性	216
一、犯罪嫌疑人供述确定作案时间	216
二、证人证言确定时间	217
三、其他证据确定作案时间	218
第二节 作案因素的吻合性	218
一、通过犯罪嫌疑人供述确定作案因素	218
二、通过证人证言确定作案因素	219
三、其他证据	219
第三节 作案工具的吻合性	220
一、作案工具的来源与去向	220
二、作案工具与现场分析是否吻合	220
三、作案工具与尸体检验是否吻合	221
第四节 作案现场的吻合性	221
一、供述现场情况是否符合实际情况	221
二、现场情况是否泄密	222
三、现场关键细节是否主动供述	223
第五节 鉴定意见的吻合性	224
一、鉴定程序是否合法	224
二、司法鉴定人是否合法	226
三、鉴定意见是否符合法定形式	226
四、鉴定结论是否与供述吻合	227

第六节　犯罪嫌疑人供述的吻合性　　　　　　　　　　227

一、犯罪嫌疑人、被告人的有罪供述是否具有客观性　　　227

示例 9-1　庞某祥在抢劫五起致二人死亡案件中的供述情况　　228

二、犯罪嫌疑人、被告人的辩解是否有证据支持　　　　228

三、犯罪嫌疑人、被告人的供述是否与其他证据相符合　　229

第 10 章　程序性辩护重点

第一节　侦查程序辩护　　　　　　　　　　　　　　230

一、侦查程序是否合法　　　　　　　　　　　　　　230

二、侦查主体是否合法　　　　　　　　　　　　　　231

三、查获作案人程序是否合理　　　　　　　　　　　232

第二节　庭前会议辩护重点　　　　　　　　　　　　232

一、庭前会议非公开性　　　　　　　　　　　　　　233

二、庭前会议的功能　　　　　　　　　　　　　　　234

三、庭前会议的适用范围　　　　　　　　　　　　　234

四、庭前会议的主持人　　　　　　　　　　　　　　234

五、庭前会议被告人的参与权　　　　　　　　　　　234

六、庭前会议解决事项的范围　　　　　　　　　　　235

七、庭前会议的效力　　　　　　　　　　　　　　　235

八、非法证据排除权利　　　　　　　　　　　　　　236

第三节　非法证据排除的辩护重点　　　　　　　　　236

一、审判阶段辩护律师应当及时申请非法排除证据　　236

二、从讯问笔录中发现刑讯逼供的线索　　　　　　　237

三、法庭审理期间详细询问被告人刑讯逼供的具体情况　238

四、从入所体检表当中发现刑讯逼供的线索　　　　　238

五、收集被告人无罪辩解的证据证实其有罪供述属于非法证据　238

六、申请侦查人员、看守所管教人员出庭作证　　　239

七、收集看守所共同羁押人员的证词　　　239

八、审查同案犯讯问笔录并利用庭审发问机会发现刑讯逼供线索　　　239

第四节　刑事诉讼阶段辩护重点　　　239

一、侦查阶段辩护重点　　　240

二、审查起诉阶段辩护重点　　　242

三、一审阶段辩护重点　　　244

四、二审阶段辩护重点　　　246

五、再审阶段辩护重点　　　247

第 11 章　命案无罪辩护重点

第一节　正当防卫辩护重点　　　248

一、正当防卫概述　　　248

二、正当防卫的特征　　　249

三、认定正当防卫的条件　　　250

四、无限防卫权　　　251

五、不能认定正当防卫的情形　　　251

六、正当防卫辩护提出阶段　　　252

案例 11-1　查明案件发生过程是实现正当防卫有效辩护的条件　　　252

第二节　绝对无罪辩护　　　253

一、法定不予以追究刑事责任的情形　　　253

二、没有证据证明有犯罪事实发生的无罪辩护　　　255

案例 11-2　发现控方证据漏洞有助于实现有效辩护　　　256

第三节　相对无罪辩护　　　256

一、疑罪从无案件处理方式　　　257

二、疑罪从无案件辩护重点　　　257

第 12 章　罪轻辩护重点

第一节　自首、立功情节辩护　259
　一、自首情节认定条件　259
　二、立功情节认定条件　262

第二节　从犯辩护 　263
　一、从犯分类　263
　二、从犯处罚　264
　三、从犯认定　264

第三节　犯罪的预备、未遂和中止辩护 　265
　一、犯罪预备的认定　265
　二、犯罪未遂的认定　267
　三、犯罪中止的认定　268

第四节　其他常见罪轻辩护 　270
　一、刑事责任能力辩护　270
　二、主观恶性辩护　272
　三、过失犯罪辩护　272
　四、单位犯罪辩护　273
　五、罪名辩护　273
　六、因果关系辩护　273
　七、犯罪作用与地位辩护　273
　八、受害人过错辩护　274
　九、认真悔罪态度辩护　274
　十、防卫过当辩护　274

后　记　277

第 ① 章

命 案 概 述

第一节　命案特点

"命案"并不是一个规范的法律用语。命案是公安机关对发生被害人死亡案件的统一称谓或说法,是侦查机关的一个侦查用语。本书将造成他人死亡的刑事案件统称为命案。

从侦查角度来看,命案可以区分为广义命案和狭义命案。狭义命案是指直接以剥夺他人生命为目的故意杀人、故意伤害致死案件,作案手段包括爆炸、放火、投放危险物质、枪杀、棍棒击打、锐器扎捅等。广义命案则包括以实施抢劫、强奸、绑架、聚众斗殴、恐怖活动、危害公共安全等为行为目的,在实施犯罪过程中造成被害人死亡的案件。无论是以剥夺被害人生命为目的的命案,还是以抢劫、强奸、绑架、恐怖活动、危害公共安全等为目的的案件,均可能造成被害人死亡,都属于极其严重的刑事案件。除自杀、意外死亡外,只要发生被害人死亡的刑事案件,侦查机关在侦查时一般都称之为命案。基于造成被害人死亡的结果,命案对社会的危害性极大,毕竟它直接危及人的生命。无论是直接故意,还是间接故意,作案人主观上都是要剥夺他人生命。

因命案的危害性大,破获命案成为公安机关的重要任务,破案和抓获犯罪嫌疑人成为侦查机关最重要的目标,也是体现公安机关侦查破案能力的重要标志。

准确打击犯罪,是公安机关义不容辞的责任,也是人民检察院、人民法院正确适用法律,严格依据案件证据,准确认定犯罪的责任。在刑事辩护中,如何明辨是非,帮助公安机关、检察机关和审判机关查明案件事实,准确认定犯罪嫌疑人、被告人的犯罪事实,正确适用法律,帮助犯罪嫌疑人、被告人维护其合法权益,则成为刑事辩护律师的重要职责或者说根本任务。

命案是作案人通过使用暴力或非暴力的方法,非法致人死亡、伤残,明显具有非法剥夺他人生命的主观故意。命案有两个重要特征:一是具有剥夺他人生命的故意,即作案人主观上存在剥夺他人生命的目的;二是行为具有违法性,即剥夺他人生命的行为违反了国家法律的强制性规定。一般情况下,命案具有以下四个特点。

一、有预谋过程

预谋,听起来是一个贬义词,其实与策划、谋划是一个意思。预谋就是预先策划、谋划如何做一件事情,更多时候是指做坏事之前的谋划、策划。《鹏鸟赋》:"天不可预虑兮,道不可预谋。"这里的预谋是指预先计谋。《周书·皇后传·宣帝杨皇后》:"宣帝不豫,诏后父入禁中侍疾。及大渐,刘昉、郑译等因矫诏以后父受遗辅政。后初虽不预谋,然以嗣主幼冲,恐权在他族,不利于己,闻昉译已行此诏,心甚悦之。"这里的预谋是指参与计划。对于命案,预谋就是事先设计、策划,以求实现作案目的的过程。

作案人实施故意杀人的犯罪行为,一般情况下都有预谋准备过程。其目的是为了减少作案过程中受到的障碍、阻力,剥夺他人生命,并且为逃避法律的制裁进行策划或反侦查。所以,作案人在实施此类犯罪前,一般会经过准备、策划、实施等几个阶段,或紧密连续实施犯罪行为。在准备、策划阶段,一般情况需要完成如下工作:选择确定杀害对象,选择接近对象的方式,策划杀人的手段、拟定实施杀人的方法,准备作案工具,选择作案时机,选择作案地点,是否要伪造、破坏现场,如何引起公安机关的错觉,作案后如何逃离现场,如何处置尸体,如何掩盖和处置凶器、血衣、血迹等痕迹物证,如何在公安机关讯问时回避具有作案时间、作案因素等问题。

预谋在所有犯罪类型中都可能存在,但在命案中,作案人可能更加注重事前的预谋策划,毕竟命案涉及人的生命,一旦被公安机关抓获,必将受到最严厉的惩罚。

从侦查角度来看,命案发生后,通常侦查人员会结合现场勘查、尸体检验、现场访问等综合信息,分析作案人是否有预谋犯罪过程,进而分析作案人体貌特征、活动区域、职业范围等,为确定侦查方向提供依据。这种分析来源主要体现在侦查方案、破案报告、讯问笔录、证人证言、现场勘查笔录、尸体检验鉴定意见等证据之中,结果则体现在犯罪嫌疑人自身及其供述与辩解之中。

辩护律师在命案辩护过程中,更重要的是通过阅卷来发现案件存在的问题:诸如作案人是否有犯罪预谋过程,预谋犯罪阶段有哪些证据予以证明,这些证据是否形成了完整的证据链条等。这些问题更多的是从犯罪嫌疑人、被告人的供述与辩解中体现,因此辩护律师应当重点关注犯罪嫌疑人、被告人的供述与辩解是否符合客观事实,能否与其他证据相互印证。辩护律师应当注重案件证据的细节,从细节中发现问题,从而推断出公安机关抓获的犯罪嫌疑人是否为实际作案人,进一步增强辩护律师是进行无罪辩护还是罪轻辩护的内心确信程度。

案例 1-1

分析判断预谋犯罪过程有利于增强辩护律师内心确信

袁某欣故意杀人、抢劫、强奸案件。笔者在阅卷时发现,被告人之一袁某凯供述系自己准备胶带、绳索等作案工具并考虑如何实施作案后,在晚上开车找到被告人袁某欣提出已找到挣钱的方法。按照袁某凯的说法,二人会合后,开始寻找夜间从夜总会出来搭车的女子并成功将被害人唐某叫上车,用胶带、绳索等捆绑、封嘴,劫持至出租房屋内。同时,袁某欣供认,系袁某凯给其打电话说找到挣钱方法,然后二人利用夜晚出租车少的机会,开始在各夜总会之间路段寻找夜总会出来的女子,发现被害人唐某后,将唐某叫上车。唐某上车后,袁某凯告诉其车上有胶带、绳索等工具,可将唐某绑上、用胶带封嘴等。根据被告人供述,侦查机关又调查了被告人袁某凯供述购买胶带、绳索等作案工具的商店销售人员,印证了被告人袁某凯的供述。从本案证据可以分析判断,被告人袁某凯在作案前是经过深思熟虑的,是有作案预谋的。通过这样的证据分析判断,可以让辩护律师内心确信侦查机关抓获的作案人员袁某凯、袁某欣二人系实际作案人员,不存在冤案发生的可能,就可以确定辩护的方向为罪轻辩护。

二、有因果关系

因果关系是揭示客观世界中普遍联系着的事物内在规律的基本关系,是前后相继、彼此制约、相互发生作用的一种关系。原因是指引起一定现象的现象,即起因;结果是指由于原因的作用而引起的现象,即结果。

在命案中,作案人与被害人之间通常有比较明显的因果关系,这种因果关系是指作案人与被害人之间,在发生命案前后,形成或出现的各种利害关系或矛盾冲突,一般直接或间接地体现在命案发生过程或现场勘查、尸体检验结果之中。剥夺他人生命是利害关系或矛盾冲突达到一定程度,作案人为实现自己的特定目的而做出的非法剥夺他人生命的行为。这种因果关系往往会通过现场痕迹和尸体伤痕得以体现。在实践中,常见因果关系有因民事、邻里矛盾纠纷而引发命案,因男女恋情、争风吃醋而引发命案,因受迫害或压迫引发反抗而发生命案,因生意竞争而引发命案,因仇恨而引发命案,因财而引发命案,因色而引发命案等。但是,也有一些命案,作案人与被害人之间不存在直接的因果关系,如为报复社会而发生的命案,为达到同他人发生性关系而发生的命案,精神病人失常行为而引发的命案,为实现恐怖目的而发生的命案等,这类案件或多或少,也能从中找到一些间接的因果关系。

命案的因果关系通常包括以下四种:

第一种:一因一果。这是最简单的因果关系形式。一因一果是指一个危害行为直接或间接引起一个危害结果。在司法实践中,这种因果关系形式较为容易认定。例如:邻里矛盾杀人案件,作案人基于邻里矛盾,直接目的就是剥夺他人生命,造成的结果也是剥夺他人生命。

第二种:一因多果。一因多果是指一个危害行为可以同时引起多种结果的情形。在一行为引起的多种结果中,要分析主要结果与次要结果、直接结果与间接结果,这对于定罪量刑是有意义的。例如:抢劫致人死亡案件,作案人为实现劫取他人财物的目的,同时剥夺他人生命。劫财是作案人作案的起因,结果是造成被害人财产损失和生命被剥夺两个结果。

第三种:多因一果。多因一果是指某一危害结果是由多个危害行为造成的。

一般有两种情况：一是责任事故，二是共同犯罪。例如：安全生产责任事故案件，可能是由于管理不到位、责任不明确、操作违反规程等综合因素，引发安全事故。

第四种：多因多果。多因多果是指多个危害行为同时或先后引起多个危害结果。其典型表现形式存在于集团犯罪中。例如：黑社会性质组织犯罪案件。

从侦查角度分析命案的因果关系，是确定侦查方向的重要依据，也是尽快破案的切实可行的方法。因此，查找因果关系成为侦查人员开展侦查活动的重中之重。因果关系确定之后，侦查方向便基本明确。公安机关确定因果关系，主要是从犯罪现场勘验、尸体检验、调查走访、案发时间、被害人情况等众多信息中查找、查证；反映在刑事卷宗中，则是侦查方案、破案报告、讯问笔录、证人证言、尸体痕迹、现场痕迹等证据。

对辩护律师而言，分析犯罪嫌疑人、被告人与被害人之间的因果关系，是辨别犯罪嫌疑人、被告人与被害人死亡结果是否存在直接关联关系的重要方法。因此，辩护律师在阅卷时，应当重点通过对犯罪嫌疑人、被告人的供述和辩解，证人证言，现场勘验笔录，尸体检验鉴定意见等证据审查判断，确定犯罪嫌疑人、被告人与被害人之间的因果关系，从而发现犯罪嫌疑人、被告人的供述与辩解是否具有客观性、真实性，即公安机关、检察机关认定的作案人是否唯一指向犯罪嫌疑人、被告人。分析犯罪嫌疑人、被告人是否是真正的作案人，对辩护律师实现有效辩护至关重要。这就要求辩护律师在阅卷过程中，一定要准确把握案件的因果关系，从而为有效辩护工作提供有利的支撑。

案例 1-2

案件因果关系的判断有利于辩护工作的开展

王某禹故意伤害致人死亡案件。笔者在阅卷时发现，王某禹在侦查机关供述其与被害人存在邻里矛盾关系，多次发生争吵、冲突，冲突升级导致其将被害人扎死。从公安机关的现场访问调查情况看，多位证人证实王某禹与被害人存在邻里矛盾关系。通过分析判断，被告人王某禹的供述和证人证言具有客观真实性，调查取证程序合法，可以认定王某禹与本案具有利害关系，辩护律师内心可以确信，王某禹有重大作案嫌疑或者说致被害人死亡就是其所为。接下来，辩护律师就应当考虑如何进行罪轻辩护。

三、有尸体检验

尸体指生物死后留下的躯体。经过一段时间,由于细菌、真菌分泌的酶的作用,尸体会腐烂变成二氧化碳和水。腐败的尸体是恶臭的,其主要原因是腐败过程中产生了尸胺。尸体在水中,腐烂会加快;而在酸、碱等介质中,腐烂可减缓。比如,古代埃及的木乃伊就是一种风干的尸体。

命案最显著的特点是有尸体或尸块留存在案发现场,这也是命案区别于其他案件的重要特征。通过对尸体或尸块勘验、鉴定、辨认等,可以确定死者姓名、职业、身份、住址、活动区域、生活习惯等基本情况;通过对尸体或尸块发现位置的勘验、鉴定,可以确定死亡原因、死亡地点、作案工具、作案手段、作案方法、作案动机等。通过对尸体或尸块勘验、鉴定可以确定侦查方向,为侦查破案提供线索。尸体或尸块伤痕可以印证犯罪嫌疑人的供述是否真实,分析确认公安机关抓获的犯罪嫌疑人是否是真实的作案人。在命案中,尸体或尸块占据极其重要的地位。

法医尸体检验的主要任务是明确死亡原因,判定死亡性质,推断受伤和死亡的时间,为侦察破案提供侦查线索,获取证明犯罪的证据,为诉讼和法庭审判定罪量刑提供依据。

从侦查角度来看,尸体检验主要应当确定以下问题:

(1) 尸体所展现出来的痕迹特征是由什么工具造成的,即尸体损伤痕迹体现的造成死亡的工具是刀具、枪械、棍棒或其他器具中的一种,还是多种凶器;

(2) 被害人是否是被扼、勒、缢颈部所致的机械性窒息死亡;

(3) 被害人是什么时间死亡的,是当时死亡,还是经过一定时间段后死亡的;

(4) 被害人是因何毒物中毒死亡的。被害人是否是因误食、误用或者因他人故意投放、施放有毒有害物而致的中毒死亡,或是环境严重污染、工厂毒气泄漏或有毒环境作业等引起的中毒死亡;

(5) 被害人死亡的原因,如外力致死、疾病死亡;

(6) 被害人的衣着特征、身体特征等,以确定被害人身份等。

法医尸体检验原则上应当在案发时即时进行。拖延时间会导致尸体腐败,将直接影响检验结果。尸体检验一般应当选用条件较好的检验场所,如良好的照明、良好的通风、充足的水源,及必备的称量工具,固定标本的器皿、试剂等。但笔者在从事刑事侦查期间,大部分案件的尸体检验是直接在案发现场进行的,主要目的是防止在移动尸体时,对尸体及痕迹造成二次伤害。法医在尸体检验时一定要坚持全面细致提取检验标本的原则,切忌以局部检验代替全面检查。即使发现致死原因系外力造成,也应当全面解剖,并按常规提取病理检验和毒物化验标本。这既是法医鉴定的科学要求,又是法医鉴定工作的基本要求,也是排除和否定其他可能性的可靠依据。

尸检人员通常由主检法医、法医助手、记录员、摄影师组成。尸检的方法通常为在尸检前先拍照固定,先外后内,逐层递进,同步录像、拍照,对于检验中所见的阳性和有价值阴性体征也要拍照、录像固定。

在命案侦查中,要求法医在尸体检验中不仅仅是出具一份验尸报告或鉴定意见书,更重要的是分析作案凶器、死亡原因、作案人特征等,为侦查破案提供依据。

从侦查角度来看,尸体在命案侦查中是非常重要的证据。尸体既是确定死亡原因的唯一证据,也是确定作案人使用了何种凶器作案的依据。同时,尸体也是分析确认被害人死亡前,与作案人是否发生打斗、撕扯等关键性问题的依据,是验证犯罪嫌疑人供述的作案过程是否符合实际情况的重要依据。犯罪嫌疑人的供述和辩解与尸体检验结果是否符合,是确认犯罪嫌疑人是否为实际作案人的重要依据;犯罪嫌疑人对作案凶器、作案过程的描述,更是需要靠尸体检验情况来验证。

辩护律师应当重点关注被害人死亡原因,作案凶器类型,被害人伤痕形成原因等。这就要求辩护律师应当详细审查尸体检验鉴定意见和现场勘验笔录。尸体检验鉴定意见应当重点关注尸体检验的程序是否按检验步骤操作,如首先应对尸体外观状况进行检查记录,先外后内、逐层递进式检验,对重点部位、重要伤痕进行拍照、记录;再从记载的客观情况,看是否能够直接得出死亡原因、作案凶器等。辩护律师一定要认真审阅案卷中的尸体检验鉴定意见、现场勘查笔录,并将其与被告人的供述或会见时了解到的情况进行核对。这是确定嫌疑人是否为实际作案人的重要方法,也是辩护律师通过会见嫌疑人,能否形成内心确信犯罪嫌疑人、被告人就是实际作案人的关键因素。

案例 1-3

从尸体检验中可推断出被害人是否他杀死亡

河北省某市某区陈某非正常死亡案。案发后,公安机关经侦查认定为意外事故,不予立案侦查。被害人父母坚持认为是他杀,要求公安机关立案侦查。笔者接受该案申诉代理工作。被害人父母提供的证据材料,尤其是尸体检验鉴定意见中存在重大问题:一是整个尸体检验程序严重违反法定程序,未记载被害人身穿什么衣物,穿几层衣物,衣物是否有破损,尸体是否有对应伤痕等。经向被害人父母了解,法医尸检时,直接扒下被害人衣物交其处理掉,没有保留。二是从被害人父母提供的尸检时的尸体伤痕照片可以看出,被害人身体有多处伤痕,且有的伤痕位于胳膊、大腿内侧或外侧,有明显的擦皮伤、淤青等,结合现场环境,被害人本人的行为不能够同时形成上述伤痕。因此,笔者有理由怀疑被害人系他杀死亡。

四、有痕迹物证

所谓痕迹物证是指能够以其外观特征,如物体增减、位置变动以及状态等证明案件真实情况的各种客观存在痕迹。其属性是以其表面特征变化或形态改变而反映出的具体特征。其实,尸体痕迹物证是为了与文件物证、人身物证和物品物证等区分而出现的名词。

痕迹物证从宏观结构上可分为立体痕迹物证和平面痕迹物证,根据造痕体的不同可以分为人体痕迹物证,如手印、足迹、唇纹、耳郭痕迹和牙齿痕迹等;器械工具痕迹物证,如棍棒痕迹、工具痕迹、枪弹痕迹、车辆痕迹、纺织品痕迹和开破锁痕迹等;动物痕迹,如狗行走的痕迹、鸡行走的痕迹、昆虫痕迹等。

由于各种痕迹物证的形态结构不同、形成痕迹物证的条件不同,因而形成痕迹物证的因素也有区别。但是,痕迹主要是在承载痕迹载体、痕迹形成主体、作用力三个因素的共同作用下形成的。

痕迹物证可以为侦查提供有关犯罪事实的信息,提供作案方式的信息,提供某人与犯罪现场之间联系的信息,提供犯罪分子个人情况的信息。

在命案中,无论作案人采取什么样的作案手段、作案方法,在命案现场都会遗留很多痕迹物证,如尸体、尸块、足迹、手印、脚印、车辆痕迹、作案工具、衣物、证件、现金、银行卡、血迹、毛发、包等。通过对这些痕迹物证的分析判断,可以确认被害人是否与作案人发生搏斗,现场是否发生过破坏,现场是否有伪造,现场是否是中心现场,作案人与被害人是否熟悉,作案工具种类等,还可以通过现场足迹勘验,发现作案人基本特征如身高、体型、走路习惯、职业等。勘验、鉴定、分析这些痕迹物证是公安机关侦查命案的必经途径,也是确定犯罪嫌疑人是否为实际作案人的重要物证。

从侦查角度来看,痕迹物证是现场勘查重点关注和提取的内容,尤其是现场发现的微量痕迹物证。最能体现痕迹物证的证据是现场勘查笔录和提取笔录。现场勘查笔录是侦查人员全面记录案发现场及相关场所的勘验、检查情况,以及依法搜集、提取证据等事项的证据性文书。现场勘查笔录主要记载:现场位置、勘验时间、天气状况、勘验顺序、现场细目情况、在什么位置发现并提取哪些痕迹物证、该痕迹物证当时是什么状态等综合情况。在侦查过程中,由于现场勘查笔录不能单独证明案件的主要事实,仅是对现场客观情况的反映,一般属于间接证据,因而往往容易被侦查人员忽略或者简化。

辩护律师在审阅案件卷宗时,一定要详细审阅现场勘查笔录,从中找到案件突破口。首先,重点审阅现场勘查笔录形式上是否合法,是否符合客观叙述,是否及时制作等;其次,审阅在现场发现了什么,以什么形式出现在现场,从现场图片中审查现场是否发生变动、变动是如何形成的,现场发现并提取了哪些痕迹物证,提取程序是否合法等;最后,审查现场照片或录像,注意观察现场相同物品在不同的照片中摆放是否一致,这是现场勘验人员是否对现场进行过变动的具体表现。这些问题对定案十分重要,也是印证犯罪嫌疑人、被告人供述与辩解是否客观真实的重要依据。

案例 1-4

审查判断痕迹物证可以确认案件发生的事实

北京袁某欣、袁某凯二人杀人、强奸、抢劫案。二被告人出狱后生活困难,密谋寻找舞女,劫财劫色。侦查机关接到报案后,通过调取现场附近的监控录像,发现可疑车辆,进而查获作案人。在对该案发现尸体的现场和实施作案的第一现场勘查时,依法提取了绳索、铁丝、生活垃圾等物品,从中发现犯罪证据,为认定犯罪等起到至关重要的作用。

从该案的发生过程来看,二被告人先是劫持被害人唐某至出租房屋内,聊天、发生性关系、再捆绑,然后勒死并沉尸河内,明显存在逃避侦查、掩盖犯罪行为之目的。从尸体检验报告叙述,可以看到捆绑的痕迹特征,可以确认发现尸体的地方明显不是第一现场;从尸体检验报告结论来看,明显是勒颈窒息死亡;再从被告人供述情况来看,在出租房屋内外发现有食物残留物、使用过的避孕套,在其车上发现胶带等物品,经痕迹物证检验鉴定,避孕套内精液与二被告人一致,胶带、绳索等物证与被害人身上胶带、绳索一致。这些情况均与二被告人供述一致,可以互相印证,可以确认二被告人的供述基本符合客观真实。

笔者作为辩护律师,在接受委托后,尤其在通过阅卷后对发生的事实没有异议,认为整个案件的证据已形成完整的证据链条的情况下,其主要工作应当是对侦查人员在现场勘查时提取痕迹物证的程序是否合法、物证保存是否合法、物证与被告人供述是否一致等进行核实和质证、辩论。

第二节　命案类型

笔者以发生命案的原因来划分命案的类型。命案的发生是基于什么样的因果关系,这是公安机关确定侦查方向和破案的关键。辩护律师则需要通过公、检、法机关指控的罪名和审阅案件卷宗的证据材料,来分析判断命案的类型,这是其阅卷重点,也是其查找辩护观点的重要依据。辩护律师一般更多的是根据犯罪嫌疑人、被告人的供述与辩解来分析案件类型。在实践中,命案的类型通常有以下六种类型。

一、绑架杀人

绑架杀人,是指作案人为勒索财物,或者实现个人的合法或非法目的,通过使用暴力、胁迫或者其他方法,绑架他人,在实现目的之前或之后,将被害人杀害的行为。绑架最显著的特征是,犯罪嫌疑人以暴力、胁迫等手段对他人实施绑架,限制其人身自由,或直接杀害后,以危害被害者为名,迫使其家属交付赎金。

依据《刑法》第239条的规定,绑架罪的情形包括:① 以勒索财物为目的绑架他人的,或者绑架他人作为人质的,处10年以上有期徒刑或者无期徒刑,并处罚金或者没收财产;情节较轻的,处5年以上10年以下有期徒刑,并处罚金。② 犯前款罪,致使被绑架人死亡或者杀害被绑架人的,处死刑,并处没收财产。③ 以勒索财物为目的偷盗婴幼儿的,依照前两款的规定处罚。

从侦查角度来看,此类案件发生后,侦查人员应当首先关注被害人的身份、社会关系、经济状况、活动情况等基本情况,从而分析判断作案人的身份信息。同时,应当关注什么样的人通过什么方式索要赎金,以及赎金交付的地点、方式、人员等。因此,侦查人员在侦查绑架案件时,通常采取秘密侦查、化妆侦查、技术侦查等方式,最大限度保证被绑架人的人身安全,除非发现被绑架人已被杀害,才能公开进行侦查破案。侦查机关侦查此类案件,也会在侦查过程中收集、保存侦查破案的证据,如:证人证言、电话录音、技术侦查证据等。

从辩护角度看,辩护律师在阅卷时应重点关注侦查机关是如何发现犯罪嫌疑人或者是如何查找到并抓获犯罪嫌疑人的,这是确认抓获的犯罪嫌疑人是否为实际作案人的关键所在。辩护律师主要是从犯罪嫌疑人、被告人的供述与辩解,被害人亲友、同事的陈述,证人证言,电话录音,技术侦查等证据中查找被告人是否是作案人的线索、疑点。此类命案关键是犯罪嫌疑人、被告人的绑架行为是否存在,或者说犯罪嫌疑人、被告人的行为是否符合绑架特征。审查判断是否符合绑架构成要件对辩护律师至关重要。被告人不符合绑架罪特征,又没有造成被害人死亡,则可以考虑按故意伤害罪辩护,从而实现无罪或罪轻辩护。

案例1-5

查明案件类型有助于辩护律师审查、分析、判断证据

吉林张某绑架案。笔者通过阅卷了解到,王某接到电话,称其子被绑架,绑匪索要赎金,遂向公安机关报案。基于被害人情况不明,公安机关未公开采取侦查措施。公安机关安排王某等家人注意与绑匪保持密切联系,尽量拖延筹款时间,并要求与孩子通话。同时,通过监听、监控等技术侦查手段,对王某之子的活动情况进行了秘密调查:了解王某家庭经济情况、社会矛盾等情况,排查重点嫌疑人。最终，公安机关通过绑匪拒绝王某与孩子通话分析判断绑匪极大可能已经撕票，遂由秘密侦查转向公开侦查。通过排查，李某有重大作案嫌疑并将其抓获，经过审讯，李某交代绑架王某之子，杀害后，通过电话方式索要赎金的作案过程。从侦查卷宗中犯罪嫌疑人的供述，报案人王某、证人证言、现场勘查笔录、尸体检验笔录等主要证据可以判断该案为先绑架，后撕票，再索要赎金，从犯罪嫌疑人、被告人带领侦查人员指认埋藏尸体的现场，到其供述与现场勘查结果、供述作案过程与证人证实情况非常吻合，可以确认该案系李某所为，辩护人则只能作罪轻辩护，重点收集从轻量刑的情节，争取轻判。

二、侵财杀人

"侵财"不是法律术语，"侵财案件"是公安机关对侵犯他人财产案件的统称。例如：以抢劫、抢夺、盗窃、破坏公私财物、敲诈勒索、诈骗等非法手段，谋取个人或公共财产的犯罪案件。侵财杀人案件是指作案人为非法获取他人财物，通过使用暴力、胁迫、秘密、欺骗、损毁等方法，对被害人予以杀害，以便获取财物或者在达到获取财物目的后，予以杀人灭口的案件。

以抢劫案件为例，依据《刑法》第263条的规定，以暴力、胁迫或者其他方法抢劫公私财物的，处3年以上10年以下有期徒刑，并处罚金；有下列情形之一的，处10年以上有期徒刑、无期徒刑或者死刑，并处罚金或者没收财产：① 入户抢劫的；② 在公共交通工具上抢劫的；③ 抢劫银行或者其他金融机构的；④ 多次抢劫或者抢劫数额巨大的；⑤ 抢劫致人重伤、死亡的；⑥ 冒充军警人员抢劫的；⑦ 持枪抢劫的；⑧ 抢劫军用物资或者抢险、救灾、救济物资的。同时，依据《刑法》第232条的规定，故意杀人的，处死刑、无期徒刑或者10年以上有期徒刑；情节较轻的，处3年以上10年以下有期徒刑。

从侦查角度来看，此类案件发生后，侦查人员首先应当通过现场勘查、现场访问、被害人亲属陈述等，分析确定案件性质，为侦查方向提供依据。同时，侦查人员还应通过各种侦查措施，确定是先抢后杀，还是先杀后抢，并收集相关证据。不同案件中公安机关侦查破案的方式、方法虽可能不尽相同，但基本原理一致。

以抢劫方式侵财案件为例，此类案件在司法实践中，一般分两种情况进行处罚：

一种情况是作案人为了获取财物,防止被害人反抗而先行将被害人杀死,后获取财物。此情况依据《刑法》第263条的规定,应当认定为抢劫罪,以抢劫罪追究刑事责任,理由是获取财物为目的,杀人为手段。

另一种情况是作案人通过盗窃、抢夺、抢劫等手段获取财物后,为毁灭证据或杀人灭口,而将被害人杀死。此情况依据《刑法》第232条追究作案人故意杀人的刑事责任和刑法关于盗窃、抢夺、抢劫等相关条款追究刑事责任,实行数罪并罚,理由是获取财物是目的行为,后来杀害被害人也是目的行为。

区分侵财杀人的前因后果,区分杀人行为与侵财行为的前后关系,关系到对犯罪嫌疑人、被告人是按一罪处罚还是按数罪并罚的问题。辩护律师在审阅案件卷宗时,既应当重点关注侵财的问题,又应当关注杀人先后顺序、目的等关键性问题。该问题更多时候可从被告人供述与辩解中找到答案,但也有部分案件可以从尸体检验、现场勘查中找到答案。

一般情况下,侵财杀人案件作案人的首要目标是获取被害人的财物,杀人则是作案人获取财物的手段或毁灭证据的手段。辩护律师一定要通过阅卷区分作案人是在什么情况下杀人,为什么要杀人。一般情况下,通过对犯罪嫌疑人、被告人的询问,可以获得其作案时内心的真实想法,但在特殊情况下,被害人所受到的伤痕也可以反映现场当时情况和作案人的心理状态。这就要求辩护律师认真查看案件现场照片和尸体检验照片。

案例1-6

审查判断先后作案顺序可以明辨罪名的构成

笔者在公安机关从事预审工作时,曾办理过一起抢劫杀人案。当时,犯罪嫌疑人供述是为抢劫财物先杀人后劫取财物。按其供述应当认定为抢劫罪,以一罪移送起诉。但在阅卷时,笔者发现追缴回来的赃物没有任何血迹。结合其供述与被害人财物在身体存放的部位,发现若先杀人后劫取财物,财物一定会有血迹,而财物明显没有清洗过。笔者带着疑问进行审讯后,犯罪嫌疑人供述在其采取暴力抢劫财物后,被害人极力反抗并声称报警,故将被害人打死。基于此事实,后来该犯罪嫌疑人被以抢劫罪和故意杀人罪两罪移送起诉,最终法院以抢劫罪、故意杀人罪定罪量刑。

举上述案例意在说明,辩护律师在阅卷时,一定要结合犯罪嫌疑人、被告人的供述和现场勘查笔录、尸体检验鉴定意见等证据,认真分析判断,从中找到辩护的突破口。

三、强奸杀人

强奸案件是指违背妇女意志,强行与妇女发生性关系的刑事案件,又称性暴力、性侵犯或强制性交案件。强奸是违背被害人意愿,通过使用暴力、威胁或伤害等非法手段,强行与被害人进行性行为,让自己获得快感的一种行为。该行为属于严重违法犯罪行为和侵犯他人人身权利行为。在全世界大部分的国家,强奸行为都属于犯罪行为。当被害人因为酒精、药物或宗教等影响而无法拒绝进行性行为时,与作案人发生性行为,在司法实践中也被视为强奸。

强奸杀人案件则是作案人为达到强行与被害人发生性行为目的,对被害人实施伤害致其死亡或者在实施强奸行为后,为毁灭证据而杀人灭口,致被害人死亡的案件。

依据《刑法》第236条的规定,以暴力、胁迫或者其他手段强奸妇女的,处3年以上10年以下有期徒刑。奸淫不满14周岁的幼女的,以强奸论,从重处罚。强奸妇女、奸淫幼女,有下列情形之一的,处10年以上有期徒刑、无期徒刑或者死刑:① 强奸妇女、奸淫幼女情节恶劣的;② 强奸妇女、奸淫幼女多人的;③ 在公共场所当众强奸妇女的;④ 2人以上轮奸的;⑤ 致使被害人重伤、死亡或者造成其他严重后果的。

从侦查角度来看,此类命案发生后,侦查人员在侦查期间,首先要确定该案是单纯性杀人案件、强奸杀人案件,还是其他类型案件。确定是否存在强奸行为,主要依据被害人死亡前着装情况(尤其是下衣情况)、阴道内是否有精液、阴部是否异常等综合判断。确定是否存在强奸行为,是确定侦查方向的关键问题。若有强奸行为迹象,侦查机关就应当在可能有强奸犯罪倾向的人员中确定侦查范围。

强奸杀人案件,作案人的首要目标是同被害人发生性行为,杀人则是作案人为实现与被害人发生性行为的手段或作案后毁灭证据、杀人灭口的手段。

辩护律师在审阅强奸杀人类案件卷宗时,应当认真仔细审阅案件的相关证据,重点从犯罪嫌疑人、被告人的供述与辩解、现场勘查笔录、尸体检验鉴定意见等证据中查找案件疑点。辩护律师应当通过犯罪嫌疑人、被告人的供述和会见情况,结合现场勘查、尸体检验等证据,分析判断被告人供述与辩解是否客观真实。一般主要是通过对犯罪嫌疑人、被告人的会见询问获得其当时内心真实想法,但在特殊情况下,被害人身体上的伤痕也可以反映现场当时情况和犯罪嫌疑人、被告人的心理状态,辩护律师需要通过认真查看案件现场照片和尸体检验照片等进行分析判断。

案例 1-7

强奸杀人案件的判断关键为是否发生性关系

北京袁某欣故意杀人、抢劫、强奸案件。侦查机关和检察机关认定袁某构成强奸罪的证据有:犯罪第一现场的现场勘查笔录及提取的带有遗留精液的卫生纸、第一现场提取的带有精液的避孕套,被告人的供述,同案犯供述,精液DNA鉴定等证据。结合被害人系被袁某欺骗带至第一犯罪现场,目的是发生性关系等,综合分析判断,袁某构成强奸罪。辩护时,笔者主要从罪轻角度进行辩护;犯罪嫌疑人积极赔偿,得到法院认可,被从轻判处死缓。

四、报复杀人

报复并非法律术语,是侦查语言,一般来说与复仇、报仇同义,指的是用某种手段、语言、手势、表情等向特定对象来发泄自己的不满。报仇雪恨是一种道德或伦理方面的价值观。在报复的过程中,报复者会产生一种罪恶的快感。有句话说道:有仇必报,是报复者的心态。而被报复人会遭到一定的伤害,有可能产生仇恨并反报复。报复在现实中的表现形式有:以牙还牙式的报复、恶作剧式的报复、通过其他手段间接式的报复和幕后操纵式报复。报复的时间在现实中表现为:即时性的报复、间隔性的报复、长期潜伏性的报复和等待时机式的报复。

我国刑法没有规定对报复行为如何处罚。依据我国现行有效的法律规定,报复行为依据作案人对被害人实施报复产生的结果,认定犯罪。作案人造成被害人死亡的,一般认定为故意杀人;造成被害人伤残的,一般按故意伤害定罪处罚;特殊情况下,作案人具有杀害他人想法或直接伤害被害人致命器官,也会依据作案人的主观故意或客观行为表现来认定为故意杀人。

从侦查角度来看,此类命案发生后,侦查人员在确定系报复杀人后,主要围绕被害人生前的社会关系,寻找与其发生过冲突、矛盾、纠纷、竞争等的关系人,从中寻找确定作案人。报复杀人一般情况是通过现场访问、被害人亲属陈述等来确定,部分案件也可能通过尸体伤痕情况反映出来。报复杀人,尤其仇恨较深的人,一般下手比较重、手段比较残忍,具有不千刀万剐不解恨之表现。

辩护律师在审阅卷宗发现系报复杀人案件时,应当重点审查被害人与犯罪嫌疑人之间是否存在矛盾纠纷,犯罪嫌疑人是否有作案嫌疑或可能,矛盾纠纷是否达到非要索取他人性命程度等,从而为进一步确定犯罪嫌疑人是否是作案人及促使其杀人的目的,以求明辨是非,从中找出辩点,实现辩护目的。

五、激情杀人

激情杀人是侦查机关判断案件性质常用的一种命案分类,在刑法理论上属于激情犯罪的一种。故意杀人根据主观恶性的不同,实践中往往对情节较轻的几类犯罪从轻或减轻量刑,如防卫过当的故意杀人、基于情绪激动义愤的杀人、被害人刺激下的激情杀人、受被害人请求的杀人等。

激情杀人也是故意杀人,只是作案人在主观上由于情绪的影响,导致认识的局限和行为控制能力的减弱,对于行为的性质、后果缺乏认真考虑而产生的突发性犯罪。激情杀人与有预谋的故意犯罪的区别是,作案人没有事前的犯罪预谋,没有预先确定的犯罪动机,也没有事先选择好的犯罪目的,主观恶性没有有预谋的故意杀人社会危害性大。

激情犯罪是作案人在精神上受到刺激或人身受到攻击、人格遭到侮辱后,处于难以抑制的激动、冲动状态下而实施的犯罪。在上述状态下,人的正常理智通常会被削弱甚至丧失,表现为认识范围狭窄、自我控制能力削弱、不能正确考虑自己行为的意义和后果。因此,激情犯罪使人的意识恢复到原始状态,将冲动的情绪直接反射到行为,在强烈而短暂的激情情绪推动下实施一种爆发性、冲动性的犯罪行为。

激情杀人通常具有以下特征:

(1) 激情杀人是作案人基于被害人的过错或受到强烈精神刺激,激情之下杀死被害人。

(2) 激情杀人从产生杀人意图到实施完成杀人,通常有两种情况:第一种情况是冲动之下产生了不计后果的犯罪行为,在行为发生时缺乏冷静对待;第二种情况是情绪长期积郁或精神抑郁的情形下,在条件成就或触发时,将长期积累的情绪,在瞬间爆发出来。此种情况下,作案人一般对自己的行为不能作出理性判断,当情绪积累超出了作案人的承受力,就会通过杀人行为爆发出来。

(3) 激情杀人一般无任何预谋杀人的故意,而是在被害人或其他因素的刺激下失去理性将他人杀死。此情况应当具备以下条件:① 必须是被害人过错而引起作案人的情绪激动;② 作案人在精神上受到强烈刺激,失去理智,丧失或减弱了自己的辨认能力和自我控制能力;③ 必须在激动的精神状态下实施,引发激动同实施杀人行为之间无间隔的冷静思维。

从侦查角度来看,激情杀人仅是作为刑事侦查术语来描述犯罪过程。法庭辩护中,不能据此作为免责事由。我国刑法中没有对"激情杀人"进行定义,该词只是用来从法理角度分析杀人者的主观动机和主观恶性,而不是准确的罪名。

辩护律师在遇到此类案件时,应当重点审查案件是否属于激情杀人,作案人是在什么时间、什么地点、什么条件下,产生的杀人动机,查找被害人过错的证据,再审查作案人使用的作案工具,是现场临时捡拾还是事先准备,如何致被害人死亡等,从中找出被害人是否具有过错及案件起因。这些对实现有效辩护将会起到至关重要的作用。

案例 1-8

确认为激情杀人是罪轻辩护的有利条件

潘某故意杀人案。潘某在村中聊天时得知其妻子出轨,遂找妻子理论,妻子拒不承认,双方发生争执,潘某情急之下持刀将妻子扎死。笔者在阅卷时发现该情节后,结合其具有投案自首情节,提出激情杀人、主观恶性较少等辩护观点,最终实现判处潘某 14 年有期徒刑的结果。

六、其他杀人

除前述杀人案件以外,还有恐怖杀人、遗弃杀人、入室杀人、酒后杀人、精神病人杀人、伪造自杀杀人等。

从侦查角度来看,尽快侦破命案,缉拿作案人是侦查机关及侦查人员永远不变的选择。

辩护律师无论遇到什么类型的命案,都应当坚持严格认真审查案件证据:首先,重点研究案件产生的原因、发生过程、致死原因,进而查证是否有相关证据予以证明;其次,研究犯罪嫌疑人、被告人与被害人是否具备上述因素,发生过程是否符合客观实际,认定犯罪嫌疑人、被告人即是实际作案人的证据是否确实充分,事实是否清楚,案件还有哪些疑点需要查证,从而为有效辩护提供支持。

第三节 命案手段

命案一旦发生,便无时无刻不牵动侦查机关的神经。命案非常能体现侦查机关侦查破案的能力和水平。命案不破,侦查人员就要时刻为破案奔波,但辛劳并不一定能够换来案件的侦破。研究命案犯罪分子的作案手段、作案使用的凶器及其来源,是侦查机关必须抓住的关键问题。每一起命案,即使作案手段、作案凶器一致,侦查措施也不尽相同。研究作案手段,是获取侦查方向的关键。无论从侦查角度,还是从辩护角度,研究作案手段都应当成为努力的重点。

一、投毒杀人

投毒是侦查术语,原本也是一个罪名。投毒是指作案人故意投放毒物危害公共安全的行为。2001年12月29日公布施行的《中华人民共和国刑法修正案(三)》和2002年3月15日最高人民法院、最高人民检察院公布的《关于执行〈中华人民共和国刑法〉确定罪名的补充规定》将投毒罪修改为投放危险物质罪,取消了投毒罪罪名。

投放危险物质是指作案人在一定的介质中,故意投放毒害性物质的行为。基于本书是从侦查角度谈刑事辩护,故仍然以投毒来阐述。

投毒杀人,顾名思义,就是以投毒的方法,剥夺他人生命的行为。以投放毒害性物质为手段,针对具体特定的人,肆意剥夺他人生命的行为,应当依据《刑法》第232条的规定,认定为故意杀人,以故意杀人罪来追究刑事责任;以投毒为手段,针对不特定的具体对象,即不特定的人,哪怕是一定区域或范围内的人,则应当依据《刑法》第114条、第115条的规定,按投放危险物质罪,追究刑事责任。

从侦查角度来看,命案作案手段一旦认定为投毒杀人,则须进一步研究该案的发生原因,作案人是针对特定的人投毒,还是针对不特定人投毒。这是侦查机关确定侦查方向、侦查范围的依据。

辩护律师在审阅此类案件时,关键应当审查危险物质投放时间、投放地点、可能涉及人员范围,从而确定是故意杀人行为还是投放危险物质行为。重点研究现场勘查笔录记载的投放危险物质地点与可能涉及的人员范围、被告人供述与辩解笔录供述针对的对象与目的,结合案件其他证据加以综合分析。选取一个对被告人有利的罪名进行辩护,更能体现有效辩护和实现辩护目的。

二、机械杀人

机械是帮助人们降低工作难度或省时省力的工具装置,像筷子、扫帚、刀、铁锹以及镊子等一类的物品都可被称为机械,它们是简单机械。而复杂机械通常由两种或两种以上的简单机械构成。人们通常将这些比较复杂的机械叫做机器,例如:机械手、汽车、起重机、吊车等。人们在日常生活、生产、经营和活动中,随时都可能接触各种不同类型和复杂程度的机械。在历史发展的不同社会阶段,社会群体使用的机械也不相同,使用由简至繁,由难到简。从古代赤手空拳斗殴、械斗到今天可以使用枪支等。此处机械主要是指除炸药、枪弹等之外的机械,如刀、棍棒、砖石等凶器,也包括拳脚致人死亡。

犯罪分子利用机械杀人可以说是非常普遍的命案作案手段。从侦查角度来看,侦查人员到达现场,发现是此类命案时,通常会分析判断致命的作案工具是什么,是普通的凶器还是特殊的凶器,这是确定侦查范围的一个条件;同时,也会分析判断被害人是如何死亡,作案人是使用何种凶器致人死亡,伤及什么部位,是否是影响生命的关键部位,是否能体现出其他发生命案的原因等,从而确定侦查方向。以凶器查人,以因果关系查人都是侦查机关侦破案件的途径。

辩护律师遇到机械杀人类的命案,在审查案卷时,应当重点关注犯罪嫌疑人、被告人使用的是什么凶器,从何处获得的凶器,是怎么携带到命案现场的,是否乘公共交通工具,是否适合在公共交通工具上携带,致命原因是否与该机械特征相互吻合,与现场勘查和尸体检验结果是否一致等。这些问题,辩护律师一般会在阅卷和会见被告人时查清。这关系到侦查机关抓获的犯罪嫌疑人是否是真正的作案人,以及犯罪嫌疑人、被告人的供述与辩解是否具有客观真实性等。

案例 1-9

查明作案手段有助于辩护律师找到从轻辩点

东北某地,被告人王某禹与其公爹王某奇相邻而居,因家庭矛盾经常发生争吵。2015 年 6 月的一天,王某奇与王某禹发生争吵,王某奇持铁锹来王某禹家中,用铁锹拍打王某禹头部、背部,王某情急之下,随手拿一把尖刀朝王某奇腹部、胸部扎二刀,致王某奇肺破裂、左髂动脉破裂,失血性休克死亡。从本案可以看出,被告人王某禹是在被殴打的情况下,情急之下持刀扎伤被害人致死。该案可以认定为激情杀人,也是机械杀人。辩护律师从作案手段入手,展开辩护,最终被告人得到罪轻判处。

三、爆炸杀人

一个或一个以上的一定物质在极短时间内,在一定空间内,急速燃烧,短时间内聚集大量的热能量,使气体体积迅速膨胀,导致的后果就是爆炸。爆炸是一种极为迅速的物理或化学的能量释放过程。在此过程中,空间内的物质以极快的速度把其内部所含有的能量释放出来,转变成机械功、光和热等能量形态。因此,一旦发生爆炸事故,通常会产生巨大的破坏作用。

爆炸产生的气体和可燃性气体的混合气体爆炸以及空气、煤屑或面粉的混合物爆炸等,都可能引起化学反应。爆炸并不一定都与氧气有关,如:氯气与氢气混合气体的爆炸;且爆炸并不都是化学反应,如蒸汽锅炉爆炸、汽车轮胎爆炸则是物理变化。可燃性气体在空气中达到一定浓度时,遇明火也能发生爆炸。所以说,爆炸必须具备三个条件:

(1)需要有爆炸性物质,即能与氧气(空气)反应的物质,包括气体、液体和固体。气体如:氢气、乙炔、甲烷等;液体如:酒精、汽油;固体如:粉尘、纤维粉尘等。

(2)需要在氧气、空气或一定环境作用下。

(3)需要有引爆点燃源。如明火、电气火花、机械火花、静电火花、高温、化学反应、光能等。

从爆炸现象来讲,爆炸极具破坏力,产生的后果也是极其严重的,这也是自古以来炸药从严管理、从严保管、严格运输、严格使用程序的原因。

爆炸杀人一定是有预谋的杀人,有周密的行动计划。从侦查角度来看,一般情况下,爆炸杀人命案发生后,作案人使用的是什么爆炸物,引爆装置是什么,依靠什么引爆,爆炸的威力有多大,爆炸物的来源,为什么针对被害人或社会公众,作案人的目的是什么等将成为侦查人员在侦办案件时首要考虑的问题。这些问题,一般情况下是通过对证人的调查,结合现场勘查获取的微量物证、现场气味等进行分析判断的。查明、确定爆炸物的种类,分析来源,可以最大限度地缩短侦查期限,为及时抓获作案人提供有利条件。

辩护律师应当通过阅卷,对侦查人员的侦查过程进行归纳分析判断,分析侦查时间顺序,沿着侦查人员的侦查轨迹,分析、判断侦查人员获取的证人证言是否合法,现场勘查及勘查程序是否合法,提取的微量物证程序是否合法,调查并发现犯罪嫌疑人的过程是否合法等。

四、纵火杀人

纵火是指故意放火和恶意烧毁或企图烧毁属于他人或自己的财产(如房屋、楼房、汽车、船只等物品)的行为。

纵火杀人则是作案人以纵火的方式、手段,剥夺他人生命的行为。纵火可以致人伤残、死亡。通常所说的伤残、死亡都是火焰与躯体直接接触所引起的人体组织的损伤或死亡。而因热源诸如沸水、沸汤、沸油、蒸汽等与人的躯体直接接触所引起的组织损伤则称为烫伤。高温固体物质与躯体直接接触时导致的损伤称为接触烧伤,固体物质表面温度在70℃以上时,与皮肤接触时间超过1秒钟即可导致皮肤全层坏死。如果人的躯体跟火焰、热的固体表面没有接触,热量也未导致衣物燃烧,但热的作用时间长,也会导致皮肤出现红斑、皮革样化甚至炭化等现象,这种损伤称为辐射热烧伤。

从侦查角度来看,一旦发生纵火杀人案件,如何尽快控制火情,并保护现场,减少对现场的破坏,成为侦查机关的难题,毕竟灭火与保护现场存在相互矛盾的关系。在扑灭火灾时,一方面要考虑如何尽可能减少对现场的破坏,保存更多的痕迹物证;另一方面又要考虑如何对处于火灾现场之中的人员进行施救、减少财产损失。作案人既然选择以纵火方式实施杀人行为,一定会考虑到如何毁灭证据,如何逃避调查等问题。因此,如何从火灾现场的勘验中查找更多的侦查线索和证据,成为侦查工作重中之重的问题。

辩护律师在接受此类案件辩护时,现场一般早已清理完毕,唯一能够重现现场的依据是侦查机关的现场勘查笔录及其附属的现场照片,但是现场勘查时拍摄的现场录像,侦查机关一般也不会提供给辩护律师或法庭。如何从现场勘查笔录、法医检验报告等证据中,发现与犯罪嫌疑人、被告人有关联关系的问题,是辩护律师的工作重点。火灾现场痕迹物证是否指向犯罪嫌疑人、被告人,如何与犯罪嫌疑人、被告人建立起关联关系,甚至成为指证犯罪嫌疑人或被告人为实际作案人的关键证据,需要辩护律师从证据角度对痕迹物证的提取、保存、检验等程序是否合法,鉴定结论是否客观公正等角度来进行判断,为进一步的辩护提供有效依据。

五、枪弹杀人

枪弹是枪械在战斗中用来攻击或防御,致使目标直接遭受损害的弹药,也是各类武器中应用最广、消耗最多的一种弹药。现代枪弹主要用来杀伤有生目标,也可用来摧毁轻型装甲车辆、低空飞机、军事设施等目标,枪弹主要用于军事防御或军事斗争。为了增强部队战斗力,实现枪械能对不同的目标进行射击,已经发明了大量各种不同用途的枪弹。枪弹发明以来,除了应用于军事战斗、警察维护社会治安、打击犯罪、安全警卫外,也成为一些犯罪分子进行违法犯罪活动的重要工具。在我国,枪弹被列为严格控制买卖、使用物品的范围。

普通枪的弹药是金属弹头壳。它的金属弹头壳具有一定的强度和塑性,内装铅芯或带铅套的钢芯。由于铅易于变形,可减少弹头对枪膛的磨损。采用淬火钢芯和铅芯的复合式弹芯,可提高弹头远距离的侵彻性能。普通弹对有生目标的杀伤效果,取决于命中目标时的动能,以及对目标传递动能的多少和快慢。若弹头的存速高,动能大,而且在较短的时间内能将较多的能量传递给目标,则其杀伤效果就大。像步枪和机枪的枪弹,为减小空气阻力,保持弹道低伸和对目标的作用效果,弹头前部锐长带尖,有的还带有尾锥。手枪弹的射程较近,为使被命中的目标尽快丧失战斗力,弹头前部圆钝,近于半球形。此外,还有其他多种弹药,在此不一一叙述。

从侦查角度来看,命案发生以后,侦查人员到达现场时,发现现场有弹药痕迹物证或死者身体伤痕明显为枪伤时,侦查机关首先要考虑的是使用什么枪、什么样的弹药致人死亡,什么样的人可以接触或者拥有此类枪支,近期是否有此类枪支被盗、被抢或遗失等一系列问题。同时,结合死者的社会关系等进行侦查,从中发现作案人作案的线索。

辩护律师遇到此类案件时,应主要从审阅案卷的证据入手,审查现场勘查笔录、检验鉴定报告、被告人供述与辩解;而且应当重点围绕现场勘查中痕迹物证提取保留,送检程序是否合法,检验鉴定过程和结论是否合法,是否与被告人的供述与辩解一致,枪弹的来源、去向是否查清,犯罪嫌疑人、被告人实施杀人时现场情景是否查清等角度来考虑问题。这些是认定犯罪嫌疑人、被告人是否为作案人的关键性问题,也有助于辩护律师内心确信犯罪后果是否确因犯罪嫌疑人或被告人的行为所致。

六、窒息杀人

人体的呼吸过程若基于某种原因受阻或异常,造成全身各器官组织缺氧,二氧化碳潴留而引起的组织细胞代谢障碍、功能紊乱和形态结构损伤的病理状态称为窒息。当人体内严重缺氧时,器官和组织会因为缺氧而广泛损伤、坏死,尤其是大脑,其后果是造成人死亡。从气道完全阻塞造成人不能呼吸,只需要1分钟时间,心脏跳动就会停止。如果能够及时抢救,消除气道阻塞,呼吸及时恢复,心跳就可能随之恢复。窒息是危重症人死亡最重要的原因之一。窒息方式主要有以下三种:

(1) 机械性窒息,指因机械作用引起呼吸障碍,如缢、绞、扼颈项部,用物堵塞呼吸孔道,压迫胸腹部以及患急性喉头水肿或食物吸入气管等造成的窒息。

(2) 中毒性窒息,如一氧化碳中毒,大量的一氧化碳由呼吸道吸入肺部,进入血液,与血红蛋白结合成碳氧血红蛋白,阻碍了氧与血红蛋白的结合与解离,导致组织缺氧造成的窒息。

(3) 病理性窒息,如溺水和肺炎等引起的呼吸面积的丧失,脑循环障碍引起的中枢性呼吸停止,新生儿窒息和空气中缺氧的窒息(如关进密闭箱内、柜内,空气中的氧逐渐减少也能致人窒息)。

窒息的原因很多,窒息的急救应根据其原因进行救护。解除了气道阻塞和引起缺氧的原因,部分人员可以迅速恢复。一般采取的施救措施如下:

(1) 呼吸道阻塞的救护：一般是将昏迷病人下颌上抬或压额抬后颈部，使头部伸直后仰，解除舌根后坠，使气道畅通。然后用手指或用吸引器将口咽部呕吐物、血块、痰液及其他异物挖出或抽出。当异物滑入气道时，可使病人俯卧，用拍背或压腹的方法，拍挤出异物。

(2) 颈部受扼的救护：应立即松解或剪开颈部的扼制物或绳索。发现人的呼吸停止，应当立即进行人工呼吸；如病人有微弱呼吸可给予高浓度吸氧。

(3) 浓烟窒息时救护：解开伤者上衣，暴露胸部，松开皮带以散热；急救者把手插入伤者颈后将其向上托起，一手按压伤者前额让其头部后仰，使伤者的呼吸道尽量畅通。做人工呼吸时，务必使呼吸道保持畅通开放。

(4) 胸部严重损伤的救护：半卧位法，给予吸痰及血块，保持呼吸道通畅，吸氧，止痛，封闭胸部开放伤口，固定肋骨骨折，速送医院急救。

从侦查角度来看，侦查机关接到此类命案报警时，到达现场后，一般情况下应当先观察被害人是否有生命特征，查找并发现窒息死亡原因，查证该死亡原因是否是被害人自己所能形成的，即是否是自杀行为。在排除自杀的可能后，侦查机关应当围绕其社会关系、平时接触的人员等展开侦查。

辩护律师接受委托后，在审阅案卷或会见犯罪嫌疑人、被告人时，应当重点审阅被害人是否属于自杀行为、有哪些可以认定自杀的证据、是否可以排除他杀。这应当是辩护律师首先要考虑的问题，也是认定犯罪嫌疑人、被告人有罪与无罪的关键性问题。

被害人的诉讼代理人在接受委托后，应当重点查找哪些证据可以证明是他杀，哪些伤痕是被害人自己无法完成的，哪些伤痕是外力所致等，从而判断非被害人自己完成，确定是他杀。

第四节 命案侦查途径

依据《刑事诉讼法》第 106 条的规定，侦查是指公安机关、人民检察院在办理案件过程中，依照法律进行的专门调查工作和有关的强制性措施。侦查的实质就是侦查人员通过各种侦查强制性措施，查清犯罪事实，收集犯罪证据，证实和查获犯罪嫌疑人，并作出移送起诉或撤销案件的过程。依据《刑事诉讼法》的规定,具有侦查职权的机关包括:公安机关、人民检察机关、国家安全机关、军队保卫部门和监狱。但对于命案的侦查,主要是由公安机关行使侦查职能。命案如何实施有效侦查、抓获真凶,是侦查机关的重要使命。辩护律师则应当从侦查的思维角度出发,去分析、判断案件的来龙去脉,这对查明事实真相,为被告人提供有效辩护非常重要。侦查机关一般主要从以下几个途径展开侦查。

一、从因果关系入手展开刑事侦查

原因和结果是揭示客观世界中普遍联系着的事物具有先后顺序、彼此互相作用的一对范畴。原因是指引起一定现象的因素,结果是指由于原因的作用而引起的现象。作案嫌疑人实施的危害行为与产生的危害结果之间必然存在某种明显或隐蔽的因果关系,这种因果关系是犯罪构成的客观方面要件中危害行为与危害结果之间存在的因果关系。当危害结果发生时,明确具体由何人对该结果承担责任,就必须查明作案嫌疑人实施的危害行为与危害结果之间是否具有因果关系。因果关系通常具有以下七方面特征:

1. 因果关系具有客观性

因果关系作为客观事实发生原因与结果之间的关系,它是客观真实存在的,并不以侦查人员或被害人、被告人的主观意志而转移。

2. 因果关系具有特定性

事物都是普遍联系的,为了查明某个事件的具体现象,就必须从事物的普遍联系中抽出来,独立地思考分析,事件的原因是什么、产生的结果是什么。刑法因果关系的特定性则是以作案嫌疑人实施的危害行为与产生的危害结果之间的某种必然性或偶然性联系反映出来的。

3. 因果关系具有时间序列性

从时间发生的先后顺序来看,一定是先有原因,后有结果,两者的时间顺序是绝对不能颠倒的。同样,在刑事侦查案件中,侦查人员只能查找在危害结果发生以前,已经客观存在的原因,而不是去查找危害结果发生之后的原因。命案的侦查也是如此。

4. 因果关系具有条件性和具体性

刑法上的因果关系,一定是具体的、有条件的。在刑事侦查案件中,什么样的危害行为引起什么样的危害结果,没有固定不变的因果关系,只有具备一定的条件和具体因素,才能导致一定的结果发生,但原因与结果并不必然完全相同。即使案件的类型的相同,作案嫌疑人的犯罪事实基本相同,也不必定导致具有相同的条件、具体性。因此,在侦破命案,查明作案嫌疑人的因果关系时,一定要从实施危害行为之前的时间、地点、条件等具体情况出发,具体问题具体分析。

5. 因果关系具有复杂性

辩证唯物主义认为,客观事物之间联系的多样性、多层性,这也就决定了事件因果联系的复杂性。对于命案来讲,因果复杂性体现得更加充分。世上只有类似案件,没有完全相同的命案,这就是因果关系的复杂性所决定的。

6. 不作为犯罪中存在因果关系

不作为是相对于作为而言的。作案人在负有实施某种积极行为的特定法律义务,并且能够实行而不实行的行为就是不作为。不作为是作案人实施违法犯罪行为的一种特殊方式,与积极作为是一种相反关系。引起不作为的原因,就是作案人有义务阻止事件结果的发生,而事实上没有阻止事件发生,并使事件走向危险方向,从而引发危害结果。不作为犯罪因果关系的特殊性,是以作案人具有特定的义务作为前提条件。这种不作为的因果关系,也是侦破命案或者其他类犯罪案件应当考虑的因果关系之一。

7. 因果关系与刑事责任的关系

刑法上的因果关系与刑事责任的因果关系作为追究作案人刑事责任的基础,不等于一定要追究作案人的刑事责任。要想让作案人对自己的行为造成的危害结果承担刑事责任,作案人还必须具备主观上的故意或者过失,并且达到刑法规定的追究刑事责任的年龄并具有刑事责任能力。

因果关系的基本形式在前文已叙述。每一起命案的发生,都不是偶然的,复杂的因果关系令人难以置信,尤其是在命案中,各种假象因果关系容易导致侦查方向的失误。在命案的侦破过程中,侦查人员查找、分析因果关系是侦破命案的基本条件。例如:某年某月某日发生一起命案,侦查人员到达命案现场后,首先看到的客观结果是被害人死亡,但是自杀、他杀或是意外事件等需要通过现场勘查和尸体检验确定。被害人死亡的原因是侦查人员查找犯罪嫌疑人的关键。在分析是何原因导致结果发生时,通常要分析出几种可能的因果关系,如仇杀、情杀、矛盾杀人、报复社会等。同一个案件,可能存在多种因果关系。常见的因果关系有:假定的因果关系、择一的因果关系、重叠的因果关系等。

从侦查角度来看,侦查人员查找、查证因果关系,除了在现场勘查、尸体检验中发现外,还应当通过现场寻访证人,发现命案背后的实际因果关系,从而抓住时机,尽快破案,抓获作案人。

辩护律师在审阅案卷时,应当注意从案卷中发现案件发生的前因后果关系。这种因果关系的建立是否符合客观实际有利于辩护律师内心确认抓获的犯罪嫌疑人或被告人是否为该案的实际作案人,对于形成合理的法庭审理辩护方案或辩护方向,具有至关重要的意义。辩护律师查明因果关系的方法主要是从受理刑事案件登记表、立案报告、破案报告表、现场勘查笔录、尸体检验鉴定意见、证人证言等证据中查找,并分析判断该因果关系是否一定能够引起犯罪嫌疑人、被告人实施危害行为,造成危害结果,即致他人死亡的结果。

案例 1-10

查明因果关系有助于辩护律师发现冤假错案

河北聂某故意杀人案。从公开的侦查卷宗可以看到,公安机关的立案报告、受案登记表、破案报告表等均记载:公安机关抓获聂某,是因群众举报,有一个骑山地自行车的男青年,经常在附近女厕所偷窥。警察在蹲坑守候中,发现聂某疑似被举报人而将其抓获,经过审讯,聂某供述了强奸杀人的犯罪事实。但从本案的记载来看,群众举报的询问笔录、报案笔录、公安机关的法律文书所述的此部分事实,均没有任何有效的证据证实聂某的罪行。从证明力角度讲,该事实仅为侦查机关的单方意思表示,没有证据证明,不具有任何证明力。即侦查机关单方制作的多份法律文书,由于没有证据支持,不能作为合法有效的证据以证明聂某具有作案嫌疑的因果关系存在。由此,辩护律师有理由认为侦查机关抓获聂某的理由不够充分,进而再详细审查其他证据,从中发现辩护有力点,实现辩护目的。

二、从现场遗留的痕迹物证开展侦查

所谓痕迹物证前文已叙,此处不再重复。犯罪现场遗留的痕迹物证其实就是与犯罪有关的最为直接的证据。不同的痕迹物证可以客观地反映出形成不同痕迹的原始工具、机械或人物特征等客体情况。遗留在犯罪现场的常见痕迹有：作案人遗留犯罪现场的痕迹物证如手印、足迹、唇纹、耳郭和牙齿等痕迹；作案人使用的作案工具痕迹物证有：枪弹、刀、棒、绳索、车辆车辙等器械形成痕迹。

痕迹物证在命案现场勘查中具有非常重要的意义：一是可以提供有关作案人的犯罪事实信息；二是可以提供作案人的作案方式信息；三是可以提供作案人与犯罪现场之间相互联系的信息；四是可提供犯罪分子个人基本情况的信息。同时，痕迹物证也是确认犯罪嫌疑人或被告人是否为实际作案人的关键证据。

由于客观上各种痕迹物证的形态结构各不相同，形成的客体条件各不相同，因而形成痕迹物证的因素也千差万别。从侦查角度来看，侦查人员为破获案件，在现场勘查中，尽最大可能发现、提取、利用痕迹物证，是侦查工作的重点。侦查人员通过对痕迹物证的分析，判断痕迹物证形成的过程，如：通过人体痕迹特征可以分析作案人身高、体形、走路姿势、职业、生活习惯等；通过机械工具等遗留的痕迹特征，可以分析出作案人使用的是什么工具，什么种类工具，该工具由什么样人使用，或者在什么范围内的人使用等。这些都是侦查人员查找犯罪线索、确认作案人的依据。

辩护律师在审阅案卷时，也一定要从现场勘查笔录、尸体检验鉴定意见、现场提取笔录等证据中查找现场遗留的痕迹物证，从中发现疑点。重点注意审阅现场勘查笔录及图片，痕迹物证提取笔录等程序是否合法，现场是否有遗漏的痕迹物证没有提取、检验等。尤其应当详细审查现场图片，从中发现现场是否有变动情况，进而查找变更现场原因，从中发现疑点，为有效辩护提供有效支持。

案例 1-11

仔细审阅证据有助于辨别提取的痕迹物证的合法性

吉林王某故意杀人案。笔者在审查现场勘查笔录时，发现该笔录所附的现场照片存在问题，在不同的两张照片中，在同一位置，有一张照片有现场提取的带有指纹的水杯，另一张照片没有。笔者以此为证据线索，发现疑点，证明该笔录不具有客观真实性，现场水杯的来源无法确定，否定指纹与案件之间的关联关系。当然，本案认定犯罪还有其他证据予以支持，举例意在说明，辩护律师一定要从细节、细微处发现疑点，查找有效的辩点。

三、从调查作案人逃离现场路线开展侦查

作案人在实施杀人行为后,无论事前是否有预谋过程,除选择与被害人一起死亡外,通常会选择在实现杀人目的后,尽快逃离现场。无论选择什么样的方式逃离现场,或多或少都会留下一定的痕迹或行踪。案发后,侦查人员在现场勘查的同时,一定会展开现场周围的访问,尽可能发现作案人逃离现场的方式,逃离现场的路径等,这是侦查破案最基本的侦查措施。一旦查明了作案人可能选择的逃离方式和方向,就要沿着作案人逃跑的方向和路线进行追捕,同时在作案人可能逃经的车站、码头、渡口、机场和交通要道口等地设卡堵截,张网缉拿。除此以外,目前各地的交通、治安监控设施逐渐完善,查看监控录像成为侦查人员发现可疑作案人的重要手段。

从侦查角度来看,发现并沿着作案人逃跑的路线进行追踪,是侦查人员通常采取的方式、方法。在此过程中,侦查人员应当形成调查走访笔录即证人证言,来客观反映侦查时发现的线索和证据,即在什么时间、什么地点发现了什么线索与证据。

辩护律师在审阅案卷时,一定要通过制作侦查人员的侦查轨迹图,注意从中发现可疑之处,研判其侦查行为是否合法,是否按着一定时间顺序展开,记录证言是否符合客观事实等。现场访问是以中心现场为核心,由近及远,逐步展开的。距离现场近的人员应当先调查走访,距离现场远的人员应当后调查走访。辩护律师若在审阅案卷时,发现现场访问证人的调查笔录反映出"证人距离案发地点远,本应当后调查证人的调查时间却在前,而距离犯罪现场近,应当先调查证人的笔录却是距案发时间较长后调查的"时,这种前后调查倒置的情况应特别注意。辩护律师一定要查明发生此种情况的理由是否符合客观真实情况。按侦查人员取证时间顺序对证人调查笔录进行排列,有助于发现是否存在侦查人员制造证据或虚假取证的情况。若存在上述情况,建议申请非法证据排除。

案例 1-12

审查被告人逃离现场的证据有助于查明案件事实

北京袁某欣故意杀人、强奸、抢劫案。袁某欣等二人劫持被害人唐某,带至

出租屋内,发生性关系后予以杀害并抛尸于潮白河里。尸体被钓鱼人发现后报警。警方在侦查此案时,沿附近道路查找摄像头并调取录像资料,发现有一辆小轿车在此处出现过,故进一步通过全市道路交通监控录像查找出该车行驶轨迹,发现该车与被害人失踪时间、失踪地点具有关联性,被害人似乎于案发当晚乘坐此车辆。警方进一步查找车辆,查获同案犯之一袁某凯。经审讯,袁某凯交代出案犯袁某欣并供述了全部作案经过。随后,袁某欣也被抓获。

该案是典型的沿着作案人逃跑的路线进行调查侦破的案件。笔者在审阅该案卷宗时,首先从公安机关的立案报告、破案报告等查找侦查破案的方式,再审查该案侦查破案路径是否有证据支持,发现有侦查机关提供的监控录像、侦查人员依据录像制作的车辆行驶轨迹图、有车辆信息及车辆所有人询问笔录等证据,直接指向了被告人袁某凯,然后通过袁某凯供述,查找到被告人袁某欣,最终袁某欣供述了参与强奸、抢劫、杀人的犯罪事实。从本案的证据所形成的证据链条,完全可以判断侦查机关的整个侦查过程符合法定程序和常理,查获犯罪嫌疑人是通过一步步调查所得,并且有合法、有效的证据予以证明。此时,若没有足够的证据予以证明,辩护律师则不应当怀疑袁某欣参与了该案的作案。反之,若侦查机关的侦查程序违反法定程序或常理,则应当引起辩护律师重视,考虑该案袁某欣是否参与该案,其本人的供述是在什么情况下形成的,是否存在刑讯逼供等行为。

四、从调查犯罪条件入手开展侦查

作案人实施命案类犯罪行为时,一定要具备必要的时间、空间、作案工具、基本技能、作案动机等条件。犯罪条件是侦查人员侦查破案和甄别嫌疑人的重要依据。侦查人员应当在确定的侦查范围内,依据犯罪嫌疑人作案应当具备的主客观条件,分析判断作案人的人身特征,确定侦查范围,拟定侦查方案,展开调查摸底排队,进而发现并抓获作案人。

犯罪条件是作案人实施犯罪时,借助的各种客观或主观因素条件,这些因素条件通常分为事实条件和理由条件两大类。事实条件是指作案人与被害人之间存在的某种客观上的关联性的因果关系条件。理由条件是指作案人与被害人之间存在的某种主观上关联的因果关系条件。二者结合将作案人与被害人之间的所有关联关系联系在一起,形成一个完整因果关系。

从侦查角度来看,确定作案人范围,是侦查破案的关键性问题。案发后,谁是作案人,侦查机关并不清楚,被害人或其亲属、邻居等也不清楚,如何侦查案件?侦查机关就应当根据现场访问、现场勘查、尸体检验中发现犯罪线索,划定作案人具备什么条件或什么特征,在什么范围内查找作案人。这是侦查破案必经之路。划定范围、条件后,则应当依据划定的条件进行摸底排队,逐个调查排除,直到最终确定实际作案人。

辩护律师如何通过审阅案卷发现侦查轨迹,如何去判断侦查机关确定的犯罪嫌疑人是否是真正的作案人呢?这就要求辩护律师认真审阅案卷,从中找出侦查轨迹。具体讲,应当重点查阅侦查机关的破案报告或破案经过,从中找到侦查轨迹。有人会说,如果侦查机关的破案经过或破案报告书写得非常简单,怎么办呢?那就只能整理本案的所有证人证言,按时间顺序进行排列,建立一个数轴式的顺序图,确定每个证人证明事项内容,从中找出侦查机关破案的轨迹。有人会说,查找这些有何意义呀?对辩护有什么作用?笔者认为,找出侦查轨迹,可以研判侦查机关侦查程序是否符合常理,是否符合法律规定;查获的嫌疑人途径是否合法,是否存在抓获的犯罪嫌疑人顶替实际作案人的情况等。

案例 1-13

查明犯罪条件有助于辩护律师发现冤假错案

河北聂某故意杀人案。从案卷证据可以发现存在以下问题:发现被害人尸体后,侦查机关应当首先调查被害人亲属、同事等,了解确定失踪或死亡时间,这是侦查机关应当首先调查取证的证据。该案除被害人父亲的报案笔录系案发时间收集外,证实被害人失踪或死亡时间的证人均系在案发后两个多月时调查取得,侦查机关违反侦查程序及不符合常理获得的证人证言,根本不具有客观性,证明力明显极低,完全可以怀疑侦查机关是在制造证据,而不是依法调查取证。从侦查机关侦查破案抓获聂某的情况来看,该案根本没有任何证据证明聂某具备强奸、杀人的犯罪条件或迹象,若从此方面展开辩护,相信一定会取得良好的辩护效果。

五、从调查被害人活动情况开展侦查

被害人是刑事案件中合法权益遭受犯罪行为侵害的人。广义上的被害人，既包括刑事诉讼中自诉案件的被害人，也包括刑事诉讼中的公诉案件的被害人。狭义上的被害人，仅指公诉案件中的被害人。《刑事诉讼法》第106条规定了刑事诉讼"当事人"，但没有对"被害人"做出专门的定义，但从《刑事诉讼法》第108条第2款"被害人对侵犯其人身、财产权利的犯罪事实或者犯罪嫌疑人，有权向公安机关、人民检察院或者人民法院报案或者控告"的规定看，被害人是指人身权利、财产权利或其他合法权益受到犯罪行为侵害的人。因此，被害人在刑事侦查破案中具有非常重要的地位。

从侦查角度来看，部分命案现场，如路遇抢劫杀人、路遇强奸杀人，可利用的痕迹物证少，又无明显的因果关系，侦查起来确实存在一定困难。作为侦查机关，不能因为有困难而放弃侦破案件，且命案属于重特大案件，侦破疑难大案能够体现侦查机关的水平和能力。在无其他可以入手侦查的情况下，调查被害人生前活动轨迹，则成为侦查的突破口。重点调查被害人最后见到的人、最后活动的地点、最后准备去的地方、想去办什么事、想见什么人等，进而分析判断作案嫌疑人。必要时，可以通过电视台、电台、报纸、互联网等媒体发布信息，通过调查谁见到过被害人，什么时间、在什么地点、谁和被害人在一起、在做什么等，来收集被害人活动信息。同时，也可以在其生前经常活动的地点，如饭店、车站、码头等场所附近发布公告，进行调查走访，从中发现被害人活动情况，进而发现犯罪线索，抓获作案人。

辩护律师遇到此类案件时，需要在案卷中查找是否有通知、通告、公告或布告等，或者从证人证言中找到此类信息。一旦获取此类信息，则应当注意重点审查侦查机关是如何确定并抓获犯罪嫌疑人的、有何证据。犯罪嫌疑人到案后，又是如何供述犯罪事实的，是否与现场勘查、尸体检验相互吻合，尽量从中找出疑点。是否能合理解释疑点，是认定抓获的犯罪嫌疑人是否为作案人的关键。

案例 1-14

查清被害人生前活动有助于辩护律师明辨是非

笔者在辩护中没有遇到过此类案件，故以在公安机关工作时侦破的一起案件作为例子。某村一家三口人及一女性亲属被杀死在家中。案发后，侦查人员通过现场走访发现，来该家中的亲属正处在同丈夫闹离婚阶段，双方矛盾很深，该家女主人系其姐姐，支持妹妹离婚，并多次插手双方离婚事宜。其妹夫对该家女主人恨之入骨。由此，公安机关开始调查妹妹丈夫的行踪，发现其有重大作案嫌疑且去向不明。重点嫌疑人确定后，公安机关迅速采取多种侦查措施，将其妹妹丈夫抓获，经审讯，该嫌疑人交代了作案过程。根据其交代，起获作案使用的凶器"砍刀"、当时穿的"血衣"等痕迹物证。在此过程中，形成了如下证据：证明家庭矛盾的证人证言、证明嫌疑人去向不明的证人证言、证明被害人姐姐插手妹妹离婚证人证言等。辩护律师完全可以在阅卷时发现这些证据。

六、从调查可疑人员入手开展侦查

命案发生后，随着调查的深入，侦查线索的收集，或多或少能够发现一些形迹可疑的人员。发现可疑的人员也是侦查人员一项重要的基本工作。什么样的人能够成为可疑人员呢？概括地说，那些行为举止不符合常规的人员或者在某种场合、场所不应当出现的人员就可以视为可疑人员。例如：在工矿企业、商场、机关单位、居民社区、案发现场等场所附近迂回徘徊、东张西望、过度热心的人；随身携带工具、器械与其活动目的或身份职业不相符的人；衣着打扮与身份不相称，甚至男着女装的人；行为诡秘，神情恍惚的人；相貌特征与公安机关通缉通报相似的人；相貌特别，性格古怪的人；随身携带大量财物，且故意外露的人；携带危险物品或刀具的人；在现场附近肆意取闹的人；等等。

从侦查角度来看，命案的发生，离不开社会现实生活的大环境。案发时，是否有人听到可疑的声音，看到可疑的人或可疑的迹象；案发后，是否有人在经济上、情绪上、言语上、行为上有反常表现，是否有人失踪、失联，是否有人积极打探侦查破案情况、侦查进程、侦查重点等。通过对这些线索的收集、分析，就有可能从中发现作案人，实现破案之目标。

辩护律师遇到此类案件时,应当重点审查案卷中的证人证言,从中寻找答案,并且重点关注侦查机关是如何抓获作案嫌疑人的,在抓获作案嫌疑人前是否有证据指向他;作案嫌疑人到案以后,首次供认有罪是什么时间,在什么情况下供认有罪,有罪供述与现场勘查、尸体检验、痕迹物证是否一致,是否有证据可以推翻原来有罪供述等,对从中发现公安机关抓获的犯罪嫌疑人是否为本案作案人、增强辩护律师的内心确信具有重要意义。

案例 1-15

查清可疑人员涉案依据是判断真假案件的关键

仍然以河北聂某强奸杀人案为例。从公安机关填写的破案报告表等侦查人员制作的诉讼法律文书可以看到,之所以抓获聂某,完全是因为群众反映在案发现场附近,有一个骑山地自行车的男青年,偷窥女厕所,但案卷中却没有一份证人证言证实公安机关的说法,即没有任何可以证明聂某具备作案嫌疑的证据。此时,辩护律师就应当高度重视:本案是否存在抓错人的情况?抓获聂某的理由是否充分?辩护律师应在案卷中重点查找此方面的证据,并注意发现疑点,从而实现有效辩护。

七、依靠技术侦查措施开展侦查

技术侦查措施,是指侦查机关为了侦破犯罪行为的需要,依据国家法律法规的规定,经过严格审批,采取的一种特定技术手段。技术侦查即是运用技术侦查措施的侦查行为。通常包括电子侦听、电话监听、电子监控、秘密拍照、录像、进行邮件检查、移动电话查询等秘密的专门技术手段。

技术侦查措施在《中华人民共和国国家安全法》和《中华人民共和国人民警察法》中均有规定,《刑事诉讼法》第二编第二章第八节对技术侦查措施的主体、适用范围、程序与期限等做了明确的规定,使技术侦查措施成为合法侦查措施,并且从幕后走向台前。

依据《刑事诉讼法》第 148 条的规定,公安机关在立案后,对于危害国家安全犯罪、恐怖活动犯罪、黑社会性质的组织犯罪、重大毒品犯罪或者其他严重危害社会的犯罪案件,根据侦查犯罪的需要,经过严格的批准手续,可以采取技术侦查措施。人民检察院在立案后,对于重大的贪污、贿赂犯罪案件以及利用职权实施的严重侵犯公民人身权利的重大犯罪案件,根据侦查犯罪的需要,经过严格的批准手续,可以采取技术侦查措施,按照规定交有关机关执行。追捕被通缉或者批准、决定逮捕的在逃的犯罪嫌疑人、被告人,经过批准,可以采取追捕所必需的技术侦查措施。

从侦查角度来看,2012年《刑事诉讼法》修改前,技术侦查措施一直属于秘密侦查措施,通过技术侦查措施获取的证据需要通过其他合法形式转换成可以定案的证据。2012年《刑事诉讼法》明确规定,技术侦查获取的证据材料,可以作为定案依据,为辩护律师进行有效辩护提供了新机遇,也为辩护律师带来新的挑战。如何对技术侦查获取的证据材料进行质证,则成为辩护律师应当研究的重要课题。

辩护律师遇到此类证据时,应当重点审查侦查机关使用的技术侦查措施是否合法,使用的程序是否合法,获取的证据及其形式是否符合法,证据是否具有客观真实性,是否有相反证据可以推翻技术侦查获得的证据,技术侦查获得的证据是否有其他证据支持或佐证等。

第 ② 章

命案重要证据

第一节 现场勘查笔录

现场勘查笔录是指侦查人员全面记录案发现场及相关场所的勘验、检查情况,以及依法搜集、提取证据等事实的证明文书,是《刑事诉讼法》规定的证据之一。在侦查过程中,由于现场勘查笔录不能单独证明案件的主要事实,属间接证据,因而往往容易被侦查人员忽略或者简化。侦查人员对现场勘查笔录的制作通常存在如下问题:

一是不及时制作笔录,可能存在事后删改现象。犯罪现场由于外界环境因素的影响,处于变化中,因此现场勘查要求突出一个"快"字。有的侦查人员主观上缺乏应有的认识,怠于保护现场;有的草草制作笔录了事;有的为了配合证明案情,可能存在事后擅自删改笔录内容的情况。

二是不客观制作笔录,可能存在主观臆断。现场勘查笔录要求侦查人员实事求是、客观地勘验检查或记录现场情况,但有的侦查人员凭自己的主观臆断,对案情妄下论断,然后以错误论断进行现场勘查。

三是未严格依法制作笔录,违反法律法规的规定程序。《刑事诉讼法》《公安机关办理刑事案件程序规定》和《人民检察院刑事诉讼规则》中的相关章节均对现场勘查的程序作了具体规定。但有的侦查人员在制作现场勘查笔录过程中严重违反相关程序规定,如笔录制作人员不符合主体资格、制作笔录过程中无见证人在场等。

一、现场勘查基本要求

依据公安机关有关现场勘查的规定,现场勘查是在侦查人员的指挥下,现场勘验人员依法对犯罪现场进行的勘验、检查和调查研究活动。现场勘查任务和目的是判断案件的性质,研究犯罪分子的个人特征,发现和收集痕迹物证,分析确定侦查方向、侦查范围。

按照现行法律法规的规定,现场勘验的基本要求是:

1. 必须及时进行现场勘查

由于侦查破案的时间性很强,机不可失,失去时机,案件就可能无法侦破,或者破案后无法收集有效证明犯罪的证据。这就要求现场勘查工作必须抓紧时间,及时进行勘查。无数侦查破案的事实表明,只有抓住距作案人作案时间不长、现场未遭破坏的时机,才能够发现更多的犯罪痕迹物证;距离作案时间近,群众记忆的事情才能相对清楚,作案人也未必远逃。因此,从侦查角度来看,侦查人员必须具有高度负责精神和雷厉风行的战斗作风,一旦接到报案,立即投入到侦查破案之中,及时勘查现场。

辩护律师在审阅案卷时,一定要认真核实侦查人员勘查现场的时间与案发时间的间隔,从中发现现场勘查是否及时、现场是否发生过变动等情况。

2. 必须做到全面勘查现场

所谓全面,就是要求凡是与案件有关的场所和痕迹物证,都必须进行认真详细地勘验和检查;凡是与案件有关的事实、情节都应当进行调查了解,全部收集。除此以外,还要对现场勘查过程中所发现的一切材料进行全面分析研究,以便对案件作出相对正确的判断。

辩护律师必须通过审阅案卷来发现侦查人员是否对现场进行全面勘查、是否有遗漏,从中发现疑点。重点查阅现场照片,认真仔细审查不同照片中同一物品是否有变动迹象,从而发现勘查的现场是否存在变动等,为犯罪嫌疑人或被告人提供有效辩护。

3. 必须做到细致勘查现场

所谓细致,就是要求侦查人员在现场实地勘验和现场访问时,都应当严格认真仔细,应当注意发现那些明显的痕迹物证,还应当发现那些与案件有关的微量痕迹物证。在实际侦查破案过程中,一些似乎是微不足道的痕迹物证可能成为侦查破案的重要证据,只有进行深入细致地分析判断和调查研究、检验鉴定,才能发现揭露和证实犯罪的重要证据。因此,从侦查角度来看,侦查人员应当具备敏锐的观察力、艰苦细致的工作作风、认真负责的态度,在勘查现场过程中,不放过任何一个可疑痕迹物证、可疑角落,尤其是遭到破坏的现场,更需要认真细致地反复进行勘验,竭力发现和收集、提取现场一切与犯罪有关的痕迹物证,去伪存真,尽可能还原事实本来面目。

辩护律师认真细致审阅现场勘查笔录,是工作的重中之重。从现场勘查笔录可以全面审视侦查人员勘查现场情况,从现场照片可以发现现场是否遭到破坏、是否发生变动、是否为原始现场等。这些可为全面有效辩护提供依据。

4. 必须做到客观勘查现场

所谓客观,就是按照现场的本来面目去认知现场。从侦查角度来看,就是要求侦查人员在勘查过程中,无论是发现、提取痕迹物证,还是进行现场访问,都要坚持实事求是的态度,忠于事实,客观真实地反映事物的本来面目,既不夸大也不缩小,更不能随意加以歪曲和捏造,否则就有可能对案情作出错误的判断,造成侦查方向或侦查范围错误,最终可能导致案件无法侦破。

辩护律师应当重点审阅现场勘查笔录记载是否客观真实,是否如实叙述现场情况,是否有分析判断语言等。

5. 必须做到合法勘查现场

所谓合法,就是侦查人员勘查现场是按照法律规定的程序进行现场勘验、现场访问、提取痕迹物证并如实记录的。法律法规是侦查案件、惩罚犯罪、保护人民的有力武器。从侦查角度来看,侦查人员勘查现场必须严格遵守《刑法》《刑事诉讼法》和其他法律、法规、规章的规定,严格依法办案。只有严格依法办案,才能使勘查所获得的证据,在侦查破案和认定犯罪中起到证明作用。如果不依法办案,不遵守现场勘查的基本要求和具体的办案程序规定,即使获得有利证据材料,由于取证不合法也不能作为定案依据。

辩护律师在审阅案卷时,一定要通过审查现场勘查笔录,确认现场勘查过程、程序是否合法,提取与保管痕迹物证程序、提取方法、保管方法等是否合法;同时,也要注意现场勘查笔录的形式是否符合法律规定,如是否有 2 名见证人签名,是否有侦查人员指挥等,从而为有效辩护提供依据。

二、现场勘查组织领导

有组织、有领导、有序地进行现场勘查,是实现现场勘查目的、发现犯罪线索、找到犯罪证据的关键所在。依据《刑事诉讼法》《公安机关办理刑事案件程序规定》等的规定,现场勘查应当符合下列要求。

1. 现场勘查组成人员

现场勘查,一定要在侦查人员指挥下,由技术人员、侦查人员对现场进行勘验。对于命案现场,一般应当由侦查机关的领导进行现场指挥,由侦查人员、技术人员、法医等人员共同组成现场勘查小组;重特大案件,则需要地市以上公安侦查部门的领导指导现场勘查。

辩护律师在审阅案卷时,应当重点审阅现场勘查笔录记载的指挥人员、勘验人员身份是否符合法律规定。

2. 邀请现场勘查见证人

现场勘查必须邀请2名与案件无关、为人公正的普通公民作为见证人,参与现场勘验。其目的是见证侦查机关现场勘验人员勘查现场行为是否合法、客观。依据法律规定,生理上、精神上有缺陷或者年幼,不具有辨认能力或不能正确表述的人,事主及其亲友等与案件有利害关系、可能影响案件公正处理的人,或者公、检、法等机关人员不能充当见证人。

从侦查角度来看,现场勘查的见证人应当自始至终在场。侦查人员在勘验、检查现场的过程中,必须向见证人出示勘验、检查所发现的痕迹物证,并让他们注意这些痕迹物证的特征和提取位置等。

辩护律师在审阅案卷时,应当查证现场勘查是否有见证人,见证人是否符合法律规定,是否与案件有利害关系,是否全程参与现场勘验。判断见证人是否全程参与,主要看现场勘查笔录、现场痕迹物证提取是否有见证人签名、捺印,必要时,可以申请现场见证人出庭作证,以证明现场勘查是否符合法律规定。

3. 严格遵守现场勘查程序

首先应当根据现场实际情况确定勘查现场方案、勘查人员分工、勘验现场步骤、现场访问范围、现场勘查纪律、现场勘查过程中应当注意的事项等。从侦查角度来看,勘验现场应当先外围,后中心;先室外,后室内;先一般,后重点;先观察,后动手;先整体,后重点;先固定,后提取等逐步推进。

辩护律师主要应当从现场勘查笔录中,查找侦查机关在现场勘查过程中,是否严格依照法定程序进行现场勘查。细致观察现场照片,可以发现侦查人员在勘查现场时,是否造成现场破坏,是否有未按规定勘查现场的行为等,从而为有效辩护提供支持。

三、现场访问

现场访问是一种在刑事案件现场,结合现场初步勘查,依法对当事人、目击证人进行访问,即对知情证人的调查访问。这种访问是紧紧围绕案件,围绕被害人展开的调查。通过现场访问可以及时掌握案件的全貌和背景,了解当事人的言行、心理活动和目击者的感受,丰富和验证现场观察的印象。现场访问更像是现场新闻采访,查找侦查破案线索、还原事实真相,是侦查破案的必有程序。

侦查人员的现场访问,与新闻事件现场采访的不同:新闻记者恰当把握访问时机、选择访问对象,善于从受访人的处境出发具体明确、恰当得体地提出问题,争取他们的合作或促使其不能不如实地回答问题,或者说是挖掘事实的真相并公开,是新闻记者的核心目的。现场访问人员是侦查人员,受访人或许与案件有着各种不同利害关系;现场的实际情况,直接影响着侦查人员现场访问的重点、发问的方式,以及谈话的气氛。侦查人员的访问既要保证案件信息不被公开,又要实现有效的访问。

现场访问必须与现场勘验同时进行,是现场勘查的组成部分。现场访问要求侦查人员对被访问者制作询问笔录,侦查人员应当如实记录访问的内容。制作询问笔录,要求侦查人员必须做到及时、客观、公正地记录访问事项及访问内容。这是侦查破案的需要,也是侦查人员调查取证的必然要求。所谓及时,主要体现在案件发生后,侦查人员应当立即进行必要的访问,防止错过最佳访问时间后,被访问者提供的信息不够客观;客观,则是要求侦查人员实事求是地记录被访问者所见所闻,同时也要求被访问者如实陈述事实,不能带有任何推断、推测、猜测等语言;公正,则是要求侦查人员在制作询问记录时,应当不带有任何引诱、偏见等观点,依法如实完整记录。

辩护律师如何再现侦查人员的现场访问呢？依据笔者的经验,关键是对证人证言进行详细审阅、统计,重点查看侦查人员调查取证的时间,按时间顺序进行排列,与案件发生地点、案件发生时间是否存在矛盾,是否符合侦查程序等,从中发现案件疑点,查找有效辩护的突破口。

案例 2-1

研究侦查过程有助于辩护律师发现案件重要疑点

河北聂某故意杀人、强奸案。根据公开的案卷材料,可以发现侦查机关在案发时应当重点访问的对象有被害人丈夫、同事。这是侦查人员必须调查的对象,目的是调查被害人死亡前最后的活动轨迹及接触的人员、发生了哪些事情等。可是,在公开的案卷中,被害人的丈夫、同事的证言是在案发 2 个月以后获取的,让一个人回忆他 2 个月前的活动情况,具体到几时、发生什么事情,无论其记忆程度如何,都不具有足够的客观性,调查时间节点也不符合侦查基本程序,甚至不符合常理。侦查人员在抓获聂某后,在其供述有罪情况下,才依据供述情况调查获取本应当在案发时调查的证人,严重违反了侦查程序和常理。这样的证据是不能作为认定案件事实的有效证据的,或者说其证明力是极小的。

四、现场勘验

作案人实施犯罪的具体地点是犯罪现场,发生犯罪、事故,发现尸体或遗留犯罪痕迹的地点也称为现场。广义上的现场指一切能与案件或事件相关的地点。狭义上的现场指犯罪的中心现场。

现场勘验是侦查人员对与犯罪有关的现场进行查看、记录、拍照、提取痕迹物证的过程。依据《刑事诉讼法》的规定,现场勘验是在侦查人员的指挥下,由技术人员、法医、侦查人员等组成现场勘验小组,对现场进行勘验,同时至少邀请 2 名与案件无关的人员作为见证人,见证侦查人员对现场的勘验,其目的就是防止侦查人员在勘验现场造假。

从侦查角度来看,侦查人员勘验现场的任务和目的是查明案件的性质,证实和发现、揭露犯罪,收集犯罪证据、确认犯罪证据,为侦查破案提供侦破方向,为抓获作案人、认定犯罪奠定基础。

辩护律师了解现场勘验情况、分析现场勘验结果,是有效辩护的基础。现场勘验获取的证据,与作案嫌疑人是否有直接关联关系;犯罪嫌疑人、被告人的供述与辩解,是否与现场勘验结果相符等,是认定犯罪嫌疑人、被告人是否是实际作案人的关键所在,也能帮助辩护律师在内心确信该案是否为犯罪嫌疑人、被告人实施,从而为拟定辩护方案、在法庭上展开有效辩护提供支持。

现场勘验应当制作现场勘查笔录并附现场照片、提取痕迹物证笔录,前面已有详细叙述,在此不再重复。

五、现场分析

现场分析是指现场勘查结束后,一般情况下,侦查机关的指挥人员将组织全体参加现场勘验、现场访问的人员,根据勘验和访问所获得的证据材料,在现场对事件的性质、实施犯罪的情况和作案人的情况等进行初步分析、研究和判断。这在侦查破案上,又称临场分析、现场讨论等。现场分析主要内容如下:

1. 分析判断命案的性质

对命案性质的分析判断是立案侦查的重要依据。在命案中,首先应当结合尸体检验分析是自杀还是他杀,抑或是意外事件,确定刑事案件性质后,侦查人员将全力开展侦破工作。分析事件性质时,应仔细研究被害人或发现人等对现场环境、条件、痕迹、物品的描述,特别注意是否有反常情况。

2. 分析犯罪过程

分析有关实施犯罪的情况,包括对犯罪时间、犯罪地点、犯罪工具、犯罪手段、犯罪动机、犯罪人数、罪犯在现场的活动情况以及罪犯本人特点等的分析判断。

3. 分析、判断作案时间

作案时间,通常可根据报案人、目击人、事主或其亲属、邻居的回忆和陈述进行判断;可根据现场环境,生产、生活规律(如上下班时间、营业时间、车船过境或到达、起航时间)进行判断;可根据现场痕迹、物品的状况,如日历、报刊、钟表、指针、痕迹的新旧程度,血痕变色干涸的程度等进行判断;现场有尸体的,还可根据尸斑、尸僵、尸体腐败情况,以及胃内食物消化程度进行判断。

4. 分析、判断作案人数

犯罪人数可根据罪犯留下的指纹、足迹、损失财物的数量等进行分析、判断。现场有尸体的,可根据尸体伤痕类型和尸体形状判断。

5. 分析判断犯罪现场是否为中心现场

发现尸体的处所是否为实施犯罪的地点,可根据尸体上反映现场特点的异常痕迹或黏附的异物、拖拉尸体的痕迹,以及各种反常情况等进行判断。准确地判定实施犯罪的处所,有助于发现和收集犯罪痕迹和物证,为推断犯罪人及其活动提供依据。

6. 分析判断作案工具

犯罪工具和手法可根据工具痕迹的形状、大小、深度、凹凸纹路、痕迹边缘性状等进行判断。

7. 分析判断作案过程

罪犯在现场活动的情况,通常包括如何进出现场、破坏了哪些门锁、翻动了哪些物品、活动的路线和顺序等。这些情况主要根据现场环境和罪犯遗留的痕迹、物品进行分析判断。

8. 分析作案动机

对犯罪动机的判断比较复杂,有时要通过审讯才能最终确定。在临场讨论中可根据被害人的生活作风、工作情况、社会关系以及犯罪手段、现场痕迹分布状况、财物损失情况等进行初步判断。

9. 分析作案人情况

犯罪人的情况包括犯罪人与受害人的关系,犯罪人是否熟悉现场内情,是惯犯还是偶犯,以及犯罪人的个人特点(年龄、性别、身高、生理特点、职业特点)等。这些情况主要根据现场痕迹和遗留物、作案手段、罪犯在现场上活动情况等进行判断。有目击人的,或者受害人同罪犯有接触的,还应详细询问目击人和受害人。

对现场分析讨论作出的初步判断,会继续在后续的侦查中核实修正。分析时有多种可能的,应作出多种可能的判断,然后一一查证。查证的过程就是检验分析判断是否正确的过程。

现场分析讨论应当立足客观角度,作出任何一种判断都应当以客观材料为依据,符合理论与实践方法,切忌主观性、表面性和片面性。

从侦查角度来看,现场分析与讨论是侦查命案的必经程序,通过现场分析,可以集中全体侦查人员的智慧,清晰认识案件,探讨案件发生的原因、发生过程、作案工具等,为侦查破案指明方向,从而破获案件。对于重特大命案,一般侦查机关都会制定侦查破案方案,对现场进行综合分析判断,制定侦查措施与方案。

对辩护律师来讲,侦查人员现场分析与讨论的记录、侦查方案在案卷中是看不到的。那么,辩护律师是否有必要考证侦查人员是如何分析案件、判断侦查方向的,又如何去考证呢?

作为曾经的公安机关侦查人员和预审人员,笔者认为分析考证侦查人员在侦查破案初期是如何分析案件、判断侦查方向的,在判断犯罪嫌疑人或被告人是否作案人的问题上,对命案的辩护律师来说非常重要。在看不到相关记录的情况下,怎么去考证?笔者建议:一是认真研究案卷证据材料,重点研究证据的客观真实性、时效性、合法性;二是建立以时间为数轴的证据体系,将整个案件的所有证据,按时间顺序进行排列,从中发现侦查机关获取每份证据的时间,分析先后取得的证据之间的关联关系;三是按每份证据制作时间先后顺序,与案件发生时间进行对比,分析判断证据的客观性、证明力;四是综合分析,找出证据之间的矛盾点,阻断证据链条;五是重新构建证据体系,所证明的事实与指控的事实是否能够完全重合,若不能完全重合,则考虑认定犯罪的证据是否确实充分等。

案例 2-2

研究侦查顺序有利于发现侦查漏洞

仍然以河北聂某故意杀人、强奸案为例。笔者根据公开的卷宗和在案的所有证据制作了一张数轴图,发现从怀疑到抓获聂某之间没有任何证据予以支持。从康某被害发现尸体后至抓获聂某前,侦查机关获得的证明其有罪的证据,仅有一份报案人笔录,即康某父亲笔录,其他认定有罪的证据均是在聂某作出有罪供述之后取得。这充分说明侦查机关的侦查程序违反侦查规定和常理,聂某极有可能不是本案真正的作案人。

第二节 法医尸体检验

法医尸体检验是法医接受侦查机关的委托,对死者尸体进行全面检查和解剖检验,目的是发现犯罪证据、分析判断作案工具等。尸体检验是侦破命案的重要程序与步骤，对于认定犯罪具有至关重要的作用。法医尸体检验程序必须严格遵守《刑事诉讼法》《公安机关办理刑事案件程序规定》和《解剖尸体规则》的规定。侦查机关可以通过尸体检验找出与侦查破案有关的各种犯罪证据、犯罪线索。

死者尸体是死亡原因的重要载体。死亡原因千差万别，但一定会通过尸体呈现出来，故命案必须进行尸体检验。例如：各种暴力致死尸体一定有生前受到暴力袭击迹象；中毒死亡的尸体一定会有中毒迹象；不明原因的猝死尸体也会有迹象，即使不明显，通过检验及化验鉴定也可以确认死亡原因。侦查机关对尸体进行法医检验，主要目的是通过法医的专业知识，查明死因、鉴别暴力致死或非暴力致死、判断死亡方式、案件性质、推断死亡时间与地点、分析及认定致伤工具、获取犯罪的证据及进行尸体身份识别，为刑事侦查破案提供线索，为定罪量刑提供科学依据。

法医尸体检验包括现场尸体检验、尸体外表检验和尸体解剖三个步骤。法医对尸体进行的检验，不仅着眼于局部器官、组织的变化，而且还着眼于全身体表及各个器官、组织的损伤情况，以及损伤时间、死亡时间、致伤物、身份识别、死后变化等。因此，法医尸体检验既要应用病理学的检查方法和技术，又要明确每一案例的检验目的，注意案件的特殊性。由于每个命案的具体情况不同，法医尸体检验的要求也不尽相同。例如：各种机械性损伤致死尸体、窒息致死尸体、猝死尸体、中毒尸体、无名尸体或尸块等尸体检验的重点各不相同。每一个案例的法医尸体检验都不是一次简单的重复操作，而是一个针对不同个案进行的专门研究。所以，作为侦查人员和法医，在侦查命案的过程中，保持严谨的科学态度，认真细致的工作方法，实事求是的思想作风和吃苦耐劳、勇于探索的精神是最基本的工作要求。同时，做好每一次尸体检验，力求尸体检验及分析判断的准确、可靠，也是侦查破案的需要。

一、法医尸体检验的程序

法医尸体检验应按照检验的要求，由外向内逐步进行。首先进行尸体现场勘查，其次是尸体外表检验，最后进行尸体解剖，基本程序是由远及近、由外及内，逐渐深入。虽然各个步骤检验的内容和重点不同，但它们之间相互联系。

1. 尸体现场勘查

主要是侦查人员、技术人员和法医对发现尸体的场所进行现场调查、勘验及检查尸体姿势、尸体外表情况及尸体周围有哪些痕迹物证与尸体有关等,提取有关痕迹物证。通过现场对尸体的初步检验可以初步分析判断死亡原因,发现尸体的异常情况;通过对尸体周围环境和物品的查验,可以获得对案件的初步印象和有关犯罪线索、侦查线索。

2. 尸体外表检验

主要是侦查人员、技术人员和法医对尸体的外表情况进行检验,主要检验:死者穿着衣物情况、尸体状态及呈现出的肉眼可以查看到的生理反应现象、体表特征、损伤、皮肤变化等。尸体外表检验一般是在发现尸体的现场进行检验,特殊情况下,如已冻僵的尸体则需要经过一定解冻程序后检验。

3. 尸体解剖

主要是侦查人员、技术人员、法医在经过现场尸体检验和尸体外表检验后,仍不能确定死因或查明其他犯罪证据、犯罪线索,则需要对尸体进行解剖。尸体解剖需要根据尸体所处位置、现场的情况、尸体情况确定尸体解剖的地点,有的是在现场进行解剖,有的需要在解剖室进行。尸体解剖需要按照解剖规则进行,一般情况要对尸体进行全面解剖,尤其是颅腔、胸腔、腹腔含盆腔、脊髓腔等。必要时,需要对有疑问的地方进行病理检查或毒物分析等辅助检验。

4. 法医尸体检验其他要求

法医尸体检验的整个过程,需要同步进行尸体检验记录、绘图、拍照、摄像、提取痕迹物证、提取检材、登记造册、按规定保存和送检检材。

二、命案尸体检验的目的

侦查人员在侦破命案时,最主要的工作应当是查明犯罪事实,发现犯罪线索、犯罪证据,尸体检验工作重点是如下事项:

1. 确定死亡时间

法医通过对尸体状态(如尸僵、尸斑、尸温等)、环境的温度、尸体的体格、运动程度、是否饮酒、是否用麻醉剂,胃内容的消化程度以及尸体周围、植物的生长变化规律判断死亡时间。例如:尸僵一般于死后1~3小时开始出现,最初出现在颜面部和眼肌,随后扩散到躯干的上下肢。12小时后,尸僵达到全身。尸僵持续6小时左右开始缓解,尸体恢复变软。尸斑的出现也有一定的时间规律,死后血液循环停止,最快半小时后,血液因自身重力坠积于尸体的底部血管,该处皮肤显出紫红色的斑痕,像瓶底的红酒,这就是尸斑。尸斑最晚在死后4~10小时内出现。它的颜色持续时间很长。如果一个人死后仰面躺在床上,尸斑应在他的背部,如发现尸斑在身体的前部,说明尸体被移动过。通过尸体的温度也可以判断死亡时间,死后体内停止产热,尸体的温度大约每小时会下降1度。肌肉组织和环境对尸体温度影响很大。胖子的尸温比瘦子的尸温降低得慢;温暖室内的尸温比寒冷室外的尸温降得要慢。

死亡时间是指人死后经历时间或称死后间隔时间,即检验尸体时距死亡发生时的时间间隔。确定死亡时间,也是推断案件发生的时间,这对侦查机关来说至关重要,是确定侦查方向、排查作案嫌疑人员、查获犯罪分子的首要条件。

2. 确定死亡原因

死亡原因是指直接或间接促进死亡的疾病或损伤,即导致死亡发生的疾病、暴力或衰老等因素。查明命案受害人的死亡原因,是侦查破案的起点,也是确定侦查方向的必定程序,是查明作案人、认定犯罪的重要证据,更是印证犯罪嫌疑人或被告人供述是否真实或者说抓获的犯罪嫌疑人或被告人是否为真正作案人的重要依据。通过对犯罪嫌疑人的审讯,获得其对作案过程的供述,有利于判断作案过程是否可以致死;而查明命案的死亡原因有利于分析判断供述的真实性,提升侦查人员对犯罪嫌疑人供述的认知程度,为侦查人员内心对犯罪嫌疑人是否为真正的作案人产生确信。

3. 确定作案工具

尸体检验除需要确定死亡原因外,还应当通过对致死凶器或致命原因分析,判断出作案工具的种类、作案工具的特征,如:单刃尖刀、双刃尖刀、菜刀、斧子、锤子、棍棒、绳索、枪弹等。分析判断作案工具的目的是确定侦查范围,即什么样的人群,经常使用此类工具,或接触到此类作案工具,这样可以缩小侦查范围,为迅速破案提供有利条件。虽然通过尸体检验不一定能完全确定作案工具,但可以通过分析判断,推断出作案工具的种类,分析作案人员获取作案工具的来源、取得途径、使用范围等。

4. 确定尸体特征

通过尸体检验确定尸体特征的主要目的:一是确定死者身份,二是确定死者身体损伤特征。

确定死者身份是侦查破案的首要条件,唯有死者身份确定,才可以进一步查明死者被害原因,通过查找因果关系、最后接触的人员、最后出现的地点与死亡关联性等,收集犯罪线索,从而尽快破案。

确定死者身体损伤特征有利于在审讯过程中,确认犯罪嫌疑人供述的真实性,从而增加侦查人员对审讯结果的确信度。若犯罪嫌疑人的供述与尸体检验的损伤特征基本一致,可以增强侦查人员认定犯罪嫌疑人即是作案人的内心确信。

5. 确定案发过程

通过现场勘验可以确认在案件发生过程中,或者在作案人作案时,具体有哪些行为或发生了什么。尸体检验怎么能够确定发案过程呢?尸体是命案发生后,遗留在现场的重要物证,与作案人有着直接接触,尸体上的损伤特征,可以反映出被害人具体什么部位受到损伤、是怎么样形成的,或者是被害人在什么情况下、什么姿势下形成的。通过对尸体损伤外部特征的分析,可以初步判断命案发生时,被害人与作案人之间发生了什么动作或行为,双方之间产生了哪些冲突等,有利于抓获犯罪嫌疑人后,验证审讯结果,确认犯罪嫌疑人是否为实际作案人。

三、辩护律师审阅案卷审查尸体检验报告的重点

辩护律师在审阅案件卷宗时,一定要详细审阅法医检验报告或鉴定意见,重点审查法医尸体检验的程序是否合法,记录是否客观公正,尸体痕迹特征是否与证人证实的情况一致,是否与被告人的供述与辩解一致,提取痕迹物证是否符合法律规定,检材的保存是否符合医学要求、送检检材的过程及鉴定程序是否符合法律规定等。作为命案的辩护律师,应当具备从尸体检验报告或鉴定意见、提取笔录、病理学鉴定中发现问题、发现疑点的能力。具体应当注意以下内容:

(1) 法医尸体检验前,尸体是否进行过防腐处理。

(2) 尸体检验是否按法定程序收集各种文证、物证、图文资料和实物、标本、检材等。

(3) 法医尸体检验提取的检材记录是否清楚,如物证检材是否标明取材位

置、方法,是否分别包装、是否统一编号送检。用病理检验鉴定的检材保管方法是否符合要求,用作毒物分析、生化检验等的检材是否满足鉴定要求等。

(4) 对现场、有关物证、尸体上的损伤及病变等是否进行拍照、录像,是否在尸体检验鉴定意见中记录。

(5) 尸体检验前,尸体转运过程中是否受到损坏,是否造成二次损伤。

从尸体检验报告或鉴定意见、现场勘查笔录、现场照片、尸体检验照片、检验鉴定、证人证言中查找疑点,认真研究上述证据,是辩护律师发现案件疑点、实现有效辩护的基础。

案例 2-3

尸体检验报告可验证被告人供述真假

吉林王某禹故意伤害致死案。尸体检验报告记载:被害人尸体左侧腹部中有刀伤、左侧腿部有刀伤等,伤均集中在左侧,且腹部伤痕明显是由下向上扎伤;被告人在侦查机关讯问时供述是被害人骑在他身上,自己趴在地上时,其用左手持刀向后扎向被害人的。根据被告人的供述,结合尸体检验报告,可以确认被告人王某禹的供述应当是客观真实的。

吉林潘某故意伤害致死案。被害人在被潘某扎伤后,在救治的过程中,陈述其是在逃离过程,被潘某追上扎伤的;而潘某在侦查机关讯问时供述是在厮打过程扎伤被害人后,被害人逃离后倒地,潘某见到被害人倒地,并且流淌很多血,认为被害人可能已死亡方逃跑。笔者审阅案卷时发现,现场勘查笔录记载现场有一趟长几十米的血滴至被害人倒地之处。尸检检验报告记载,被害人是俯卧倒地,身下有血迹。由此,笔者认为被告人供述应当是客观真实的。基于此,辩护人提出双方存在斗殴情节,使得潘某得到从轻判处,实现了有效辩护。

第三节 证人证言

证人证言是证人就其所感知的案件情况向侦查机关、检察机关或审判机关所作的陈述。命案发生在一定时空中,往往会被案发地周围的相关人所感知。

因此，证人证言是古今中外法律均予以重视的重要证据，也是民事诉讼、行政诉讼规定的一种证据形式。

证人证言属于言词证据，是《刑事诉讼法》规定的证据的一种。证人就自己亲自看到、听到的案件情况所作的证言，是直接证言，也是直接证据。证人就自己通过其他人获取的案件情况，对侦查机关陈述的事实，属于传来证据，是间接证据。

《刑事诉讼法》第60条规定："凡是知道案件情况的人，都有作证的义务。生理上、精神上有缺陷或者年幼，不能辨别是非、不能正确表达的人，不能作证人。"《中华人民共和国民事诉讼法》《中华人民共和国行政诉讼法》也有类似规定。依据我国法律规定，作证是公民的光荣义务，证人作证时，侦查人员应当告知证人如实提供证言和有意作伪证或隐匿罪证要负的法律责任。同时，《刑事诉讼法》第61条规定："人民法院、人民检察院和公安机关应当保障证人及其近亲属的安全。对证人及其近亲属进行威胁、侮辱、殴打或者打击报复，构成犯罪的，依法追究刑事责任；尚不够刑事处罚的，依法给予治安管理处罚。"该条文是《刑事诉讼法》于2012年修改时新增加的规定。对证人的人身安全予以保护，是我国刑事诉讼制度的重要变化，可以最大限度地保证证人如实作证。

因个体思维想法、文化程度、利害关系等原因，证人作证时可能作虚假陈述，也可能由于感受、记忆、表达等方面的原因而使证言失实，因此对证人证言应认真审查。《刑事诉讼法》第37条规定："证人证言必须在法庭上经过公诉人、被害人和被告人、辩护人双方质证并且查实以后，才能作为定案的根据。"

侦查机关在侦查破案过程中，对证人进行调查是一项非常重要的工作，通过证人证言可以获取更多的侦查线索、犯罪证据。侦查人员对证人的调查主要确定以下事项。

一、确定尸源

命案发生后，查找确认尸源即确定死者身份是首要任务。通过现场访问、查找知情人确定死者身份，是命案侦查的必要途径。现场访问的重点是现场附近人员、发现人员等，通过这些人的陈述、描述查找被害人、作案人身份，进而获取侦查破案的信息。

二、案发时间

命案发生后,通过现场访问确定案发时间,同样是侦查人员侦查破案的必要条件。案发时间可以作为犯罪嫌疑人是否具有作案时间,是否可以排除作案嫌疑的重要因素。现场访问获取的证人证言,对认定作案时间具有至关重要的作用。

三、被害人情况

命案发生后,是否意味着被害人死亡前发生的任何情况都没有办法考证了?实际上往往不是这样,凡事的发生都有前因后果,都将与一定的时间、空间发生必然联系。被害人死亡前的活动情况也不例外,通过对被害人生前朋友、同事、亲属及最后可以查找到的被害人接触的人员、活动地点、发生事情等进行调查访问,有可能还原被害人生前的活动情况,从中查找破案线索,进而查获犯罪嫌疑人。

四、发案情况

命案的发生并非偶然,都会与一定的人、事具有实际联系。通过对现场附近人员、被害人亲属、朋友、同事、关系人的访问,可以了解到案发原因及过程,证人证言中的这些内容,能够为侦查破案、审讯犯罪嫌疑人提供基础情况。

除以上案件事实外,证人证言还可以确定作案人的个人情况、作案人逃离现场情况、作案人使用的作案工具等,在此不再一一叙述。

辩护律师在审阅命案卷宗时,应当详细审阅证人证言。重点审查证人证言形成时间、证明事项,侦查人员制作笔录的时间长短及笔录字数,是否有违反客观事实的内容,证人之间的证言是否存在矛盾,证言是否与书证、物证存在矛盾,证言是否与现场勘查笔录、尸体检验报告或鉴定意见存在矛盾等,并从中发现案件疑点,为有效辩护奠定辩护基础。

案例 2-4

查明证人作证时间有助于辩护律师围绕客观真实性质证

河北聂某故意杀人、强奸案。从公开的卷宗来看,该案主要证人证言有:康某父亲的报案笔录、康某丈夫证言、康某同事于某、王某的证言、聂某同事葛某的证言。

这些证据当中,可以证明案发时间的有:康某父亲的证言主要证实康某失踪时间、查找发现衣物和尸体情况;康某丈夫主要证实案发当天康某离家时间;于某、王某主要证实案发前,最后见到康某的时间。由此可以推断康某死亡时间为8月5日下午5点半左右。

这些证据当中,可以证明聂某具有作案时间的是葛某的证言,可以证实聂某8月3、4日上班活动情况,但对聂某5、6日上班活动情况不清楚,对聂某7日以后的上班情况又记忆清楚。

我们再看侦查机关调查取证的时间:康父报警时间是8月10、11日,即发现衣物和尸体时间;康某丈夫首次证实时间是10月1日;于某首次证实时间是10月21日;王某首次证实时间是10月11日;葛某首次证实时间是10月21日;被告人聂某供述有罪时间是9月28日;被害人康某死亡时间是8月5日。

通过以上证人证言调查取证时间可以发现如下问题:

一是本应在发现康某尸体时进行调查取证的关键人员,包括康某的丈夫、同事于某、王某,侦查机关在当时却没有作任何调查,证人作证时间为案发后两个多月。本应在发现被害人康某死亡时调查的人员却在时隔两个多月后调查,这样的证据就是疑点,应当引起辩护律师的重视。证人所出具的证言,由于间隔时间长,可能缺乏客观真实性;侦查机关的侦查行为,又明显违反侦查程序和侦查常理。严格来讲,这样的证据证明力极小,甚至不具有任何证明力。

二是本应在抓获聂某后,即应调查其是否具备作案时间,但侦查机关却没有作任何调查。直到9月28日聂某首次作出有罪供述,卷宗中没有任何证据证明聂某有作案时间;能证明聂某有作案时间的证据就是同事葛某的证言,但该证言是在案发后两个多月调查取得。本应在抓获聂某时即排查作案时间,侦查机关却没有排查,这又是一个重要疑点。

通过对证人证言调查取证时间、案发时间、聂某抓获时间等几个关键时间节点的对比分析，我们就会发现案件疑点，即侦查机关调查取证的先后顺序严重颠倒，严重违反侦查程序，违背侦查常理。通过这样的梳理和分析，辩护律师能够找到辩护的主要观点，实现有效辩护，最大限度地维护当事人合法利益。

第四节　痕迹物证检验

物证类鉴定是司法鉴定术语。物证类鉴定包括文书鉴定、痕迹鉴定和微量鉴定。

文书鉴定是指运用文件检验学的原理和技术，对文书的笔迹、印章、印文、文书的制作及所用工具、文书形成时间等问题进行鉴定。

痕迹鉴定是指运用痕迹学的原理和技术，对有关人体、物体形成痕迹的同一性及分离痕迹与原整体相关性等问题进行鉴定。

微量鉴定是指运用物理学、化学和仪器分析等方法，通过对有关物质材料的成分及其结构进行定性、定量分析，对检材的种类、检材和嫌疑样本的同类性和同一性进行鉴定。

物证鉴定的种类分为两大类：一类叫同一鉴定，另一类叫种属鉴定。

一、同一鉴定

同一鉴定是指具有专门知识、经验的人，通过案件中多次出现的物品、物质进行比较、分析，判断其是否来源于同一个客体的认识活动。

"同一"从哲学上讲，表示事物或现象同其自身相等、相同、一样的范畴。在刑事诉讼过程中，同一鉴定是指具备侦查专门知识和了解侦查客体特征的人，通过比较侦查客体先后出现的特征确定其是否同一的认识活动。

在刑事侦查活动中，对痕迹物证等进行同一鉴定，是侦查破案的需要，也是认定犯罪嫌疑人的一项重要侦查手段和认定犯罪的证据。同一鉴定一般包括：指纹鉴定和DNA鉴定。这种鉴定结论通常给出"肯定性"或者"否定性"的答案，如果给出的是模棱两可的鉴定意见，则对认定犯罪不具有任何意义。

在司法实践中,进行同一鉴定之所以成为可能,是因为受检验的客体物具有特定性和相对稳定性。凡有体物乃至一切物,都是特定的,特定性就是此物和其他任何物的绝对区别。所以物只能自身和自身同一。从辩证唯物主义的观点看来,一切物,包括有体物,都是不断运动变化着的,但处于运动变化发展中的物,尤其是有体物,都有其相对静止、暂时平衡和稳定的状态。稳定性就是物的重要特性在一定时间内保持不变。鉴定绝对的同一虽然是不可能的,但在一定条件下和一定时间内,将处于相对稳定状态中的有体物认定为同一,则是可能的。在司法鉴定实践中,进行同一鉴定的条件如下:一是受检验客体的稳定程度。客体的稳定性愈大,则进行同一鉴定的可能性愈大。二是客体特征显示出来的完备程度。客体特征反映得愈充分愈完备,则进行同一鉴定的可能性愈大。三是反映客体特性的物质形象发生变化的程度。变化愈小,则进行同一鉴定的可能性愈大。因此,在侦查和现场勘验过程中,侦查人员应尽力采取措施,保全此客体对同一认定有重大意义的特征,并注意保持客体的稳定性。

在刑事司法实践中,只有鉴定为特定同一,才能确定受审查的嫌疑客体与犯罪事件之间的联系,为认定犯罪提供依据。而种类同一的肯定结论,只能缩小侦查范围,提供侦查方向。种类同一的否定结论,可据以排除嫌疑,但不能直接认定犯罪。同一鉴定作为一种审查物证的原理和方法,侦查、审判人员在勘验中都可以运用,但只有鉴定人通过科学的方法,运用同一鉴定理论和方法作出的鉴定意见,才是刑事诉讼法上的鉴定意见,具有证据效力。

二、种属鉴定

种属可以理解为种类,也就是同一种类。种属鉴定是指具有专门知识和专门检验手段的鉴定人,依据反映形象或客体特征对与案件有关的客体的种属或先后出现的客体的种类是否相同等问题所作出的检验和判断。

根据种属鉴定客体的性质,种属鉴定可分为以下几类:

(1) 单一型种属鉴定。案件中提取了一种物质,需要确定它是何种物质,就是单一型种属鉴定。

(2) 比较型种属鉴定。需要确定两种物质属性是否相同,或者来源是否相同而进行的种属认定,就是比较型种属鉴定。

侦查机关对案件提取痕迹物证进行种属鉴定的目的是:确定和缩小客体范

围;为确定鉴定客体的关联性提供证据;查明某些案件事实。

种属鉴定的原则有:先无损检验,后有损检验;先定性,后定量;采用公认的、标准的检验方法;节约检材。

种属鉴定的方法有:物理检验方法,化学检验方法,生物检验方法等。

种属鉴定检验的步骤是:检查检材和样本,明确送检内容和要求,实施检验,获得检验结果。

种属鉴定和同一鉴定的区别主要有:一是解决的问题不同。种属鉴定解决的问题是属于哪一类,同一鉴定解决是或否的问题。二是对客体特征的要求不同。种属鉴定解决的是整体上的问题,同一鉴定解决的是细节上的问题。三是在鉴定中所处的地位不同。种属鉴定主要解决侦查方向、侦查范围问题,同一鉴定主要解决确认犯罪嫌疑人的问题。四是鉴定意见价值不同。种属鉴定只具有间接证明犯罪的可能;同一鉴定则可能直接证明犯罪。虽然二者解决问题的方向、效果不同,但在一般情况下,种属鉴定是同一鉴定的基础,即在取得种属鉴定一致的基础上,再进行同一鉴定。在特定条件下,种属鉴定和同一鉴定又可以相互转化,为侦查破案提供线索。

三、常见的痕迹鉴定

痕迹是指由于人、动物或者其他物体的运动,在物质性客体上形成的物体移动、物质增减、形态结构改变等物质性变化。痕迹鉴定是指运用痕迹学的原理和技术,对有关人体、物体形成痕迹的同一性及分离痕迹与原整体相关性等问题进行鉴定。

在刑事诉讼活动中,最常见的痕迹鉴定有指纹鉴定、足迹鉴定、工具痕迹鉴定和枪弹痕迹鉴定等。

1. 指纹鉴定

指纹是指手指上的乳突线花纹。指纹具有人各不同、触物留痕、排列规律和终身不变的特征。由于指纹上布满了汗腺并不断分泌着汗液,往往还从其他物体上沾有油脂、油漆、灰尘、血迹等,当其接触物体时,就必然留下指纹。指纹的稳定性非常突出,一旦形成,终身都不会改变。指纹在诉讼中有"证据之王"的誉称,通过指纹鉴定可以直接认定遗留指纹的个人。在刑事诉讼中,通过对指纹的分析和识别,可以为分析案情、串并联案件以及认定犯罪嫌疑人提供方向和证据。指纹鉴定结论只关乎是与否,即指纹鉴定属于同一鉴定。

2. 足迹鉴定

足迹是人们在站立和行走时,与地面或其他承受面接触形成的脚掌或鞋、袜等形象痕迹。足迹是刑事案件调查中经常使用的一种重要物证。足迹有两大类特征:一是足迹的形象特征,即单个足迹所反映的赤脚、鞋或袜外表结构特征;二是足迹的步伐特征,即单个或成趟足迹,反映人的行走习惯规律的特征,这些特征是经过长期练习和反复实践形成并固定下来的,由于性别、年龄、身高、体重、职业、步行姿势等各种因素的不同,每个人所反映出的步伐特征也不一样。通过对足迹的分析鉴定,可以判断人的身高、年龄、体重、走路姿势等,还可以分析遗留的时间、作案人逃跑的方向等。在条件较好时,通过足迹循迹追踪,或将足迹作为警犬嗅源,能够直接抓获或认定犯罪嫌疑人。

3. 工具痕迹鉴定

工具痕迹是指利用工具破坏物体或者打击人体时,在物体或人体上形成的痕迹。工具痕迹是犯罪现场最常见的一种痕迹,作案人使用改锥、钳子撬门压锁、剪切障碍物都会留下工具痕迹。例如:作案人使用尖刀通过扎被害人心脏致其死亡,尸体上必然留下尖刀的痕迹特征。通过对工具痕迹的分析、鉴定,可以确定作案手段,分析作案人的个人行为特征,为案件性质的确定及侦查方向的确立提供证据。

4. 枪弹痕迹鉴定

枪弹痕迹是指枪支在发射子弹的过程中形成的痕迹,包括留在弹头、弹壳上的痕迹以及射击附带痕迹。子弹在击发时,通常要经过装弹、射击和排壳三个过程。在机械作用和弹药燃烧后产生的强大压力之下,弹头、弹壳与枪支机件会产生强烈摩擦,从而在弹头、弹壳上形成反映枪管内壁、弹匣口、击针等特征的形象痕迹。子弹被击发时,伴随着弹头穿射目的物,从枪管喷出的枪油、未燃尽火药、烟垢等微量物质,往往会附着在弹壳壁内部和目的物的弹头入射口表面,这些微量物质就会形成痕迹。通过对枪弹痕迹的分析,可以判断发射枪支的种类,认定发射枪支;还可以判断作案人的射击距离、射击角度和射击顺序,确定案件的性质,为侦查提供方向。

四、其他鉴定

除以上鉴定外,还有很多其他种类的鉴定。例如:血型鉴定是通过对血液的检验、检测,确认是否为现场血型的鉴定等。侦查机关进行的鉴定目的有两个:一是缩小侦查范围,二是认定犯罪。任何一项鉴定都离不开这两个根本性的目的。

鉴定意见在命案辩护中具有非常重要的作用。目前公安部、司法部等部门先后出台了多部有关鉴定规则和鉴定规范的文件。这些鉴定规则和鉴定规范是辩护律师对鉴定意见提出异议的有效法律武器。辩护律师在审查每一份鉴定意见时,都应当认真对照相应的鉴定规则和鉴定规范,从中发现鉴定意见存在的疑点,以便在法庭上对出庭鉴定人进行质询,从而推翻鉴定意见或者找出鉴定意见不符合鉴定规则和鉴定规范的部分,申请重新鉴定或补充鉴定。

第五节 其他证据

一、犯罪嫌疑人、被告人的供述和辩解

犯罪嫌疑人、被告人是案件实际参与人,对案件的整个过程非常清楚,在当前口供为主的破案、审判实践中,其供述和辩解对认定犯罪具有非常重要的作用。在刑事诉讼过程中,犯罪嫌疑人、被告人的供述和辩解,即其针对与案件有关的事实情况向公安司法机关所作的陈述,既包括承认自己有罪的人对自己犯罪情况的供述,也包括声称自己无罪或者罪轻的辩解;既包括在侦查机关的供述和辩解,也包括审查起诉期间,公诉人员对其讯问,更包括在法庭审理期间,其在法庭上的陈述与辩解。

从侦查角度来看,侦查人员非常重视犯罪嫌疑人的供述与辩解。有些案件,在确定嫌疑人为犯罪嫌疑人之前,往往未掌握足够的犯罪证据,通过对犯罪嫌疑人的讯问,查找、获取犯罪线索,从而为破案提供依据。从犯罪嫌疑人本身查找犯罪证据更加直接、方便、有效。这也是当前刑讯逼供屡禁不止的根本性原因。

从辩护律师角度来讲,研究并发现犯罪嫌疑人、被告人供述与辩解的漏洞,

查找与其他证据的异同点,是查找无罪证据的重要来源。

案例 2-5

研究被告人供述有助于辩护律师分析被告人是否受到刑讯逼供

广西北海庞某祥五起抢劫致两人死亡案。笔者在制作阅卷提纲时,发现庞某祥被公安机关抓获后,在侦查阶段总计有6次讯问笔录,其中在刑警队办公室讯问3次,在看守所讯问3次。制作统计表后,笔者发现了问题,侦查人员在刑警队制作的讯问笔录,庞某祥均作出有罪供述;侦查人员在看守所讯问室制作的讯问笔录,庞某祥均作出无罪供述。同时,庞某祥作出有罪供述的3次讯问笔录中,针对每起抢劫案的细节问题说法各有不同。笔者在会见庞某祥时,其已被羁押5年,历经两次一审,两次二审,被判死缓,如今第三次发回重审,庞某祥一再声称自己没有参与抢劫,从未做过违法的事情,要求律师为其伸张正义,作无罪辩护,争取早日走出看守所。笔者以统计表格的形式,充分展现出被告人讯问笔录存在的疑点,发现问题,并以此作为刑讯逼供的证据线索,结合案件其他证据,进行无罪辩护。最终,该案以检察机关撤回起诉结案,庞某祥被无罪释放。

二、视听资料

以录音磁带、录像带、电影胶片或电子计算机相关设备存储的作为证明案件事实的音响、活动影像和图形,统称为视听资料。视听资料又称声像资料或直感资料,一般以音响、图像等方式记录有内涵的载体。

视听资料一般可分为三种类型:① 视觉资料,也称无声录像资料,包括图片、摄影胶卷、幻灯片、投影片、无声录像带、无声影片、无声机读件等;② 听觉资料,也称录音资料,包括唱片、录音带等;③ 声像资料,也称音像资料或音形资料,包括电影片、电视片、录音录像片、声像光盘等。

视听资料具有以下特点:① 视听资料表现为含有一定科技与内涵的载体;② 具有高度的准确性和客观真实性;③ 具有一定的动态直观性;④ 对视听资料的收集和审查都需要依赖科学技术。

根据最高人民法院《关于民事诉讼证据的若干规定》第69条第3款的规定,存在有疑点的视听资料,不能单独作为认定案件事实的依据。根据该司法解释

第 68 条的规定,对于未经对方当事人同意私自录制其谈话取得的资料,只要不是以侵害他人合法权益或者违反法律禁止性规定的方法取得的,仍可以作为认定案件事实的依据。2012 年《刑事诉讼法》颁布实施之前,公安机关通过技术侦查获得的有罪证据需要通过一定的合法形式转换才能作为合法有效的证据使用,2012 年《刑事诉讼法》颁布实施后,技术侦查措施合法化,通过技术侦查获得的证据,可以直接作为认定犯罪的证据使用。

目前,各地各级公安机关和各机关、社区、居民小区、办公楼等的物业管理部门,已安装众多的监控摄像头,这成为公安机关侦查破案的重要线索来源。辩护律师在审查监控录像时,应当重点审查录像是否被剪切以及是否完整等。

三、电子数据

当前是信息时代,变革非常迅速,电脑、互联网、局域网、QQ、微博、微信等通信网络的发展,既方便了人们的工作、生产和生活,也给违法犯罪提供了一定条件。在证据信息化大发展的趋势下,以计算机及网络为依托的电子数据在证明案件事实的过程中具有越来越重要的作用。这种以新形态出现的证据形式在刑事诉讼中称为电子数据。

电子数据是指基于电子技术生成、以数字化形式存储于磁盘、光盘、存储卡、手机等各种电子设备载体,其内容可与载体分离,并可多次复制到其他载体的文件。因此,电子数据有以下三个基本特征:一是数字化的存在形式,二是不固定依附特定的载体,三是可以多次原样复制。

电子数据可以分为:

(1) 文字处理文件。它是通过文字处理系统形成的文件,由文字、标点、表格、各种符号或其他编码文本组成。不同类型的文字处理软件生成的文件不能兼容(如 Word 和 WPS 文档),使用不同代码规则形成的文件也不能直接读取。所有这些软件、系统、代码连同文本内容一起,构成了文字处理文件的基本要素。

(2) 图形处理文件。它是由计算机专门的软件系统辅助设计或辅助制造的图形数据。通过图形人们可以直观地了解非连续性数据间的关系,使得复杂的信息变得生动明晰。

(3) 数据库文件。它是由若干原始数据记录所组成的文件。数据库系统的功能是输入和存储数据、查询记录以及按照指令输出结果。它具有很高的信息价值,但只有经过整理汇总之后,才具有实际的用途和价值。

(4)程序文件。它是计算机进行人机交流的工具,软件就是由若干个程序文件组成的。

(5)影、音、像文件。即通常所说的"多媒体"文件,经过扫描识别、视频捕捉、音频录入等综合编辑而成。

这些电子文件在诉讼中作为证据使用时就是电子数据,例如电子商务中的电子合同、电子提单、电子保险单、电子发票等。电子数据的证据形式还包括电子文章、电子邮件、光盘、网页、域名、聊天记录等。

我国《刑事诉讼法》将电子数据列为诉讼证据的一个种类。依据《刑事诉讼法》第48条的规定,证据必须查证属实才能作为定案依据。所以,电子数据也必须经过查证属实才能作为定案的证据。

从辩护角度来看,辩护律师在审查该类证据的真实性时,必须向被告人认真核实,以确认该类证据是否客观真实。

案例 2-6

查明电子证据形成有助于分析判断证据的客观性

笔者在代理一起股权确认资格纠纷的民事诉讼案件时,需确认原告实际控制、经营目标公司,工商登记股东仅为显名股东,而无实际权利义务。在诉讼中,笔者向法庭提交多份原告公司电脑打印的人事任命文件予以佐证原告的说法,但仅仅通过原告提交的人事任命文件,无法证明原告实际控制、经营目标公司。为证明原告的说法,笔者申请法院对打印该文件的电脑进行现场勘验和检验,在原告所使用的电脑中找到了多份原告工作人员制作的有关目标公司管理、经营的文件,且与打印文件上的签署日期相互印证,与提交人事任命文件内容和字体完全相同。通过这样的现场勘验和检验,法官认定原告所叙说事实,结合该案其他有利证据,判决认定原告为目标公司的实际股东,即隐名股东,确认原告为该公司的唯一股东身份。虽然该案是一起民事诉讼案件,但笔者认为,该案对刑事辩护案件有一定的启发。

四、检查、辨认笔录

侦查人员为确定被害人、犯罪嫌疑人、被告人的某些特征、伤害情况和生理状态,对他们的人身进行检验和观察以后所作的客观记录,就是检查、辨认笔录。

检查、辨认笔录与勘验笔录的区别,现场勘验笔录是针对犯罪现场,检查笔录是针对人身,辨认笔录是对特定的人或物的辨别与认定。侦查辨认是指侦查人员在侦查刑事案件的过程中,为了查明案件的有关事实,组织被害人、犯罪嫌疑人或者证人对与犯罪有关的物品、文件、尸体、场所或者犯罪嫌疑人进行辨别、作出判断的侦查活动。经过审查的辨认笔录是查明案件真相的证据之一。

侦查辨认的基本方法有以下三种。

(1) 对人的辨认方法。在混杂条件下直接由辨认人对被辨认人进行辨认。辨认人通过对侦查人员提供的一组辨认对象的外貌或动作姿势直接观察或感知、比较而进行辨认。对人的辨认要求被辨认人人数不得少于 7 人,且被辨认人基本特征应当趋于一致,尤其拟定被辨认人不能有明显区别于其他被辨认人的特征。

(2) 对人的照片的辨认方法。在混杂条件下由辨认人对被辨认人照片进行辨认。辨认人通过对侦查人员提供的一组辨认照片上人的外貌的直接观察或感知、比较而进行辨认。对照片的辨认要求被辨认照片数不得少于 10 张,且被辨认照片中人应当趋于一致,无明显区别。

(3) 对物的辨认方法。通常情况下,侦查人员首先对辨认人进行初步询问,记录其对该物的认知程度或了解情况,再根据其陈述情况初步判断该物与其所陈述的特征是否一致或基本一致,然后再由其直接对该物进行辨认并核实一些细节问题。

辨认在侦查中被侦查人员广泛运用,辨认笔录是否具有法律效力,关键在于侦查人员组织辨认的过程是否符合法律规定,制作的笔录是否能够客观反映辨认的过程,辨认结果是否是辨认人真实意愿的体现等。2013 年 1 月 1 日起实施的《公安机关办理刑事案件程序规定》的规定:一是辨认应当在侦查人员的主持下进行。主持辨认的侦查人员不得少于 2 人;二是几名辨认人对同一辨认对象进行辨认时,应当由辨认人个别进行;三是辨认时,应当将辨认对象混杂在特征相类似的其他对象中,不得给辨认人任何暗示;四是对场所、尸体等特定对象进行辨认,或者辨认人能够准确描述物品独有特征的,陪衬物不受数量的限制;五是对犯罪嫌疑人的辨认,辨认人不愿意公开进行时,可以在不暴露辨认人的情况下进行,并应当为其保守秘密;六是对辨认经过和结果,应当制作辨认笔录,由侦查人员、辨认人、见证人签名。必要时,应当对辨认过程进行录音或者录像。

依据《公安机关办理刑事案件程序规定》的规定,从形式上讲,辨认笔录应当满足以下基本条件:辨认的时间和地点;辨认的客观环境;辨认的过程和辨认结果;有两名侦查人员签名、辨认人签名和两名见证人签名;必要时,对辨认过程同步录音录像。

辩护律师在审查辨认笔录时,首先应当就辨认笔录的形式合法性进行审查,重点审查辨认笔录是否记载有辨认时间地点,是否有2名侦查人员签名,辨认人是否签名,是否有2名见证人签名。其次,从辨认笔录的内容上进行审查,重点审查辨认过程中提供的被辨认物品或照片数量是否符合法律规定,提供的辨认物是否混杂无序摆放,辨认人的辨认结果是否准确,辨认结果是否由辨认人自己辨认出等。最后,从辨认笔录的客观性进行审查,重点审查辨认人是在什么情况下进行辨认的,即是什么时空环境下产生的辨认结果,在该条件下是否能够准确辨认出被辨认物品、照片或人等。对于现场或尸体的辨认,通常情况下,应当要求辨认人说出现场或尸体具体可以辨别的明显特征并制作讯(询)问笔录予以固定,然后再组织辨认人进行辨认。辩护律师在遇到此类辨认时,应当结合讯(询)问笔录和辨认笔录进行审查,侦查人员若在辨认之前未对辨认人制作笔录或辨认笔录与讯(询)问笔录出现时间倒置的情况,辩护律师应当重视此辨认结果是否具有客观真实性,需要认真考察辨认结果的是否客观真实。

举例来讲,侦查人员在组织辨认人辨认时,假设辨认人提出不想与被辨认人正面接触,可以通过秘密的方式进行辨认,而限于时间需要须在晚上组织辨认。这种情况下,被辨认人往往在室内,辨认人一般在室外,通过透明玻璃等观察辨认被辨认人,从而确定辨认对象是否在被辨认人之中。在这种环境下辨认,要求室内灯光应当明亮,有利于辨认人通过玻璃窗看清楚每一个被辨认人。在此情况下,辩护律师应当重点关注辨认笔录记载的具体辨认时间、室内室外灯光的情况、辨认人是否能够清楚看到室内被辨认人的体貌特征、辨认人判断出被辨认人的依据等,通过记载的这些内容查找并发现辨认笔录的疑点,从而推翻辨认笔录的合法性、客观性,为实现有效辩护提供依据。

五、侦查实验

侦查实验是侦查机关在侦查办案过程中,采用模拟和重演的方法,证实在某种条件下案件能否发生和怎样发生,以及发生何种结果的一项侦查措施。

侦查实验可独立进行亦可与现场勘查同时进行。在下列情况下,侦查人员经过审批程序,可以进行侦查实验:

(1) 为了确定在一定条件下能否听到某种声音或看到某种现象;

(2) 为了确定在一定时间内能否完成某一行为;

(3) 为了确定在何种条件下能够发生某种现象;

(4) 为了确定在某种条件下某种行为和某种痕迹是否吻合一致;

(5) 为了确定在某种条件下使用某种工具是否可能留下或不留下某种痕迹;

(6) 为确定某种事件是怎样发生的;

(7) 为确定某种痕迹在何种条件下会发生变化。

侦查实验必须经侦查机关负责人的批准。《刑事诉讼法》第133条规定:"为了查明案情,在必要的时候,经公安机关负责人批准,可以进行侦查实验。"同时,《公安机关办理刑事案件程序规定》第216条也对此作了规定。因此,侦查实验需要遵守下列规则:

(1) 实验条件应尽可能地接近案件发生时的状况。如天气状况、时间状况、环境状况等都应尽量与原条件相接近。

(2) 要坚持对同一情况反复实验,以便得出确切结论。

(3) 要禁止一切足以造成危险或有伤风化的行为。

侦查实验应当由侦查人员进行操作。实验开始时,应当邀请两名见证人到场。如实验目的是为了查明当事人或证人的陈述是否真实,应允许他们亲自参加。同时,侦查实验要制作好实验笔录,记载实验的经过和结果。参加实验的人应在笔录上签字或盖章。

侦查实验应当视实验的类型、内容、目的采用不同的方法,基本上一种是确认法,一种是否定法。

(1) 确认法。即通过侦查实验来认定犯罪嫌疑人、被告人的供述或证人证言的真实性。例如:犯罪嫌疑人供述自A处至B处再到C处,徒步行走时在多长时间内能完成作案。为验证供述的真实性,可以采取侦查实验的方法,按照犯罪嫌疑人供述中表明的行走方式、速度等确认是否可以完成作案。再如:某证人在命案现场听到什么声音,声音多大,其证言是否可信,完全可以在符合当时条件的情况下,通过模拟当时情况,来验证证言的可信度。

(2) 否定法。通过侦查实验方法来否定犯罪嫌疑人、被告人供述的客观真实性。例如:早晨,仓库保管员甲从自己负责管理的库房扛出重150斤的玉米一袋,被当场抓获讯问时,供称是其妻昨晚扛来让他今晨去磨面,其妻也如此陈述。问题在于其妻扛得动这150斤米粮吗?经侦查实验,其妻根本扛不动。在事实面前,甲与其妻交代了合谋盗窃之事实。

侦查实验是侦查机关为确认或否定某个事实而进行的侦查措施,必须在尽可能符合案发当时的现场环境、现场条件下进行,否则就失去了侦查实验的意义。辩护律师在审查侦查实验笔录时,应当注意审查侦查实验所记载的时间、地点、现场环境、现场条件、进行侦查实验人员的身体条件等与实际情况是否相符。例如:侦查实验目的是确认在一定时间内,犯罪嫌疑人是否能够通过徒步方式从A地到达B地,实现逃避具有作案时间的目的。一般情况下,侦查人员不会让犯罪嫌疑人亲自来进行这样的侦查实验,而选择与犯罪嫌疑人体型、体重基本一致的人按犯罪嫌疑人的供述进行侦查实验,以确认犯罪嫌疑人的供述是否客观真实。假设侦查人员在侦查实验时,选择的人员从体型、体重等与犯罪嫌疑人相差悬殊,则该侦查实验不具有任何参考意义,不能证明犯罪嫌疑人的供述是否真实、客观。

第 3 章

侦查的基本程序

第一节 侦查的立案

我国《刑事诉讼法》将刑事诉讼程序分为五个阶段,即立案、侦查、起诉、审判、执行。一般的刑事案件的诉讼活动都要经历这五个阶段。由此可以确认,立案程序是侦查活动开展的前提,也是侦查活动正式进入刑事诉讼程序的标志。因此,立案是侦查程序的起点或说刑事诉讼活动的起点。

一、立案的依据

《刑事诉讼法》第 110 条规定:"人民法院、人民检察院或者公安机关对于报案、控告、举报和自首的材料,应当按照管辖范围,迅速进行审查,认为有犯罪事实需要追究刑事责任的时候,应当立案;认为有没犯罪事实,或者犯罪事实显著轻微,不需要追究刑事责任的时候,不予立案,并且将不立案的原因通知控告人。控告人如果不服,可以申请复议。"

从侦查角度来看,刑事案件立案来源有:发现人的报案、被害人的报案、被害人亲属刑事控告、第三人发现刑事案件举报、犯罪嫌疑人的自首或公安机关在工作中发现等情况。除公安机关在工作中发现除外,其他情况均应当制作笔录,予以记录报案、控告、举报或自首情况。

辩护律师审阅案件卷宗时,应当首先了解案件发生情况,侦查机关受理刑事案件的来源,分析判断侦查机关受理刑事案件的立案依据是否符合法律规定。案件来源合法、依据合法、程序合法,是一切侦查活动合法的前提。

二、立案的条件

依据《刑事诉讼法》的规定,立案包括两个必要条件,一个条件是必须有犯罪事实存在或即将发生,另一个条件是需要追究犯罪嫌疑人的刑事责任,二者缺一不可。有犯罪事实发生,是指侦查机关根据专业知识和经验判断,认为客观上已经发生了侵害行为,而且《刑法》规定该行为属于犯罪行为。需要追究犯罪嫌疑人的刑事责任,是指应当对犯罪嫌疑人予以刑事处罚。但是这种认知不是客观证明的事实,是否构成犯罪,还需要通过侦查搜集证据、控制犯罪嫌疑人后经法庭审判确认。

如果某种行为通过侦查人员专业知识和经验判断明显不构成犯罪或者虽然已构成犯罪但事实属于显著轻微不需要追究刑事责任,或者犯罪嫌疑人已经死亡,犯罪已过追诉时效期限等情况,则应不予立案。

从侦查角度来看,命案立案的基本条件是确认被害人系他杀。相反,不能确认被害人是他杀,则一般情况下不能立案侦查。

三、接受案件线索

依据《刑事诉讼法》的规定,公安机关、人民检察院或者人民法院对于报案、控告、举报,都应当接受。对不属于自己管辖的案件,应当移送主管机关处理,并且通知报案人、控告人或举报人;对不属于自己管辖而又必须采取紧急措施的,应当先采取紧急措施,然后移送主管机关。侦查机关对于报案、控告、举报、自首、扭送的案件线索,应当立即接受,迅速问明情况并制作笔录加以固定,必要时可以同步录音录像。

1. 制作询问笔录

至少应当有 2 名侦查人员负责接待并制作笔录,首先记录报案、控告、举报、自首、扭送人的自然情况及联系方式,然后告知其如实提供证言和相应法律责任后,再详细询问案件基本情况并记录案件的发生时间、地点、过程、结果、损失、作案手段、现场情况等,情况紧急的,应当立即报告领导并采取侦查措施。笔录制作完成后,应当交由报案、控告、举报、自首、扭送人核对或向其宣读,确认无误后,签名、捺指印。

2. 接受证据材料

依据《刑事诉讼法》的规定,接待的侦查人员对报案人等提供的有关证据材料应当予以接收,并出具接收清单,一式二份,一份交证据提供人,一份存入案卷备查,作为合法调取证据的依据。

3. 制作受理刑事案件登记表

侦查人员在制作笔录的基础上,分析判断属于刑事案件的,应当制作《接受刑事案件登记表》,提出处理意见,连同案件材料,逐级报主管负责人审批。审批意见包括:受理侦查、移送有管辖权的公安机关侦查、不予受理等。

4. 现场处置

刑事案件犯罪现场仍然存在,需要立即赶赴现场处理的,应当立即报告领导并前往现场依法处置,如现场勘查、尸体检验、采取侦查措施、搜集证据、抓获犯罪嫌疑人等。命案则需要通知现场勘验技术人员、法医等一同前往现场处置。对于命案来讲,保护现场、及时进行现场勘查是非常必要且非常重要的工作。因此,侦查人员在接到此类案件时,一定要及时报告上级领导,并通过相关部门保护勘验现场。

辩护律师在审阅命案卷宗时,应当重点审查报案人的报案时间、现场勘验时间、尸体检验时间以及报案人陈述事实、现场访问中证人证言证实情况,以此确认犯罪现场是否是原始现场,现场是否发生变动,现场因何发生变动等一系列问题,从中发现案件疑点。

四、决定立案或不予以立案

1. 决定立案侦查

公安机关对符合立案条件的,侦查部门应当制作《呈请立案报告书》,连同《接受刑事案件登记表》等案件材料、证据等,按内部程序报侦查部门负责人、公安机关负责人审查批准。经批准决定立案侦查的,侦查部门应当制作《立案决定书》,有报案人的,应当以书面形式告知报案人。对行政执法机关移送的案件,依法决定立案后,应当书面通知移送案件的行政执法机关。对于命案,只要存在他杀可能性,应当首先立案侦查。

侦查机关作出立案侦查决定后,应当立即指定侦查人员承办该案,并按法定程序搜集证据。符合移送起诉条件的,在法定期限内移送检察机关审查起诉。

2. 决定不予立案侦查

依据《刑事诉讼法》的规定,有下列情况情形之一的,不予立案:没有犯罪事实的,犯罪情节显著轻微不需要追究刑事责任的,具有其他依法不追究刑事责任的情形。对于命案,有证据证明系自杀、疾病死亡等非他杀情形均不予立案侦查。对决定不予立案侦查的,应当制作《不予立案决定书》,说明不予立案理由、依据、决定机关等并告知报案人。

3. 立案监督程序

依据《刑事诉讼法》的规定,控告人对不予以立案侦查决定不服的,可以向原侦查机关申请复议,原侦查机关应当及时作出复议决定书,并送达控告人。控告人对复议决定仍然不服的,可以向该侦查机关的同级检察机关申请立案监督。

从刑事侦查角度来看,立案程序是侦查活动必经的程序,是立案侦查的起点,唯有立案后,侦查行为方合法有效。否则,侦查行为则违反《刑事诉讼法》的相关规定,侦查获取的证据属于非法证据,应当予以排除。

辩护律师审阅案件立案程序,是对侦查机关侦查行为是否合法的审查,也是实现有效辩护的起点。辩护律师应当重点注意如下内容:报案人笔录或案件来源证据、现场勘查笔录、立案报告书、立案决定书、破案报告、证人证言、尸体检验报告等证据,以此分析判断公安机关立案程序是否合法。审阅立案程序最好的办法是制作一个时间数轴,按时间的先后顺序,标注每份证据及其主要内容。通过时间数轴就能发现公安机关决定立案时,是否符合立案条件,是否有相关证据予以支持,案件来源是否符合常理等。

案例 3-1

查明案件来源是判断侦查程序合法性的起点

吉林省于某涉嫌黑社会性质组织性质犯罪案。公安机关的案件来源和立案依据是接到省公安厅转办函,群众举报并经调查取证后,决定立案侦查。但是,在该案卷宗里,没有省公安厅转办函,更没有是什么群众通过什么方式举报的记录,立案时也没有任何可以证明于某涉嫌黑社会性质组织性质犯罪的证据。笔者依据《刑事诉讼法》的规定,提出该案案件来源不清,公安机关的侦查程序违法,公安机关在未取得合法证据立案之前,所取得的证据无效之辩护观点。虽然该辩护观点在当时没有被法官采纳,但通过笔者的辩护意见,在场旁听的有关领导认识到,在侦查时,应当完善立案与侦查手续,使受理、立案有法律依据,有事实依据,有证据依据。

第二节 侦查的组织实施

侦查机关决定立案侦查后,侦查人员将围绕证明犯罪事实采取侦查措施,收集犯罪证据。对于命案,重点围绕现场勘查、尸体检验等工作展开侦查,直至抓获犯罪嫌疑人。抓获犯罪嫌疑人后,既应当搜集有罪证据,又应当收集无罪证据包括罪轻证据,客观公正调查取证,从而及时、有效、准确地打击犯罪活动。

一、对案情的分析判断

刑事侦查是一种从已知到未知,从结果到原因,最后揭露犯罪和认定犯罪嫌疑人的认识过程。侦查人员只有知己知彼,并通过缜密侦查收集证据,方能达到侦查目的。对案情的分析判断是侦查启动后的首要问题,对于命案侦破十分重要,案情分析正确与否,直接影响破案期限。

1. 对案件基本信息的分析判断

侦查人员根据案件的基本信息,即被害人基本情况、被害人生前活动规律、行为表现及犯罪主体、犯罪对象、犯罪行为、犯罪时间、犯罪空间等呈现的具体形态及相互之间的内在联系,结合已掌握的证据资料等信息,对整个案件情况形成完整的认识,并据此清晰判明案件的性质,确定侦查方向和侦查重点。

2. 对案件证据情况的分析判断

侦查人员首先是根据命案的基本性质,明确证明该案件的犯罪构成要件应当具备的基本证据体系;其次是紧紧围绕具体个案诸要素反映的证据状况,明确证明犯罪的构成要件各方面的证据是否齐全,存在哪些不足;再次是分析各种调查证据可能存在的侦查途径和方向,选择最佳的调查取证途径和方向;最后是通过分析判断结果,确定侦查方向后,制定侦查方案与计划、实施侦查方案与计划直至破案并抓获犯罪嫌疑人。

二、制订侦查方案

侦查方案就是侦查人员依据侦查破案的基本规律,从具体案件的实际情况出发,在分析判断案情的基础上,制订出的侦查工作方案。该侦查方案一般应当包括以下内容:

(1) 案情摘要,包括立案的根据,案件发生、发现的过程及造成的损失、结果,对报案情况的审查和现场勘查情况,以及证明有犯罪事实发生的证据有哪些,是否符合立案条件、立案的依据等。

(2) 对案情的分析判断,包括对被害人生前活动情况的分析判断,对案件的性质分析判断,对犯罪活动情况分析判断,对侦查途径选择及侦查方向、侦查措施、侦查范围确定等一系列问题。

(3) 侦查任务和侦查措施,在对案件情况进行分析判断的基础上,确定应当查明哪些问题、需要达到什么标准、完成任务的期限及需要采取的侦查措施等。

(4) 侦查力量的组织与分工,根据侦查破案任务的需要,确定侦查力量并进行合理分工,做到分工不分家,协调一致。对参与破案工作的侦查人员分工及职责进行细化,做到有的放矢。

侦查方案是对具体案件全面开展侦查以前,侦查人员根据对案件的初步认识制订出来的。侦查方案能否实现侦查目的,还需要在侦查过程中,根据实际情况予以调整和修正。

辩护律师在刑事案卷中,是看不到侦查计划或侦查方案的。侦查计划或侦查方案仅保存于侦查卷宗的副卷之中,一般情况下,不会作为证据随侦查主卷移送审查起诉。辩护律师只能通过审阅案卷相关证据材料,重点围绕证人证言、提取的痕迹物证、搜查笔录等分析判断侦查机关的侦查方向、侦查重点、侦查措施等。通过绘制侦查轨迹图,可以分析判断出侦查机关的侦查方案或侦查方向、途径等。

三、专案侦查与并案侦查

专案侦查是指对案件复杂、危害大、涉及面广的案件组织专门力量进行侦查破案。通常情况下,一案一侦查也是广义上的专案侦查。公安机关所称专案侦查则一般是指重特大案件的侦查,如张某故意杀人、绑架案;聂某杀人强奸案。

并案侦查,是指将可能是同一个人或同一伙犯罪嫌疑人作案的若干案件合并侦查,并案侦查是侦破刑事案件的一项重要侦查措施。需要并案侦查的案件主要是两大类,第一类是犯罪意识已融入其犯罪活动趋于专门化的案件,第二类是多种犯罪集于一体的案件。前者的特征是采用相同的作案手段,在同一地区连续作案或利用现代化交通工具跨地区跳跃式流窜作案。其具体表现为:作案手段和案件性质相同或相似;犯罪嫌疑人特征相同或相似;作案时间、地点、目标相同或相似;相同性质或相似案件连续发生。此类案件需要收集案件线索、信息、资料,进行集中分析判断,一旦发现内在联系,原则上应当并案侦查,及时破案。后者即多罪一体的案件,其特征为涉及多种不同性质的案件或有某种联系的案件,可能为一个或一伙人作案,如涉黑犯罪案件、毒品、走私类案件等。对于这类案件原则上应当并案侦查,有利于及时全面地查清各种犯罪事实,以便对犯罪主体实行数罪并罚,前者如:王书金杀人、强奸案、系列盗抢机动车案等;后者如涉嫌黑社会性质组织犯罪案件等。

四、破案

破案是指在查清案件的犯罪事实,取得确实充分的证据之后,采取的一系列侦查措施的总称。这是侦查破案的一个重要环节。在通常情况下,破案应当满足以下三个条件:犯罪嫌疑人已被抓获,获取的证据可以证实该案系该犯罪嫌疑人所为,已采取刑事强制措施。满足这三个条件即可宣告破案。

1. 破案的条件与时机

在破案之前,首先必须认真审查破案必须具备的条件,否则就不能够轻率决定破案。对侦查过程中所获得的全部材料进行认真的分析研究和审查核实以后,如果认为犯罪事实已经查清,证据确实充分,认定某人是犯罪嫌疑人已有充分证据证实,即可决定破案。由于受条件限制,有些案件的某些具体情节一时难以查清,而主要犯罪事实清楚,有确凿的证据证实是某人所为,在这种情况下,也可以决定破案。刑事案件的时间性很强,尤其是命案,必须及时破案。各种证据指向犯罪嫌疑人,但需要通过讯问查证或验证是否是作案人时,一般情况是先抓获犯罪嫌疑人,然后进行讯问核实,一旦确定犯罪嫌疑人为作案人时,即可宣告破案。

确凿的证据,案情已查清或主要犯罪事实已查清,是破案必须具备的两个基本条件。只有具备了这两个条件,才可以决定破案。

具备破案条件以后,还要选择最佳时机宣告破案。在决定破案时机时,必须考虑本案与其他正在侦查的案件有无牵连。如果这一案件的破案将会影响到其他案件的侦查时,只有侦查部门能够完全控制侦查对象的行动,才可以决定暂缓破案。

2. 破案程序

宣告破案后,侦查人员应当制作《呈请破案报告书》,主要说明案件侦查的结果,破案的理由和依据,侦查力量的组织和分工,破案的方法和步骤,对犯罪嫌疑人的审讯情况、采取强制措施情况等,报公安机关负责人审批同意破案。

3. 破案后工作重点

一是追缴和返还赃物;二是整理材料档案;三是继续收集有罪证据或无罪证据或罪轻证据;四是总结经验教训,做好善后工作;五是对案件进行预审,完善证据和法律手续,移送检察机关审查起诉。

五、预审工作

依据《刑事诉讼法》的规定,破案以后,公安机关应当对案件进行预审,即对案件证据进行分析判断,犯罪事实是否清楚,证据是否确实充分,法律手续是否完备,程序是否合法等。1997年《刑事诉讼法》实施后,全国先后实行侦审合一,即侦查部门与预审部门合一,有效缓解警力不足,提升侦查办案效率,实质是想提高侦查部门侦查人员的综合办案素质。但实行一段时间后,各地公安机关又纷纷变相恢复预审部门,有的在侦查部门下设预审中队、大队、支队,有的将预审职能设置在公安机关的法制部门,无论如何设置,其实质是变相恢复预审机关。

预审的职能是进一步查清犯罪嫌疑人犯罪事实及认定犯罪的证据是否确实充分,犯罪事实是否清楚,适用法律是否正确,法律手续是否完备,是否符合移送审查起诉条件,证据之间是否存在矛盾及矛盾点是否有合理合法的证据予以排除,是否需要继续补充证据等。

从侦查角度来看,预审是侦查活动的重要一环,是侦查活动的最后一个阶段,也是实现准确打击犯罪,维护社会的稳定的重要环节。

预审工作结果直接影响对犯罪嫌疑人的处理。辩护律师若想实现有效辩护,唯一办法是认真审阅案卷,在充分分析审查判断案件证据的基础上,围绕每个事实,分析判断证据是否确实充分,证据是否形成完整证明体系,从证据证明的事实中找出证据矛盾点、证据漏洞,阻断形成的证据链条,从而为实现无罪、罪轻辩护提供基础资料。尤其是犯罪嫌疑人、被告人拒不供认犯罪或极力辩解的案件,辩护律师必须引起高度重视。实务中,如何操作或如何发现问题?一是需要辩护律师不断地总结辩护经验;二是需要辩护律师认真阅卷,制作众多的相关图表进行比对;三是辩护律师在会见犯罪嫌疑人、被告人时,认真听取其辩解,询问有无证据支持其观点;四是围绕犯罪嫌疑人、被告人辩解,能否收集到有关证据予以支持其辩解;五是审查在案证据是否具有合法性、客观性、关联性,是否形成完整的证据链条等。

在刑事辩护中,犯罪嫌疑人、被告人主要的辩解理由有:① 不具有作案时间;② 不具有作案条件;③ 案件非本人所为;④ 案件虽为本人所为,但是当时没有致被害人死亡;⑤ 医院抢救时,治疗不当造成被害人死亡;⑥ 没有致被害人的死亡工具;⑦ 没有到过作案现场等。犯罪嫌疑人、被告人的这些辩解,可以说都与认定犯罪有直接关系。在会见时,犯罪嫌疑人、被告人若提出诸如此类辩解,辩护律师一定要给予足够的重视。犯罪嫌疑人、被告人提出辩解理由以后,辩护律师应当立即启动律师调查取证程序,还是申请检察机关或审判机关调查取证?笔者认为,不应当急于展开调查取证,除非不立即展开调查取证,该证据将消失。笔者建议:认真阅卷,查找案件证据漏洞,在案卷证据中,查找发现犯罪嫌疑人、被告人辩解的理由成立的证据或疑点,再决定如何处理。律师能够通过自己调查取证获得有利于犯罪嫌疑人、被告人的证据的,可以自行调查取证;律师不能调查取证的,可以申请检察机关或审判机关调查取证。

案例 3-2

询问被告人是辩护律师发现案件疑点的最直接方法

广西北海庞某祥抢劫杀人案。该案经过 2 次一审,2 次二审,第 3 次一审时,笔者介入该案辩护。本案共有 4 名被告人,庞某祥系该案的第二被告人。笔者在接受委托后,在看守所会见了被告人庞某祥。在会见中,庞某祥一直强调自己是被冤枉的,指控的五起抢劫案,自己确实没有参与,与其他3名被告人在法院开庭前没有见过,互不认识,其中一起案件发生时,自己在亲属家中帮助盖房子,根本不占有作案时间,并且其反复请求律师帮助他洗清冤屈。为了确信庞某祥的辩解,笔者没有急于去调查、阅卷,而是向其强调要相信法律,只要指控的抢劫案不是他所为,并如实向律师陈述事实,笔者一定帮助他洗清冤屈。接下来,笔者重点询问以下几个问题:

(1) 既然这几起案件不是你所为,公安机关为什么抓你并且法院两次判处死缓?

(2) 既然你不认识其他三名被告人,那么你是如何供述另外三名同案犯身份和案件事实的?

(3) 既然你不具有作案时间,在侦查机关讯问时,你是否向公安机关、检察机关、审判机关提出异议?

庞某祥听到笔者所问之问题后,表示非常无奈。庞某祥不清楚自己为何因抢劫罪名被抓,并且其确实没有参与抢劫,被抓之前已有几年没有到过北海市区。关于为什么两次被判死缓,庞某祥自己也说不清楚。庞某祥供述同案犯身份和案件事实是因受到警察的刑讯逼供,且通过几次开庭审判,发现自己与各被告人之间是通过绰号联结在一起的。关于其中一起案件不具有作案时间问题,是在一审判决死缓后,庞某祥感觉事情非同小可,自己一点点回忆起来的,虽已向审判机关反映,但在二次判决死缓时,该供述未被认定为二次判决的事实。通过这次会见,笔者初步掌握庞某祥涉嫌抢劫案件确实有可能是冤案,也提示笔者在阅卷时,应当重点关注什么内容。接下来,笔者到法院提交委托辩护手续、复制全部案件卷宗,与承办法官沟通案件开庭时间、下步审理程序等问题。在随后的阅卷过程中,笔者围绕第一次一审判决认定的事实,制作各种事实比对表,主要有:同案犯供述同案身份情况比对表、同案犯供述作案时间比对表、同案犯供述作案地点比对表、同案犯供述作案事实比对表、被害人或证人与被告人之间对同一事实供证比对表等。笔者通过制作这些表格发现,同案犯之间供述的身份是通过绰号联结在一起的,各被告人对其他被告人基本情况如姓名、年龄、家庭住址等均不清楚。若是各被告人初次作案相互之间不认识,偶遇合作,那么在一起抢劫作案达五起之多,互相之间互不告知自己的真实姓名、年龄、家庭住址等信息则有些不合常理。有的被告人供述参与作案人员达五六人之多,有的被告人绰号有三个之多,实在不符合常理;再进一步比对发现,各被告人供述的每次作案时间、地点不完全相同,同一被告人的历次有罪供述也存在不一致,且被告人的有罪供述均是在刑警队办公室作出,在看守所审讯中,被告人均否认有罪。笔者通过认真审阅案卷,制作各种比对表格,从中发现疑点,再从该疑点出发,查明是否能够排除庞某祥参与作案可能或指向其他人员等。通过阅卷和制作比对表格等,笔者找到了庞某祥辩解的依据,且在案证据对庞某祥非常有利。基于此,再次会见庞某祥时,笔者向其核实了在案的证据真实性、庞某祥的反驳意见等。由此,笔者更加坚定无罪辩护的决心和信心,并同庞某祥商定辩护方案为绝对无罪辩护。本案最终以检察机关撤回起诉后撤案处理,实现庞某祥无罪释放之效果并获得国家刑事赔偿。

第三节 侦查的基本措施

刑事侦查措施是公安机关刑事侦查部门,依据宪法和法律赋予的权力,在与刑事犯罪作斗争过程中,针对案件不同情况所开展的一些公开或秘密的专门性侦查活动。刑事侦查措施主要有三种分类方式:一是把侦查措施与秘密侦查手段并列起来,各成一大类;二是把侦查措施划分成一般措施、重大措施、紧急措施、强制措施、秘密侦查手段等五大类;三是把侦查措施划分成常用侦查措施、重大侦查措施、秘密侦查措施、紧急侦查措施、强制侦查措施、防范侦查措施、技术侦查措施等七大类。在侦查过程中,公安机关可根据需要采取各种侦查手段和措施,但应严格依法律规定的条件和程序进行。辩护律师了解侦查措施,对实现效辩护具有非常重要的作用。为此,笔者接下来简要介绍一下侦查机关的侦查措施。

一、常规侦查措施

1. 讯问犯罪嫌疑人

讯问是侦查人员依照法定程序,以言词的方式对犯罪嫌疑人进行审讯,以获得其有罪供述和辩解的一项侦查活动。

（1）讯问主体。依据《刑事诉讼法》《公安机关办理刑事案件程序规定》《人民检察院刑事诉讼规则》的规定，讯问犯罪嫌疑人必须由人民检察院或公安机关的侦查人员负责，并且讯问时在场侦查人员不得少于2人。

（2）讯问地点。对于不需要逮捕、拘留的犯罪嫌疑人，公安机关可以依法传唤其到所在市、县内的指定地点或到其住处进行讯问。传唤时，应当出示《传唤通知书》和侦查人员的工作证件，并责令其在《传唤通知书》上签名（盖章）、捺指印。犯罪嫌疑人到案后，应当由其在《传唤通知书》上填写到案时间。传唤持续的时间不得超过12小时，不得以连续传唤的形式变相拘禁犯罪嫌疑人。

（3）讯问程序。侦查人员在讯问犯罪嫌疑人的时候，应当首先讯问犯罪嫌疑人的自然情况和是否有犯罪行为，让他陈述有罪的情节或者无罪的辩解，然后向他提出问题。讯问的时候，应当认真听取犯罪嫌疑人的供述和辩解。

（4）讯问特殊规定。严禁刑讯逼供或者使用威胁、引诱、欺骗以及其他非法方法获取供述；不得强迫任何人证明自己有罪；讯问应当分别进行；讯问未成年犯罪嫌疑人，除有碍侦查或者无法通知的情形外，应当通知其家长、监护人到场；讯问聋、哑犯罪嫌疑人，应当有通晓聋、哑手势的人参加。

（5）侦查人员义务规定。侦查人员讯问时，应当首先告知犯罪嫌疑人对侦查人员的提问应当如实回答，但对与本案无关的问题有拒绝回答的权利；侦查人员应当保障犯罪嫌疑人的辩护权；侦查人员应当允许犯罪嫌疑人补充、修正讯问笔录，记录与供述不一致时，有权拒绝签字；对于没有阅读能力的，应当向他宣读；侦查人员也应当在笔录上签名。

（6）犯罪嫌疑人权利。有权获得辩护的权利；对讯问笔录有核对、提出补充或改正的权利，即讯问笔录应当交犯罪嫌疑人核对，如果记载有遗漏或者差错，犯罪嫌疑人可以提出补充或者改正；犯罪嫌疑人承认没有错误后，应当签名（盖章），并捺指印，犯罪嫌疑人有自行书写供述的权利。

2. 审查讯问笔录

辩护律师在审查讯问笔录时，应当重点关注制作笔录的时间、地点和无罪辩解。

（1）制作笔录时间。在刑事拘留前可以在侦查机关进行讯问，刑事拘留后，应当在看守所进行询问。同时，要关注每次审讯具体是在什么时间，如白天、夜晚、深夜、凌晨等。关注审讯时间，主要分析该审讯时间与审讯内容是否相符，无论在什么地方审讯,除抓获后为防止串供或查证某个事实进行首次审讯外,非比较紧急的情况,侦查机关一般不会选择在夜晚、深夜、凌晨审讯。此外,在多次审讯中犯罪嫌疑人均不供认犯罪,但在某个夜晚、深夜或凌晨突然供述有罪,辩护律师应当考虑犯罪嫌疑人是否受到了刑讯逼供。

(2) 制作笔录地点。依据《刑事诉讼法》的规定,对于不需要逮捕、拘留的犯罪嫌疑人,公安机关可以依法传唤其到所在市、县内的指定地点或到其住处进行讯问。这里重点关注三个方面:一是未确定为犯罪嫌疑人前的询问地点,应当对照证人讯问规定审查;二是列为犯罪嫌疑人后,则应当按照讯问犯罪嫌疑人规定进行审查;三是拘留、逮捕前,可以在侦查机关讯问,拘留、逮捕后应当在看守所讯问。对于作案嫌疑人在何时间节点被列为犯罪嫌疑人,辩护律师应当如何判断? 依据笔者的经验,主要是制作讯问笔录时间统计表,按照时间顺序排列,审查每次讯问时,根据犯罪嫌疑人、被告人供述内容,从中发现侦查机关确定为犯罪嫌疑人的时间节点。如:侦查机关在侦查破案过程中,确定排查条件后,通过现场走访发现作案嫌疑人。在现场走访时,侦查人员发现具备一定条件的,都会制作询问笔录,具体包括其是否具有作案时间、作案条件或者调查其他人是否有作案时间、作案条件等内容,但不会记录其是如何作案的或询问案件是否是他做的,并且一般会有告知如实作证或如实陈述的字样,这个笔录就应当以证人询问规定审查判断。如果该笔录中有告知其犯罪嫌疑人权利义务字样或询问有关案情、作案时间、交代犯罪事实等字样,则应当认定侦查机关已将该人列为犯罪嫌疑人,辩护律师应当按照讯问规定审查判断证据,首次出现该内容的讯问笔录或询问笔录就是作案嫌疑人被列为犯罪嫌疑人的时间节点。其他审查判断方法在此不再一一叙说。

(3) 无罪辩解。前文已叙述了有关无罪辩解的内容,此处不再赘述。

二、询问证人

询问是指侦查人员用言词的方式向证人、被害人调查了解案件情况的诉讼活动,包括现场访访问证人和调查证人证言。

(1) 询问主体。询问主体只能是公安机关和人民检察院的侦查人员,其他任何机关、团体或个人都无权在侦查中询问证人。

(2) 询问对象。凡是知道案件情况的人,都有作证的义务,但生理上、精神上有缺陷或者年幼,不能辨别是非、不能正确表达的人,不能充当证人。侦查人员可以依法询问证人、被害人。

（3）询问地点。侦查人员询问证人,可以在现场进行,也可以到证人所在单位、住处或者证人提出的地点进行,在必要的时候,可以通知证人到人民检察院或者公安机关提供证言。在现场询问证人,应当出示工作证件；到证人所在单位、住处或者证人提出的地点询问证人,应当出示人民检察院或者公安机关的证明文件。

（4）侦查人员义务规定。询问证人,应当告知证人应如实地提供证据、证言和有意作伪证或者隐匿罪证要负的法律责任；询问中,涉及证人、被害人的隐私,公安机关应当予以保密；应当创造自然陈述的条件和气氛,以利于获取真实可靠的证言；禁止采用暴力、威胁等非法方法收集证人证言、被害人陈述。

（5）证人权利义务。应当如实提供证据、证言,禁止作伪证。

（6）其他规定。参照讯问犯罪嫌疑人的规定。

辩护律师在审查证人证言时,应当重点关注侦查人员调查取证的时间和地点。依据《刑事诉讼法》的规定,对证人进行调查取证应当在其所在住处、单位或证人提出的作证地点。辩护律师除关注是否向证人告知如实作证义务和法律责任外,主要从两个方面审查：一是比对调查取证的地点与住址是否相同或调查取证的地点是否在证人的单位；二是证人提出的调查取证地点。这个主要在询问笔录中查找,依据《刑事诉讼法》和《公安机关办理刑事案件程序规定》的规定,在证人提出的调查取证地点进行询问的,应当在笔录中首先明确是证人提出的调查取证地点。一般情况下,笔录应当有如下内容"我们是××公安局侦查人员,依法对您进行调查取证,根据您的选择,我们决定在您提出的×××地方进行调查取证,您是否有意见？证人答：我同意在××地方提供证言,该地方是我提出来的"等类似内容。

三、勘验、检查、侦查实验

勘验、检查指侦查人员对与犯罪有关的场所、物品、人身、尸体应当进行勘验或者检查,以发现和收集犯罪活动所遗留下来的各种痕迹和物品的一种侦查活动。在必要的时候,可以指派或者聘请具有专门知识的人,在侦查人员的主持下进行勘验、检查。

侦查实验是指侦查机关在侦查办案过程中,采用模拟和重演的方法,证实在某种条件下案件实施能否发生和怎样发生,以及发生何种结果的一项侦查措施。

依据《刑事诉讼法》的规定,勘验、检查、侦查实验是在侦查人员主持下进行的,必要时可聘请有专门知识的人参加;侦查人员执行勘验、检查,必须持有人民检察院或者公安机关的证明文件;对于死因不明的尸体,公安机关有权决定解剖,并且通知死者家属到场;犯罪嫌疑人如果拒绝检查,侦查人员认为必要的时候,可以强制检查;检查妇女的身体,应当由女工作人员或者医师进行;勘验、检查的情况应当写成笔录,由参加勘验、检查的人和见证人签名或者盖章;人民检察院审查案件的时候,对公安机关的勘验、检查,认为需要复验、复查时,可以要求公安机关复验、复查,并且可以派检察人员参加;为了查明案情,在必要的时候,经公安机关负责人批准,可以进行侦查实验;侦查实验的情况应当写成笔录,由参加实验的人签名或者盖章;侦查实验禁止一切足以造成危险、侮辱人格或者有伤风化的行为。

辩护律师如何审查判断勘验、检查、侦查实验,前文已有论述,此处不再重复。

四、搜查

依据《刑事诉讼法》的规定,侦查机关可以依法对犯罪嫌疑人及可能隐藏罪犯或犯罪证据的人的身体、物品、住处和其他有关地方进行搜查。进行搜查,必须向被搜查人出示《搜查证》。在执行逮捕、拘留的时候,遇有紧急情况,不另用搜查证也可以进行搜查。同时,搜查妇女的身体,应当由女侦查人员进行。

侦查人员在搜查的时候,应当有被搜查人或者他的家属、邻居或者其他见证人在场。搜查的情况应写成笔录,由侦查人员和被搜查人或者他的家属、邻居或者其他见证人签名或盖章。搜查发现的与犯罪有关的证据应当制作扣押清单和提取笔录。

辩护律师在阅卷时,应重点对搜查笔录的合法性进行审查。主要从形式上:是否符合法律规定,如搜查人员是否有 2 名,是否有 2 名见证人;被搜查人是否签字确认;搜查过程中,是如何发现犯罪线索或犯罪证据的等。

五、扣押物证、书证

依据《刑事诉讼法》的规定,在侦查活动中发现的可用以证明犯罪嫌疑人有罪或者无罪的各种财物、文件,应当查封、扣押;与案件无关的财物、文件,不得查封、扣押。对查封、扣押的财物、文件,要妥善保管或者封存,不得使用、调换或者损毁。任何单位和个人,有义务按照公安机关的要求,交出可以证明犯罪嫌疑人有罪或者无罪的物证、书证、视听资料等证据。

同时,依据《刑事诉讼法》的规定,对查封、扣押的财物、文件,应当会同在场见证人和被查封、扣押财物、文件持有人查点清楚,当场开列清单一式二份,由侦查人员、见证人和持有人签名或者盖章,一份交给持有人,另一份附卷备查。《扣押物品、文件清单》应当写明物品或者文件的名称、编号、规格、数量、重量、质量、特征及其来源,由侦查人员、见证人和持有人签名或者盖章,其中一份交给持有人,另一份附卷备查。

侦查人员认为需要扣押犯罪嫌疑人的邮件、电报的时候,经公安机关或者人民检察院批准,即可通知邮电机关将有关的邮件、电报检交扣押。不需要继续扣押的时候,应即通知邮电机关。

公安机关对于扣押的物品、文件,要妥善保管、封存,不得使用、调换或者损毁,经查明确实与案件无关的,应当在3日内解除扣押,退还原主或原邮电机关。

辩护律师应当结合搜查笔录、被扣押人笔录等综合审查判断扣押物证、文件清单,重点是扣押物品、文件来源,是否有相关讯问(询问)笔录佐证,以此来分析判断合法性。如果扣押的物品来自犯罪嫌疑人、被告人的住处,是否有犯罪嫌疑人、被告人的供述,是否有见证人签名等;如果是在第三方处扣押物品,要查找是否有第三方人员询问笔录,即被扣押人询问笔录。笔录符合以上几点,扣押物品、文件行为才合法有效,客观真实。

六、鉴定

为了查明案情,公安机关可以依法指派、聘请具有鉴定资格的人进行鉴定。鉴定人进行鉴定后,应当写出鉴定结论或鉴定意见,并且签名。鉴定人故意作虚假鉴定的,应当承担法律责任。

依据《刑事诉讼法》的规定,公安机关应当将用作证据的鉴定结论或鉴定意见告知犯罪嫌疑人、被害人。如果犯罪嫌疑人、被害人对鉴定结论或鉴定意见有异议,可以申请补充鉴定或重新鉴定。

特别提示:对犯罪嫌疑人作精神病鉴定的期间不计入办案期限。

鉴定已在前文及审查判断证据内容部分予以阐述,此处不再重复。

七、通缉

1. 通缉令签发权限条件

依据《公安机关办理刑事案件程序规定》的规定,应当逮捕的犯罪嫌疑人如果在逃,公安机关可以发布通缉令,采取有效措施,追捕归案。县级以上公安机关在自己管辖的地区内,可以直接发布通缉令;超出自己管辖的地区,应当报请有权决定的上级公安机关发布。通缉令的发送范围,由签发通缉令的公安机关负责人决定。通缉令发出后,如果发现新的重要情况可以补发通报。通报必须注明原通缉令的编号和日期。

2. 通缉令要求

通缉令中应当尽可能写明被通缉人的姓名、别名、曾用名、绰号、性别、年龄、民族、籍贯、出生地、户籍所在地、居住地、职业、身份证号码、衣着和体貌特征、口音、行为习惯,并附被通缉人近期照片,可以附指纹及其他物证的照片。除必须保密的事项以外,应当写明发案的时间、地点和简要案情。

3. 通缉令效力

公安机关接到通缉令后,应当及时布置查缉。抓获犯罪嫌疑人后,报经县级以上公安机关负责人批准,凭通缉令或者相关法律文书羁押,并通知通缉令发布机关进行核实,办理交接手续。

4. 通缉令特别规定

需要对犯罪嫌疑人在口岸采取边控措施的,应当按照有关规定制作边控对象通知书,经县级以上公安机关负责人审核后,层报省级公安机关批准,办理全国范围内的边控措施。需要限制犯罪嫌疑人人身自由的,应当附有关法律文书。紧急情况下,需要采取边控措施的,县级以上公安机关可以出具公函,先向当地边防检查站交控,但应当在7日以内按照规定程序办理全国范围内的边控措施。

5. 悬赏通告规定

为发现重大犯罪线索,追缴涉案财物、证据,查获犯罪嫌疑人,必要时,经县级以上公安机关负责人批准，可以发布悬赏通告。悬赏通告应当写明悬赏对象的基本情况和赏金的具体数额。

6. 发布通缉令的方式

通缉令、悬赏通告应当广泛张贴，并可以通过广播、电视、报刊、计算机网络等方式发布。

7. 撤销通缉令条件

经核实，犯罪嫌疑人已经自动投案、被击毙、被抓获或已死亡，以及发现有其他不需要采取通缉、边控通知、悬赏通告的情形的，发布机关应当在原通缉、通知、通告范围内，撤销通缉令、边控通知、悬赏通告。

一般情况下，侦查机关很少将通缉令装订入卷。若在卷宗中发现有通缉令，辩护律师应当从通缉令内容中，查找通缉的犯罪嫌疑人与抓获的犯罪嫌疑人是否具有关联性，发布通缉令时，是否有证据指向犯罪嫌疑人、被告人。

八、查询、冻结存款、汇款

1. 法律依据

依据《刑事诉讼法》和《公安机关办理刑事案件程序规定》的规定，公安机关根据侦查犯罪的需要，可以依照规定查询、冻结犯罪嫌疑人的存款、汇款、债券、股票、基金份额等财产，并可以要求有关单位和个人配合。

2. 查询规定

向金融机构等单位查询犯罪嫌疑人的存款、汇款、债券、股票、基金份额等财产，应当经县级以上公安机关负责人批准，制作协助查询财产通知书，通知金融机构等单位执行。

3. 冻结规定

需要冻结犯罪嫌疑人在金融机构等单位的存款、汇款、债券、股票、基金份额等财产的，应当经县级以上公安机关负责人批准，制作协助冻结财产通知书，通知金融机构等单位执行。

4. 解除冻结规定

不需要继续冻结犯罪嫌疑人存款、汇款、债券、股票、基金份额等财产时，应当经县级以上公安机关负责人批准，制作协助解除冻结财产通知书，通知金融机构等单位执行。

5. 重复冻结规定

犯罪嫌疑人的存款、汇款、债券、股票、基金份额等财产已被冻结的,不得重复冻结,但可以轮候冻结。

6. 冻结期限

冻结存款、汇款等财产的期限为6个月。冻结债券、股票、基金份额等证券的期限为2年。有特殊原因需要延长期限的,公安机关应当在冻结期限届满前办理继续冻结手续。每次续冻存款、汇款等财产的期限最长不得超过6个月;每次续冻债券、股票、基金份额等证券的期限最长不得超过2年。继续冻结的,应当按照《公安机关办理刑事案件程序规定》第233条的规定重新办理冻结手续。逾期不办理继续冻结手续的,视为自动解除冻结。

对冻结的存款、汇款、债券、股票、基金份额等财产,经查明确实与案件无关的,应当在3日以内通知金融机构等单位解除冻结,并通知被冻结存款、汇款、债券、股票、基金份额等财产的所有人。

7. 冻结期间财产变动规定

对冻结的债券、股票、基金份额等财产,应当告知当事人或者其法定代理人、委托代理人有权申请出售。权利人书面申请出售被冻结的债券、股票、基金份额等财产,不损害国家利益、被害人、其他权利人利益,不影响诉讼正常进行的,以及冻结的汇票、本票、支票的有效期即将届满的,经县级以上公安机关负责人批准,可以依法出售或者变现,所得价款应当继续冻结在其对应的银行账户中;没有对应的银行账户的,所得价款由公安机关在银行指定专门账户保管,并及时告知当事人或者其近亲属。

辩护律师主要审查侦查机关查询、冻结存款、汇款行为是否符合法律规定即可。

九、辨认

1. 法律依据

依据《刑事诉讼法》和《公安机关办理刑事案件程序规定》的规定,为了查明案情,在必要的时候,公安机关可以让被害人、犯罪嫌疑人或者证人对与犯罪有关的物品、文件、尸体、场所或者犯罪嫌疑人进行辨认。

2. 辨认主体要求

辨认应当在侦查人员的主持下进行。主持辨认的侦查人员不得少于2人。

3. 辨认方法规定

几名辨认人对同一辨认对象进行辨认时,应当由辨认人个别进行。辨认时,应当将辨认对象混杂在特征相类似的其他对象中,不得给辨认人任何暗示。辨认犯罪嫌疑人时,被辨认的人数不得少于7人;对犯罪嫌疑人照片进行辨认的,不得少于10人的照片;辨认物品时,混杂的同类物品不得少于5件。对场所、尸体等特定辨认对象进行辨认,或者辨认人能够准确描述物品独有特征的,陪衬物不受数量的限制。

4. 特别规定

对犯罪嫌疑人的辨认,辨认人不愿意公开进行时,可以在不暴露辨认人的情况下进行,并应当为其保守秘密。

5. 辨认笔录要求

对辨认经过和结果,应当制作辨认笔录,由侦查人员、辨认人、见证人签名。必要时,应当对辨认过程进行录音或者录像。

有关辨认的审查判断方法前文已叙述,此处不再重复。

十、技术侦查

1. 法律规定

技术侦查是2012年《刑事诉讼法》新增的合法侦查措施。公安机关在立案后,对于危害国家安全犯罪、恐怖活动犯罪、黑社会性质的组织犯罪、重大毒品犯罪或者其他严重危害社会的犯罪案件,根据侦查犯罪的需要,经过严格的批准手续,可以采取技术侦查措施。人民检察院在立案后,对于重大的贪污、贿赂犯罪案件以及利用职权实施的严重侵犯公民人身权利的重大犯罪案件,根据侦查犯罪的需要,经过严格的批准手续,可以采取技术侦查措施,按照规定交有关机关执行。追捕被通缉或者批准、决定逮捕的在逃的犯罪嫌疑人、被告人,经过批准,可以采取追捕所必需的技术侦查措施。

2. 技术侦查期限

批准决定应当根据侦查犯罪的需要,确定采取技术侦查措施的种类和适用对象。批准决定自签发之日起3个月以内有效。在有效期限内,对于不需要继续采取技术侦查措施的,应当及时解除。对于复杂、疑难案件,期限届满仍需要继续采取技术侦查措施的,经过批准,有效期可以延长,每次不得超过3个月。

3. 技术侦查限制性规定

采取技术侦查措施,必须严格按照批准的措施种类、适用对象和期限执行。侦查人员对采取技术侦查措施过程中知悉的国家秘密、商业秘密和个人隐私,应当保密;对采取技术侦查措施获取的与案件无关的材料,必须及时销毁,并制作销毁记录。

4. 技术侦查获取材料用途

采取技术侦查措施获取的材料,只能用于对犯罪的侦查、起诉和审判,不得用于其他用途。

5. 义务配合规定

公安机关依法采取技术侦查措施,有关单位和个人应当配合,并对有关情况予以保密。

6. 技术侦查主体特殊规定

为了查明案情,在必要的时候,经县级以上公安机关负责人决定,可以由有关人员隐匿其身份实施侦查。但是,不得诱使他人犯罪,不得采用可能危害公共安全或者发生重大人身危险的方法。对涉及给付毒品等违禁品或者财物的犯罪活动,公安机关根据侦查犯罪的需要,可以依照规定实施控制下交付。

7. 证据使用规定

采取技术侦查措施收集的材料在刑事诉讼中可以作为证据使用。如果使用该证据可能危及隐匿身份人员的人身安全,或者可能产生其他严重后果的,应当采取不暴露有关人员身份、技术方法等保护措施,必要的时候,可以由审判人员在庭外对证据进行核实。

第四节 侦查的终结

一、犯罪嫌疑人、被告人羁押期限规定

依据《刑事诉讼法》的规定,对犯罪嫌疑人逮捕后的侦查羁押期限不得超过

2个月。案情复杂、期限届满不能终结的案件,可以经上一级人民检察院批准延长1个月。因为特殊原因,在较长时间内不宜交付审判的特别重大复杂的案件,由最高人民检察院报请全国人民代表大会常务委员会批准延期审理。

下列案件在《刑事诉讼法》第154条规定的期限届满不能侦查终结的,经省、自治区、直辖市人民检察院批准或者决定,可以延长2个月:

(1) 交通十分不便的边远地区的重大复杂案件;

(2) 重大的犯罪集团案件;

(3) 流窜作案的重大复杂案件;

(4) 犯罪涉及面广,取证困难的重大复杂案件。

对犯罪嫌疑人可能判处10年有期徒刑以上刑罚,依据《刑事诉讼法》第156条的规定延长期限届满,仍不能侦查终结的,经省、自治区、直辖市人民检察院批准或者决定,可以再延长2个月。

在侦查期间,发现犯罪嫌疑人另有重要罪行的,自发现之日起依据《刑事诉讼法》第154条的规定重新计算侦查羁押期限。

犯罪嫌疑人不讲真实姓名、住址,身份不明的,应当对其身份进行调查,侦查羁押期限自查清其身份之日起计算,但是不得停止对其犯罪行为的侦查取证。对于犯罪事实清楚,证据确实、充分,确实无法查明其身份的,也可以按其自报的姓名起诉、审判。

辩护律师应当注意犯罪嫌疑人、被告人羁押期限。2017年6月20日,最高人民法院、最高人民检察院、公安部、国家安全部、司法部发布《关于办理刑事案件严格排除非法证据若干问题的规定》,明确规定了超期羁押视同非法拘禁,超期羁押期间收集的犯罪嫌疑人、被告人供述应当予以排除。

二、侦查阶段听取律师意见规定

在案件侦查终结前,辩护律师提出要求的,侦查机关应当听取辩护律师的意见,并记录在案。辩护律师提出书面意见的,应当附卷。

辩护律师一定要充分利用侦查阶段的辩护权利,通过会见犯罪嫌疑人详细了解案件情况,分析判断侦查机关侦查方向、掌握的证据情况等,及时提出辩护意见。辩护律师充分行使侦查阶段辩护权,发表辩护意见,可以为侦查机关侦查终结做出处理意见提供法律意见,有效维护犯罪嫌疑人的合法权益、合理合法的法律意见被侦查机关采纳,可能在侦查阶段帮助犯罪嫌疑人提前释放。

案例 3-3

充分利用侦查阶段的辩护权利

王某欢合同诈骗1600万元案。笔者接受王某欢家属的委托,依法在侦查阶段会见了王某欢。根据会见情况,笔者了解到,王某欢因公司法定代表人对外签订购销合同,收取货款1600万元,但未发货。期间,王某欢受公司法定代表人委托,同对方协商一次性还款退款,其他情况概不清楚。笔者认为王某欢的行为不构成合同诈骗。据此,笔者及时向侦查机关出具法律意见书,并附上会见王某欢的谈话笔录。最终,公安机关接受笔者的辩护意见,释放王某欢,作出撤案处理。

三、侦查终结条件规定

公安机关侦查终结的案件,应当做到犯罪事实清楚,证据确实、充分,并且写出起诉意见书,连同案卷材料、证据一并移送同级人民检察院审查决定,同时将案件移送情况告知犯罪嫌疑人及其辩护律师。

四、侦查阶段撤案规定

在侦查过程中,发现不应对犯罪嫌疑人追究刑事责任的,应当撤销案件;犯罪嫌疑人已被逮捕的,应当立即释放,发给释放证明,并且通知原批准逮捕的人民检察院。

五、侦查终结前证据审查判断内容

依据《刑事诉讼法》的规定,一切证据都必须查证属实,才能作为定案的依据。审查判断证据是案件证明的关键环节,是侦查终结工作的核心。在审查证据过程中,案件主办侦查人员(公安机关内部称预审员,实质上也是侦查人员的一部分)全面审查判断证据的合法性、客观性、关联性,构建完整的证据体系。不同案件,审查判断证据的内容不尽相同,重点各异。对于刑事案件来说,应当重点审查判断以下内容:

（1）每个证据取得的程序是否合法，即是否依照法定程序收集、固定、保全等。

（2）每个证据的形式是否合法，即证据的形式是否符合法律规定，侦查人员主体是否符合法律规定。

（3）每个证据是否具有真实性，即证据是否具有客观性，证据证明的事实是否是伴随案件的发生、发展过程遗留下来的，不以人的意志为转移的而存在的事实。

（4）每个证据与案件是否有关联性，即证据是否同案件事实存在内在联系，并且对证明案件事实具有实际意义。

第 ④ 章

命案的数轴辩护思维

第一节 刑事辩护的法律规定

一、委托辩护规定

依据《刑事诉讼法》的规定,犯罪嫌疑人自被侦查机关第一次讯问或者采取强制措施之日起,有权委托辩护人;在侦查期间,只能委托律师作为辩护人。被告人有权随时委托辩护人。犯罪嫌疑人、被告人在押的,也可以由其监护人、近亲属代为委托辩护人。辩护人接受犯罪嫌疑人、被告人委托后,应当及时告知办理案件的机关。

犯罪嫌疑人、被告人因经济困难或者其他原因没有委托辩护人的,本人及其近亲属可以向法律援助机构提出申请。对符合法律援助条件的,法律援助机构应当指派律师为其提供辩护。犯罪嫌疑人、被告人是盲、聋、哑人,或者是尚未完全丧失辨认或者控制自己行为能力的精神病人,没有委托辩护人的,人民法院、人民检察院和公安机关应当通知法律援助机构指派律师为其提供辩护。

犯罪嫌疑人、被告人可能被判处无期徒刑、死刑,没有委托辩护人的,人民法院、人民检察院和公安机关应当通知法律援助机构指派律师为其提供辩护。

二、侦查司法机关义务规定

侦查机关在第一次讯问犯罪嫌疑人或者对犯罪嫌疑人采取强制措施的时

候,应当告知犯罪嫌疑人有权委托辩护人。人民检察院自收到移送审查起诉的案件材料之日起3日以内,应当告知犯罪嫌疑人有权委托辩护人。人民法院自受理案件之日起3日以内,应当告知被告人有权委托辩护人。犯罪嫌疑人、被告人在押期间要求委托辩护人的,人民法院、人民检察院和公安机关应当及时转达其要求。

三、辩护人的责任权利规定

辩护人的责任是根据事实和法律,提出犯罪嫌疑人、被告人无罪、罪轻或者减轻、免除其刑事责任的材料和意见,维护犯罪嫌疑人、被告人的诉讼权利和其他合法权益。

辩护律师在侦查期间可以为犯罪嫌疑人提供法律帮助;代理申诉、控告;申请变更强制措施;向侦查机关了解犯罪嫌疑人涉嫌的罪名和案件有关情况,提出意见。

辩护律师可以同在押的犯罪嫌疑人、被告人会见和通信。其他辩护人经人民法院、人民检察院许可,也可以同在押的犯罪嫌疑人、被告人会见和通信。在行使这些权利时,辩护律师与其他辩护人有一点明确的区别,就是除危害国家安全犯罪、恐怖活动犯罪、特别重大贿赂犯罪案件外,辩护律师在侦查阶段会见犯罪嫌疑人不需要侦查机关许可,其他辩护人则需要检察机关或审判机关的许可。

辩护律师会见在押的犯罪嫌疑人、被告人,可以了解案件有关情况,提供法律咨询等;自案件移送审查起诉之日起,可以向犯罪嫌疑人、被告人核实有关证据。辩护律师会见犯罪嫌疑人、被告人时不被监听,包括有关机关不得派员在场、不得通过任何方式监听律师会见时的谈话内容、不得对律师会见进行秘密录音。

辩护律师自人民检察院对案件审查起诉之日起,可以查阅、摘抄、复制本案的案卷材料。其他辩护人经人民法院、人民检察院许可,也可以查阅、摘抄、复制上述材料。

辩护人认为在侦查、审查起诉期间公安机关、人民检察院收集的证明犯罪嫌疑人、被告人无罪或者罪轻的证据材料未提交的,有权申请人民检察院、人民法院调取。

辩护人收集的有关犯罪嫌疑人不在犯罪现场、未达到刑事责任年龄、属于依法不负刑事责任的精神病人的证据,应当及时告知公安机关、人民检察院。

辩护律师经证人或者其他有关单位和个人同意,可以向他们收集与本案有关的材料,也可以申请人民检察院、人民法院收集、调取证据,或者申请人民法院通知证人出庭作证。辩护律师经人民检察院或者人民法院许可,并且经被害人或者其近亲属、被害人提供的证人同意,可以向他们收集与本案有关的材料。

辩护人认为公安机关、人民检察院、人民法院及其工作人员阻碍其依法行使诉讼权利的,有权向同级或者上一级人民检察院申诉或者控告。人民检察院对申诉或者控告应当及时进行审查,情况属实的,通知有关机关予以纠正。

四、辩护律师会见规定

辩护律师持律师执业证书、律师事务所证明和委托书或者法律援助公函要求会见在押的犯罪嫌疑人、被告人的,看守所应当及时安排会见,至迟不得超过48小时。该时间应以辩护律师向看守所提出会见要求时起算。

危害国家安全犯罪、恐怖活动犯罪、特别重大贿赂犯罪案件,在侦查期间辩护律师会见在押的犯罪嫌疑人,应当经侦查机关许可。上述案件,侦查机关应当事先通知看守所。

辩护律师同被监视居住的犯罪嫌疑人、被告人会见、通信,适用《刑事诉讼法》第37条第1款、第3款、第4款的规定。即可以同被监视居住的犯罪嫌疑人、被告人会见、通信,但会见危害国家安全犯罪、恐怖活动犯罪、特别重大贿赂犯罪案侦查阶段的犯罪嫌疑人,应当经侦查机关许可。

五、辩护人强制性规定

辩护人或者其他任何人,不得帮助犯罪嫌疑人、被告人隐匿、毁灭、伪造证据或者串供,不得威胁、引诱证人作伪证以及进行其他干扰司法机关诉讼活动的行为。隐匿证据是指帮助犯罪嫌疑人、被告人将司法机关尚未掌握的证据隐藏起来。毁灭证据是指将证据烧毁、涂抹、砸碎、撕碎、抛弃或使用其他方法让其灭失或不能再作为证据使用。伪造证据是指帮助犯罪嫌疑人、被告人制造虚假的物证、书证等,如补开假的单据、证明、涂改账目,甚至伪造他人犯罪的物证、书证等。串供是指帮助犯罪嫌疑人、被告人同其他人达成"攻守同盟",串通口径,应对办案机关侦查。威胁、引诱证人作伪证是指采取以暴力或其他方式胁迫,以利益引诱等手段指使证人提供虚假证言,包括让了解案件情况的人不按事实真相作证,以及让不了解案件情况的人提供虚假的证言。其他干扰司法机关诉讼活动的行为指其他影响司法机关诉讼活动正常进行、影响案件公正处理的行为,如利用权力给办案人员施加压力,威胁自诉人撤回自诉等。辩护人违反该规定的,应当依法追究法律责任,辩护人涉嫌犯罪的,应当由办理辩护人所承办案件的侦查机关以外的侦查机关办理。辩护人是律师的,应当及时通知其所在的律师事务所或者所属的律师协会。辩护人涉嫌犯罪是指辩护人在履行辩护职责过程中,涉嫌有上述违法行为且已构成犯罪。

六、有利于被告人规定

在审判过程中,被告人可以拒绝辩护人继续为他辩护,也可以另行委托辩护人辩护。

七、保密规定

辩护律师对在执业活动中知悉的委托人的有关情况和信息,有权予以保密。但是,辩护律师在执业活动中知悉委托人或者其他人,准备或者正在实施危害国家安全、公共安全以及严重危害他人人身安全的犯罪的,应当及时告知司法机关。

第二节 命案的数轴辩护思维

数轴是数学上的概念。所谓数轴,是指在数学中,可以用一条直线上的点表示数,这条直线叫做数轴。在数学中,两根互相垂直且有同一原点的数轴可以构成平面直角坐标系;三根互相垂直且有同一原点的数轴可以构成空间直角坐标系,以确定物体的位置。

刑事辩护的数轴思维,是笔者根据多年侦查和辩护经验总结的。经查阅资料,没有找到比"数轴思维"更为合适的表达。笔者所述刑事辩护的数轴思维,是按命案事件发生的时间和空间的先后顺序,在一条或几条直线上标注案件发生的重要事件及其时间节点,从中找出案件侦查漏洞或违反侦查规律、侦查常理的行为或被告人自我辩解的合理性,发现侦查机关的侦查行为是否存在违法行为、是否符合侦查的法定程序,或者判断被告人供述与辩解是否符合客观现实的一种刑事辩护的思考方式。"数轴思维"是辩护律师说服法庭,实现有效辩护的一种重要方法。

一、数轴辩护思维理念来源

依据《刑事诉讼法》的规定,侦查机关的侦查行为是有先后顺序的,刑事侦查需要经过受理案件、初查、立案侦查、调查取证、完善证据、预审和侦查终结等阶段,命案侦查也是如此。既然侦查行为有先后顺序,侦查人员应当严格依照法定程序开展侦查行为,从而保证侦查行为的合法性,有效确定犯罪嫌疑人,准确打击违法犯罪,保证法律正确实施。笔者基于多年从事刑事侦查和刑事辩护的经验,通过对近年来发生的冤假错案和刑事辩护思维的总结,通过梳理案件发生轨迹和犯罪嫌疑人作案轨迹,从而提出了数轴辩护思维方式,并运用于辩护实践中,取得了良好的辩护效果。为此,笔者结合实际案例提出数轴辩护思维理念。

二、如何构建数轴辩护思维

每一起案件的发生,都离不开一定的时间和空间,离不开被害人行为轨迹,也离不开作案人的行动轨迹。只要是被害人和作案人所经过的地方,一般会在特定的时间和空间留下印迹,这些印迹就是侦查人员所要查找的线索和证据。侦查人员通过发现这些印迹,从而找到破案线索,抓获犯罪嫌疑人,这是第一条侦查轨迹。侦查机关抓获犯罪嫌疑人后,需要通过对犯罪嫌疑人的审讯,获取其有罪证据,根据犯罪嫌疑人的供述和辩解,核实其供述是否客观真实或与案件发生是否吻合,围绕其供述再度进行证据核实,这是另一条侦查轨迹。只有在证据确实、充分及客观真实的情况下,这两条侦查轨迹均指向同一犯罪嫌疑人,两条轨迹达到完全重合时,方可确定犯罪嫌疑人即是刑事案件的作案人。至此,侦查机关应当宣告该刑事案件破案,犯罪嫌疑人为真正的作案人。这两条侦查轨迹分别使用一条直线勾画出来,就是一个数轴,从案件发生、发展到启动侦查、侦查过程、侦查结果,再到犯罪嫌疑人供述作案过程等,可以清晰看出侦查机关的侦查轨迹和犯罪嫌疑人作案轨迹。数轴为更好地分析判断犯罪嫌疑人、被告人是否构成犯罪提供了可靠的事实分析脉络,对于准确认定有罪或者无罪具有重要的意义。

辩护律师通过阅卷,如果发现两条侦查轨迹不能完全重合或者有一条轨迹证据不足、事实不清,则需要考虑该案事实是否清楚、证据是否确实充分、是否为冤假错案、是否应当考虑无罪辩护。笔者通过案卷研究刑事案件的侦查轨迹,分析案件侦查过程中是否存在违反侦查程序或违反常理的侦查行为,进而推断侦查结果是否具有客观性,从而找出侦查漏洞或瑕疵,为有效辩护提供依据,实现辩护目标。

三、构建数轴辩护思维的重要意义

辩护的数轴思维缘于数学的数轴思维。任何事情的发生、发展至结果,都存在起点、中间节点、终点或结果,这与数学中的数轴存在原点、中间点直到远点,是非常相似或一致的。运用数学理论研究刑事辩护,对实现有效辩护具有非常重要的意义。

1. 有利于了解完整的侦查轨迹,从中发现侦查漏洞,实现辩护目的

侦查机关的侦查行为以《刑事诉讼法》和《公安机关办理刑事案件程序规定》为依据,根本依据是《刑事诉讼法》。《刑事诉讼法》是侦查人员侦查破案的执法来源基础,也是规范侦查行为的基本标准。研究侦查轨迹能够判断侦查人员的侦查行为是否符合法律规定,所取得的侦查证据是否符合法律规定、客观事实或常理。

2. 有利于了解完整的犯罪嫌疑人供述和辩解,从中发现认定犯罪的证据是否符合客观事实

犯罪嫌疑人被抓获后,侦查机关基本是围绕其是否有作案时间、作案条件、作案因果关系等展开审讯,哪怕是犯罪嫌疑人被抓获后即供述犯罪事实,也需要从作案时间、作案条件、作案因果关系等入手补充证据,从而认定犯罪事实。辩护律师则需要研究犯罪嫌疑人、被告人的供述,根据其供述事实,查找犯罪嫌疑人到案后侦查机关取得的有关证据,判断该证据的取得是否合法、客观、公正,以及是否符合常理,从中分析犯罪嫌疑人供述是否客观真实,从而实现辩护目的。

3. 有利于清楚地分析判断案件是否为被告人所为

辩护律师依据被告人的供述,沿着被告人的犯罪行为轨迹,审查分析判断相关证据,可以形成完整的、有依据的、可以认定的事实。通过对该事实是否符合

客观事实,与刑事案件所展现的事实是否完全一致或趋于一致的判断,从而认定被告人是否是作案人,这也给辩护律师进行有罪辩护还是无罪辩护指明了大方向。

第三节 制作数轴辩护思维分析图的基本方法

通过构建数轴辩护思维,实现辩护目的,有利于防止冤假错案的发生,也为审判机关认定犯罪事实、正确适用法律提供了借鉴。在刑事辩护中,如何通过构建数轴辩护思维,实现辩护目的,或者说在辩护中如何构建辩护思维呢?

每一起刑事案件,都有这样三条轨迹,即被害人案发当日活动轨迹、作案人作案轨迹、案发后侦查机关的侦查行为轨迹。这三条轨迹在侦查破案过程中,相辅相成,相互独立,在某个时间点又具有一定的统一性。被害人活动轨迹与作案人的作案轨迹在案发时间、空间范围上高度一致,完全重合,而侦查机关的侦查行为轨迹则是在复原被害人和犯罪嫌疑人的活动轨迹,通过复原方式来认定犯罪行为。侦查行为轨迹是通过事后调查取证,依据证据认定,再现被害人和作案人的活动轨迹,通过获取的证据来证实客观上发生的犯罪事实。在证据确实充分并且客观真实的情况下,如果侦查机关通过证据认定的被害人、犯罪嫌疑人之间活动轨迹高度吻合,更加趋于客观事实,则可以认定犯罪嫌疑人即是作案人,并宣告破案,追究犯罪嫌疑人的刑事责任。制作被害人案发当日活动轨迹、作案人作案轨迹和案发后侦查机关的侦查行为轨迹,可以清晰地反映被害人和犯罪嫌疑人活动及侦查人员侦查活动的原貌,可以从宏观角度发现案件存在的疑点问题。

一、制作被害人案发前后的活动轨迹图

被害人案发前后的活动轨迹,就是被害人在案发前后,在一定的时间和空间内,发生过哪些行为,去过哪些地方,见到过哪些人,做过什么事情,是否发生过冲突等情况。侦查人员在侦查破案时,一定会积极寻找被害人行踪,目的就是发现破案线索或作案人线索。辩护律师则需要通过审阅案卷,依据在案的证据,勾画出被害人的活动轨迹。在制作被害人轨迹数轴图时,一定要在该数轴上标注

刑事案件发生的关键时间节点,以说明案发前后时间及被害人活动情况,向法官直观地展示被害人生前的活动情况,关注侦查机关、侦查人员的侦查重点时间段。

示例 4-1

聂某故意杀人、强奸案被害人康某 8 月 5 日活动轨迹图

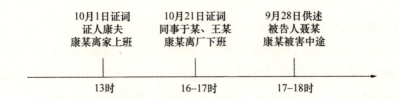

从上图数轴可以看到:被害人康某在 8 月 5 日被害当天的行动轨迹,中午 1 点时离家上班,下午 4 点至 5 点为证人证实的下班离厂时间,下午 5 点至 6 点为侦查机关认定的康某遇害时间。这个数轴是笔者根据河北聂某案件公开的案卷,结合证人证言和尸体检验鉴定意见确定的康某在 1994 年 8 月 5 日当天下午活动的关键时间节点。从该数轴可以发现,康某是在下班后,即下午 5 点至 6 点之间遇害,那么,康某下班后接触的人员应成为侦查人员重点调查的对象,这些人可能是重要知情人员,也可能是作案嫌疑人。因此,康某下班后至遇害时间段内的活动则应当成为侦查重点。在不考虑证人证言是否具有客观真实性的情况下,沿着被害人康某死亡前活动轨迹进行调查,是侦查机关破案的重要信息来源。

从目前该案公开的案件证据来看,侦查人员在查证康某案发当天的活动情况时,证实康某下午 1 点上班的证人有 2 个:一个是与其共同生活的丈夫康夫,证明其是下午 1 点上班的,而康夫出具证言的时间是 1994 年 10 月 1 日,此时距案发时间已近 2 个月时间;另一个是康某的父亲康父,即本案的报案人,证实康某 8 月 5 日下午上班后再未回家,但康父不与康某共同生活,该证言是传来证据,证明力非常小。通过这样一个数轴分析可知,康夫、康父证言的证明力很小。

二、制作犯罪嫌疑人、被告人在案发前后的活动轨迹图

犯罪嫌疑人、被告人在案发前后的活动轨迹,就是犯罪嫌疑人在作案前后的活动情况,即在什么时间,去过什么地方,接触过什么人,都做了什么事情,是否有反常表现等情况。在抓获嫌疑人后,侦查人员应当立即进行审讯,首先需要核实的就是嫌疑人是否具备作案时间,然后围绕嫌疑人供述的行动时间、空间,接触的人员进行调查取证,以证明嫌疑人的供述是否真实。在嫌疑人具备作案时间的前提下,侦查人员才能继续审讯是否具备作案条件,是否是实际作案人等。由此可以得出,嫌疑人在案发当时的活动情况,应当成为侦查人员的调查重点。通过查证嫌疑人不具有作案时间,排除其作案可能,侦查机关只能继续查找真正的作案嫌疑人。

示例 4-2

聂某故意杀人、强奸案聂某案发前后活动轨迹图

1. 证人葛某 10 月 21 日证实聂某 8 月 5 日案发前后活动轨迹图

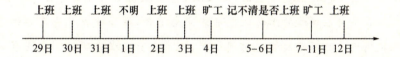

2. 聂某 9 月 28 日供述自己在 8 月 5 日前后活动轨迹图

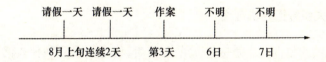

轨迹图 1 的证人为聂某所在单位车间领导葛某,此证人对聂某在案发前后是否上班记忆得很清楚,唯独案发当天记忆不清楚。如:7 月后 3 天,8 月 2 号半天、3 号上了 1 天班,4 号没有上班,到了 5、6 号就记不清楚是否上班。从此证人的证言可以看出,5 号之前对聂某工作情况一清二楚,5 号之后记不清楚,12 日上班却又记得很清楚。由此可判断,为认定聂某具有作案时间,采取了模糊记录的方法,防止出现聂某不具有作案时间的证词。结合证词内容及取证时间(聂某已被批准逮捕),可以确认此份证言不具有客观真实性。按当时预审部门的职责

要求,此证词内容应当予以核实,为什么案发前记得清楚,案发后记得清楚,仅仅就5、6号记不清楚?这应当引起辩护律师的重视,结合调查取证时距离案发已超过2个月多时间,若没有其他证据予以证实,则该证言明显不具有客观真实性。尤其是5、6日采用模糊记录方法,明显是配合被告人聂某的供述,以认定聂某具有有作案时间。

轨迹图2是聂某自己供述的案发前后活动轨迹。从图2数轴来看,聂某是在8月份上旬连续请假2天休息,没有上班,第3天下午5点多钟,发生强奸杀害康某的犯罪行为。对案发之后的活动情况未有任何供述,侦查机关也没有进行任何调查。根据聂某的供述,没有说明8月份具体是哪一天没有上班,这就是侦查人员首先应当查证的重点,即具体是8月份哪一天,厂里没有让聂某上班,连续有几天没上班。基于工厂的考勤管理,一般很容易查到工厂工人什么时间没有上班,有几天没上班。若查证聂某在8月份的缺勤时间,即可推断出其是否具有作案时间,接下来再谈是否具备作案条件等问题。因此,侦查聂某案发前后活动的重点时间段就是在8月份哪一天没有上班,此时间确定,作案时间是否具备即可确定。

从以上2个轨迹图可以看出,证人证实的聂某在8月5日前后的活动轨迹,与被告人聂某自己供述的活动轨迹不能完全重合,结合被告人聂某的供述时间与证人提供证言时间距离案发时间较长,均不具有客观真实性。在没有其他证据证实的情况下,这2份证据均不能证明聂某具有作案时间。

三、侦查机关侦查行为轨迹图

侦查机关的侦查行为轨迹是指在案发后,侦查人员开展侦查活动的方式与先后顺序。可能有的律师或当事人存在疑惑,如何知晓侦查人员的侦查行为轨迹呢?其实这并不难,只要按着笔者的方法制作相关表格,就可以知道侦查人员的侦查方式和顺序。方法如下:

1. 制作数轴,在数轴上标出关键的时间节点和发生的重要事项

通过数轴能够很直观地看到侦查人员的侦查轨迹。该方法适用于关键节点不多、标注简单的案件。

示例 4-3

聂某故意杀人、强奸案的侦查轨迹数轴图

从以上数轴图可以看出侦查人员在侦查康某被害案中基本的侦查顺序，即：

(1) 8月5、6日康某失踪，康父报警，侦查机关没有立案侦查。

(2) 8月10日，发现康某的衣物，康父报警，侦查机关仍然没有立案侦查。

(3) 8月11日，发现康某尸体，侦查机关立案侦查。除康父之外，侦查机关没有对康某被害前的活动情况进行任何调查。康某被害前活动情况是确定其被害时间的关键性证据，但侦查机关却没有作任何调查。在卷宗中，没有任何证据记载侦查机关自8月12日至9月22日的侦查工作内容。

(4) 9月23日，侦查人员将聂某抓获，此前没有任何证据可以证实河北聂某具有作案嫌疑。从破案经过看，只是怀疑其偷窥女厕所。

(5) 9月28日，获得聂某的第一次口供，即是有罪供述。此时，除了康父的一份报警笔录外，无任何可以证明康某8月5日活动的证据，并且康父与康某并不在一起生活，8月5日下午1点上班的证言，也只是传来证据。然而，侦查机

关依据该证据很及时地宣布破案。

(6) 10月1日,与康某一起生活的关键人物康夫才出现在侦查人员笔录之中,并且证实康某是在8月5日下午1点上班后,再未回家。此时,已距离康某失踪有近2个月时间,本应当在发现尸体时即调查制作的笔录,却在时隔2个月后才制作出。从另外一个角度讲,康某与康夫共同生活,康某失踪后康夫不报警,其本身就具有可疑之处;侦查人员对如此重要的人物却不作任何调查取证,其行为也非常可疑。该证据的证明力或证据效力在此处不予讨论。

(7) 10月9日,侦查机关依据检察机关批准,对聂某执行逮捕。此时,除聂某本人供述有罪外,再没有其他任何证据可以证明其有罪。

(8) 10月10日,康某的尸体检验鉴定意见才出来。本应当在发现尸体后,立即进行尸体检验并出具尸体检验鉴定意见,本案却在嫌疑人聂某被抓获后的10多天后才出具,这是侦查机关又一个疑点。

(9) 10月11日,侦查人员制作调查笔录,被调查人是康某的同事王某,其证实8月5日下午5点多,下班后在澡堂里见到康某。暂且不说该同事所说8月5日下午下班在澡堂见到康某是否符合客观事实,单凭康某失踪、遇害这一基本事实,侦查机关首先应当调查的就是康某在失踪前的活动情况,而侦查人员却不作任何调查,而是蹲坑守候去抓嫌疑人,实在不合常理。

(10) 10月21日,侦查人员对康某的同事于某进行调查。该人证实8月5日下午4点半在厂门口见到康某,进一步补强康某同事王某的证言。调查取证时已距离案发时间超过2个多月,这样的同事又不是非常难找到的人物,为何此时才出现在侦查机关的调查范围内,这应当引起辩护律师的重视,分析该证据的证明力。

(11) 10月21日,侦查人员又找到聂某的领导葛某,了解聂某上班情况。该人证实:7月份后3天,8月2号半天,3号上了1天班,4号没有上班,5、6号就记不清楚聂某是否上班了。从此证人的证言可以看出,5号之前对聂某的上班工作情况一清二楚,5号之后记忆不清楚或说很模糊,到了12日又清楚记得聂某来上班。除了需要认定聂某具有作案时间,采取模糊记录方法外,葛某证言中其余时间记忆得相当清楚。从这份笔录不难发现,这是侦查人员为防止出现聂某不具有作案时间的证词,结合证词内容及取证时间(聂某已被批准逮捕),可以确认此份证言不具有客观真实性。按当时预审部门职责要求,此证词应当予以核实,为什么之前记得清楚,之后记得清楚,就 5、6 号记不清楚?从葛某证言可以确认,单位有具体的上班工作记录,聂某是否占有作案时间,提取此记录本完全可以印证,但侦查机关却没有这样做,原因是什么?难道当天聂某在上班工作?不能排除此合理怀疑。

通过制作一个数轴,辩护律师可以清晰地看到侦查机关的侦查行为轨迹,侦查人员是如何侦查该案,侦查人员是如何思考该案或者侦查人员是如何认定聂某就是康某遇害案的作案人的。同时,再结合在案的证据内容,就能看到侦查人员在侦查该案时,是否严格按照侦查程序开展侦查活动,这也为笔者分析聂某是否是真正的作案人提供了非常有力的证据支撑。

2. 以表格形式制作侦查机关的侦查顺序

一般情况下,设置如下项目:序号、时间、发生事件和主要内容。制作的原则是按所有法律文书形成的时间先后顺序进行排列。以这种方式研究侦查机关的侦查行为轨迹,会更加清晰、更加详细,更有利于分析判断侦查人员的行为程序及其是否合法、是否符合客观实际、是否有严重违反侦查程序的行为等。研究侦查机关的侦查程序是实现有效辩护的一种途径。

四、构建数轴思维分析判断证人证言的客观性

关于如何分析判断证据的客观性、合法性、关联性,最高人民法院的司法解释有明确规定;但是如何具体有效地分析侦查人员制作的证人笔录的客观性,检察官、法官、辩护律师在实际操作中各有不同的方法或内心确信。从目前司法实践情况来看,我们国家大量的刑事案件是依靠证人证言定罪的,甚至是依据犯罪嫌疑人或被告人供述认定犯罪的,这对犯罪嫌疑人或被告人非常不不公正,容易出现冤假错案。检察官、法官一般会相信侦查机关调查的证人证言的真实性,而不相信律师调查的证人证言。对侦查机关取得的证人证言很少考虑是什么时间、在什么地方获取的。辩护律师需要尽可能地为法庭提供有价值的、可以证明被告人无罪或事实不清楚,证据不足的线索、信息或证据。在缺少客观证据证明的情况下,如何有效分析判断证人证言的客观性,说服法庭采纳辩护观点,则应成为辩护律师的首要任务。回到聂某案件中,从侦查机关的侦查行为轨迹数轴中找出问题,这样更方便快捷,容易理解。

示例 4-4

聂某故意杀人、强奸案的侦查轨迹数轴图

从这个数轴上标注的关键时间节点,可以看出侦查机关的侦查立案时间为1994年8月11日,此时,基于作案人情况不清楚,侦查机关应当围绕被害人康某失踪前活动情况进行调查,首先应当查明被害人的最后活动情况。根据该案的具体情况,应当调查人员包括:康夫、康父、康母及工作单位的同事,确认康某具体是在什么时间,在什么地方失踪的,这对侦破本案具有非常重要的作用。这些情况至少应当在抓获嫌疑人之前获得,严格来说,在立案之日即应当调查获得相关证人证言。康夫和工作单位同事是康某平时经常接触的人员,尤其是康夫,是与康某朝夕相处、共同生活的人,是所有知道康某最后活动情况信息中最重要的信息来源。可是,侦查机关在立案侦查后、抓获嫌疑人之前,没有对其进行任何调查,此为其一;其二,在抓获嫌疑人后,也没有对康夫进行任何调查取证,直到犯罪嫌疑人聂某供述犯罪行为后,侦查机关才想到应当调查康夫,此时距离案发时间已近2个月时间,获取的证言可信程度或者客观性较低。通过这样的分

析，辩护律师完全可以主张康夫的证言证明力极低。

康某的 2 名同事也应当是在侦查机关立案侦查后，立即进行走访或调查的对象，但侦查机关没有任何侦查迹象，也没有形成任何笔录。在抓获嫌疑人后，即距离案发时间 2 个多月后，才想起对其同事进行调查取证，查找被害人最后的活动情况，此时证言的可信程度或客观性有多大，则不言而喻。

从上述 3 名证人证言证实的情况来看，虽然与犯罪嫌疑人聂某的供述可以吻合，但是此证言是抓获嫌疑人之后获取的，是否有理由合理怀疑这是侦查人员为实现案件无缝衔接而制作的调查笔录呢？

分析完证明康某最后活动的证人证言，再说嫌疑人聂某的最后活动情况。从该案的证据来看，仅有聂某本人的供述及所在单位领导的证言。从获取证人证言时间来看，侦查机关本应在抓获聂某后及时调查其所供述的情况是否客观真实，但却没有进行核实，甚至可以说连核实的想法都没有，就直接提请检察机关批准逮捕，检察机关也仅凭嫌疑人供述就直接对其进行批准逮捕。10 月 21 日获取的聂某单位领导的证言也非常奇怪，被害人康某案发前对聂某的活动情况记忆得非常清楚，对案发之后聂某的活动情况也非常清楚，偏偏就是案发时这个关键节点记忆不清，采取模糊证实，这样的证言是否具有客观性，一般人都能看出来。虽然聂某的供述与该领导的证言十分吻合，但可信程度或客观性都非常低。

五、综合分析被告人是否构成犯罪

命案事关人的生命，一方面是被害人的生命，一方面是犯罪嫌疑人的生命，前者是由犯罪嫌疑人的行为造成，后者则是因触犯刑事法律规定，通过司法程序导致失去生命。"生命诚可贵，爱情价更高；若为自由故，二者都可抛。"这四句诗所说的是人的生命是很珍贵的，失去了生命，一切都没有了。可是，如果人没有了爱情，生活变得平淡无味，就算活着也没有什么意思。但是，人最不能缺少的是自由，即使有了爱情和生命，没有自由，生活也是不快乐的。这说明人的自由是最重要的，为了自由，爱情和生命都可以牺牲。这里所讲的自由应当是法律的框架范围内的自由，而不是完全的自由。

刑事案件的犯罪嫌疑人或被告人的生命也是非常可贵的，不能随意被剥夺。

嫌疑人既然触犯了刑法规范，就应当受到法律的制裁，但辩护律师不应当因其违法犯罪，而忽视犯罪嫌疑人或被告人的生命权利，也不能主观认定其就是杀害被害人的凶手，哪怕事实上真的是作案凶手。在法律上，唯有做到事实清楚，证据确实充分，才能认定犯罪。所以，侦查人员与辩护律师，以及检察官和法官，都应当完全在法律框架内办理每一起刑事案件。辩护律师的职责是依据事实和法律提出辩护观点，目的是说服法官采纳其辩护意见。因此，辩护律师要认真审查犯罪证据、无罪证据，结合证据制作三条轨迹图，进行有效辩护。

  数轴是数学研究的方法或表达的方式，笔者认为在刑事辩护中应用数轴思维分析问题、解决问题也是同样有效的。通过数轴图，可以直观地发现证人证实的被害人案发前活动轨迹是否存在矛盾、是否符合客观事实；可以直观地发现犯罪嫌疑人到案后供述的作案前后活动轨迹和证人证实的活动轨迹是否重合，是否有足够证据证明具备作案的时间条件；可以直观地发现侦查人员在侦查破案时，侦查行为是否违反侦查的基本程序等。逐步完善数轴内容，构建多种形式的数轴分析图，可以更加直观、全面地体现案件证据情况，案件事实是否清楚、证据是否确实充分等情况，为辩护工作提供最直观的表达方式，有利于说服法官、检察官，实现有效辩护。

第 5 章

律师会见辩护技巧

第一节 会见前准备工作

辩护律师会见犯罪嫌疑人、被告人是整个辩护过程中非常重要的工作,既是辩护工作的起点,又是有效辩护信息的来源。犯罪嫌疑人、被告人是案件的直接当事人,对案件的事实最清楚、最了解。既然律师会见犯罪嫌疑人、被告人对有效辩护非常重要,辩护律师如何有效会见犯罪嫌疑人、被告人,则成为刑事辩护律师的重要工作内容。

一、会见前准备工作的重要性

作为一名刑事辩护的专业辩护律师,或者专职从事某一类罪名辩护的律师,都需要做好会见前的准备工作。笔者认为,律师接受委托担任辩护律师,无论是否为专业辩护律师,都应当做好会见前的准备工作。

1. 会见前做好准备工作有利于顺利办理会见手续

通常情况下,辩护律师会见犯罪嫌疑人、被告人是在看守所的律师会见室会见,需要通过看守所接待警官办理会见手续方可。辩护律师会见前,需要准备好会见所需要的法律文书,即律师会见犯罪嫌疑人、被告人专用介绍信原件、委托人签字授权委托书原件、律师证原件及复印件、亲属关系证明。会见专用介绍信项目应当填写完整，如文书编号、致看守所名称、委托律师名字、会见犯罪嫌疑人或被告人姓名、涉嫌罪名、出具日期等信息。此外，有的看守所要求辩护律师在介绍信上标注：辩护律师的联系电话、办公地址、律师执业证号、公民身份证号等信息。上述信息是否填写齐全，直接影响在看守所办理手续的时间。有的辩护律师因为漏写，遇到态度不友好或心情郁闷的警官，可能还会受到指责或批评。从另外一个方面看，若当事人得知律师来看守所会见，辩护律师什么都不知道或不明白，很容易降低当事人对律师的信任程度。辩护律师在会见前，应当做好充分准备工作，这也是树立律师良好形象的重要时机。

2. 会见前做好准备工作可以有效利用时间

辩护律师会见前应当了解如下信息：会见的犯罪嫌疑人、被告人羁押在何看守所；该看守所有何特殊要求；看守所是否可以预约会见；犯罪嫌疑人、被告人是否有同案犯；同案犯是否聘请律师等信息。辩护律师了解这些信息后，可以合理安排会见时间，确保到看守所可以正常会见到犯罪嫌疑人、被告人。从时间上，可以有效节省辩护律师等待会见时间；从工作效率上，可以提高工作效率；从当事人感观上，可以体现辩护律师工作有条有理，增加当事人对律师的信任程度。

3. 会见前做好准备工作有利于在会见中抓住重点

辩护律师会见前应当做好如下资料的收集工作：案情基础信息（包括犯罪嫌疑人、被告人参与违法犯罪的基本情况），与案件有关的法律、法规、司法解释的具体条文，与案件有关的司法判例，审判法院类似案例等信息。这样，辩护律师在会见中，才可以有针对性地提出问题，抓住会见谈话的重点内容，尽快掌握犯罪嫌疑人、被告人参与违法犯罪的程度，帮助犯罪嫌疑人、被告人相对准确地分析判断涉及事实的性质、法律责任、处罚结果等，充分利用有限的会见时间实现会见目的。

二、会见前的准备工作

全国各地市县及部分市辖区均设有看守所，目前各地看守所对律师会见规定和需要提交的会见手续各有不同，但总体上是一致的。律师会见前做好准备工作有利于顺利会见犯罪嫌疑人、被告人。刑事辩护律师应当在会见前做好以下几项准备工作：

(1) 律师会见法律手续。包括律师会见犯罪嫌疑人、被告人专用介绍信、委托书、律师证原件及复印件、亲属关系证明。其中委托书至少应当准备 5 份以上,主要用于后续的会见、提交侦查机关、检察机关、审判机关时使用。

(2) 律师会见时可能用到的法律、法规和司法解释的具体条文及有关案例。

(3) 律师会见使用的纸和笔。包括会见笔录纸、记录纸、A4 空白纸等。A4 空白纸主要用于犯罪嫌疑人、被告人提出控告、申诉时,让其自己书写控告、申诉内容或事项。律师会见记录纸建议使用律所统一制式会见笔录用纸及记录中性笔。

(4) 印泥。主要用于犯罪嫌疑人、被告人在委托书和会见笔录签名确认后,再捺指印时使用。

第二节 律师会见重点内容

辩护律师会见犯罪嫌疑人、被告人的目的是了解案件情况。在会见时,辩护律师应当让犯罪嫌疑人或被告人自行叙述案件事实,通过其叙述,了解其是否为该案作案人或参与人、行为是否构成犯罪、涉嫌什么罪名等。若是犯罪嫌疑人或被告人认为自己无罪,应当重点询问无罪理由是什么、是否存在确实无罪情形、是否有证据证明无罪等。有人会说,证明有罪无罪是侦查机关的事情,犯罪嫌疑人或被告人等侦查机关调查结果即可,侦查机关不会冤枉任何人。笔者认为,任何一个人一旦被侦查机关采取刑事强制措施,就可能面临刑事处罚。依据《刑事诉讼法》的规定,犯罪嫌疑人或被告人没有义务证明自己有罪,但不等于没有权利证明自己无罪。辩护律师会见犯罪嫌疑人、被告人是辩护工作的重要一环,是获得有利辩护观点的重要来源,把握好会见的关键环节更加重要。

一、辩护律师首次会见程序和重点工作内容

首次会见犯罪嫌疑人或被告人非常重要,辩护律师应当做好充分准备,这是犯罪嫌疑人、被告人决定是否聘请律师作为自己辩护人的关键一步。若犯罪嫌疑人、被告人通过律师的会见,不认可或不信任律师,会当场解除委托或决定不聘请律师辩护。任何一位辩护律师都不希望首次会见时,发生犯罪嫌疑人、被告

人不信任或决定不聘请律师的情形。根据笔者多年的侦查和刑事辩护经验,建议首次会见参照如下程序操作。

(1) 在简短时间内向犯罪嫌疑人、被告人介绍家属委托律师的过程,律师或律师事务所与委托人关系。目的是增加犯罪嫌疑人、被告人的信任感。

(2) 律师需要介绍自己所在律师事务所的主要业务、专长业务,律师本人的基本情况和曾经承办的案例。目的是让犯罪嫌疑人、被告人了解律师事务所及律师本人情况,进一步增加信任感。

(3) 通过以上两步,律师与犯罪嫌疑人、被告人将建立起一定的信任,此时再询问是否同意律师作为他的辩护人,会更顺理成章地达成委托关系。有了相互的信任,律师与犯罪嫌疑人、被告人便能够更好地沟通案件情况,为下步实现辩护目的奠定基础。

(4) 犯罪嫌疑人、被告人同意律师担任其辩护人的,应当要求犯罪嫌疑人、被告人在委托书上签字确认。签字确认后,律师便成为犯罪嫌疑人、被告人合法的辩护人。若犯罪嫌疑人、被告人不同意律师担任其辩护人,应当询问理由,并在会见笔录中记录,由其签名确认,同时要求其在笔录尾部写明不同意理由,终止会见。会见结束后,应当依此与委托人或家属有理有据地沟通。

(5) 首次会见的重点工作内容如下:

① 了解犯罪嫌疑人的基本情况;

② 告知刑事诉讼程序;

③ 告知诉讼权利和义务;

④ 告知在刑事诉讼过程中应注意的法律规定;

⑤ 了解是否参与以及参与所涉嫌的案件程度;

⑥ 了解与定罪量刑有关的主要事实和情节或者无罪的辩解;

⑦ 了解被采取强制措施的程序是否合法,手续是否完备,人身权利及诉讼权利是否受到侵犯;

⑧ 侦查活动有无其他违法行为;

⑨ 讲解刑法有关定罪量刑、处罚的规定;

⑩ 提供法律咨询;

⑪ 其他需要了解的情况。

以上会见内容可能受会见时间限制,无法一次全部完成,辩护律师应当根据会见时间来判断首次应当能够谈多少内容,以防该说的没有说,该问的没有问,防止会见结束与委托人或家属沟通时,致使委托人或家属不信任,解除委托关系,造成首次出师不利。笔者认为应当首先告知犯罪嫌疑人、被告人的诉讼权利。这是关系到犯罪嫌疑人在侦查人员讯问时,如何回答、如何作出有利于自己供述的关键。其次是询问基本案情,这是委托人或家属最为关心的事实,涉案有多大,有多严重,后果是什么,直接影响委托人或家属对律师水平的判断。最后是了解犯罪嫌疑人、被告人生活情况,这是家属或委托人确认律师是否会见犯罪嫌疑人、被告人依据。其余的问题,可以通过后续会见解决。

二、每个阶段会见的重点工作内容

首次会见结束后,辩护律师应当选择在一周之后、二周之内,再次前往看守所会见犯罪嫌疑人、被告人。目的有两个:一是首次会见应当谈话没谈完的事情,继续沟通交流;二是加深犯罪嫌疑人、被告人对辩护律师的印象。通过后续会见,详细了解案件情况,了解犯罪嫌疑人、被告人的心理状态,可以充分掌握案件信息。

1. 侦查阶段会见的重点内容

侦查阶段辩护律师了解案件途径有两个:一是通过会见犯罪嫌疑人获得案件信息;二是通过向侦查机关具体办案人员了解案件信息,但仅限于涉嫌的罪名、已查明案件事实等。辩护律师此阶段更多是从犯罪嫌疑人口述中获取信息。除了首次会见内容外,辩护律师应当通过会见犯罪嫌疑人了解侦查机关的侦查意图,以确定犯罪嫌疑人到底有多少违法犯罪行为,或者侦查机关的侦查方向、目的。如何通过会见掌握侦查机关的侦查方向、目的,需要辩护律师通过长期经验积累和不断总结。笔者凭借 18 年公安侦查、预审经验和 9 年刑事辩护经验,认为关键是通过会见犯罪嫌疑人,了解侦查人员讯问了哪些问题、有哪些内容记录在讯问笔录上、有哪些问题没有记录在讯问笔录上、侦查人员在什么情况下问的、态度如何等,这些信息都可以作为辩护律师分析判断的依据。有的律师可能要问,辩护律师分析判断这些问题有何必要?对辩护工作有什么帮助?笔者认为非常有必要,非常有帮助。辩护律师通过分析判断,掌握侦查机关的侦查方向、侦查目的,及时向犯罪嫌疑人讲解法律规定,能够帮助犯罪嫌疑人充分了解法律规定,知道以后如何回答与之有关的问题、如何不被侦查人员绕进去。辩护律师这样做,不是让犯罪嫌疑人翻供或拒不承认犯罪事实,也不是为串供提供方便条件,而是告知犯罪嫌疑人法律是如何规定的。很多犯罪嫌疑人由于不懂法、不知法,在侦查机关讯问时,其本人不清楚什么是违法犯罪行为,什么是合法行为,往往受侦查讯问人员诱导而作出对自己不利的回答,继而被认定为违法犯罪。辩护律师的重要作用就是帮助犯罪嫌疑人正确认识法律规定,向犯罪嫌疑人普及法律知识。

2. 审查起诉阶段会见重点内容

审查起诉阶段,辩护律师主要工作有两项:一是检察机关阅卷,二是会见犯罪嫌疑人核实证据。一般情况,辩护律师应当在阅卷后去会见犯罪嫌疑人、被告人,且在会见前应当制作会见提纲,有针对性的询问犯罪嫌疑人、被告人。辩护律师会见前,准备的越充分,会见效果越好,可以充分体现辩护律师工作态度认真、专业,专心为犯罪嫌疑人、被告人提供辩护。审查起诉阶段律师会见的重点内容:

(1) 针对起诉意见书认定的事实和罪名,询问本人对侦查机关的指控的犯罪事实和罪名的意见,发现本人心理态度;

(2) 核实本案有关证据的真实性,征求质证意见,为拟定辩护意见提供依据;

(3) 对证据之间存在的矛盾点、疑点,由被告人作出合理解释,以解决辩护律师心中的疑问;

(4) 针对犯罪嫌疑人供述与其他证据证明不一致的事实,让犯罪嫌疑人、被告人做出合理解释;

(5) 询问犯罪嫌疑人是否能够提供证明自己无罪或罪轻的证据或证据线索;

(6) 沟通审查起诉阶段,辩护律师的辩护意见或方案。

3. 一审阶段会见的重点工作内容

审判阶段是辩护律师任务最重也最为关键的环节,最能充分体现辩护律师的专业水平和能力。审判阶段开庭会见除与被告人核对证据外,还应当做好如下工作:

(1) 告知公诉人、审判长、审判员、书记员姓名等辩护律师所能了解的情况,并询问是否申请回避;

(2) 明确被告人对自己行为的认知是否符合法律规定；

(3) 询问被告人是否对案件提出管辖异议,提出管辖异议的法定理由是什么；

(4) 告知被告人法庭审理的基本程序,每个环节重点内容是什么；

(5) 询问是否要求召开庭前会议及庭前会议主要解决的问题和注意事项；

(6) 告知被告人面对公诉人、辩护律师、审判长、审判员询问或讯问时,应当注意回答问题的方式、语速、态度、方法等；

(7) 告诉被告人本人质证的方法和注意事项；

(8) 告知被告人本人自我辩护的方式、方法和注意事项；

(9) 征求被告人意见并确定法庭上辩护律师的辩护方案或辩护观点；

(10) 告知被告人本人最后陈述的方式、方法和内容；

(11) 在收到一审判决书后,告知其应当如何阅读判决书、上诉权与上诉期限及法律后果等。

4. 一审判决上诉期内会见重点内容

辩护律师接到一审判决后,应当对法庭认定的事实、认定罪名与量刑作出一个基本判断,结合以前会见被告人对案件的态度,分析判断被告人是否上诉。辩护律师认为有可能上诉的,应当制作刑事上诉状,提出上诉理由,并且在上诉期限内前往看守所会见被告人,征求对一审判决的意见及是否上诉。被告人提出上诉的,应当询问上诉的理由、请求事项等,若与事前拟定的上诉状基本一致,则需被告人在上诉状上签名、捺指印,然后由辩护律师提交一审法院承办法官。

辩护律师提出的上诉理由与被告人上诉理由不一致时,应当详细询问理由、依据,讲解辩护律师提出上诉的理由、目的、可行性等。若被告人同意,则让其签字确认；被告人仍然不同意的,建议使用一张白纸让其自己书写,由辩护律师提交,或者告知其可向看守所提出自行书写,通过看守所提交上诉状。

5. 二审阶段会见被告人的重点工作内容

辩护律师无论是否为被告人一审的辩护律师,在二审期间都应当将该案以一个新案件来对待,从一个新视角审视案件一审判决结果。二审会见应当重点了解被告人对一审判决的什么内容不服。对认定的事实还是对认定的罪名不服？对量刑不服还是认为量刑过重？对认定事实的证据有疑问？对一审审理程序是否有异议？是否认为对应当具备的从轻、减轻处罚情节未认定？等等。这些都要通过辩护律师的会见来予以确认,从而为二审有效辩护提供基础。同时辩护律师应当告知被告人二审什么情况下开庭审理,什么情况书面审理等法律规定。一旦书面审理,应当告知被告人如何在法官提讯时实现自我辩护,以及辩护律师会如何辩护等,争取最理想的结果。

此阶段通过会见,辩护律师应当与被告人建立目标基本一致的二审辩护思路,从而实现有效辩护。

6. 再审阶段会见被告人的重点内容

辩护律师会见再审被告人,应当与二审会见内容基本一致。唯一区别是,此阶段会见是围绕一、二审判决最终认定的事实、适用的法律进行。同时,会见前也应当再研究原审依据的证据,这样才能做到有效会见、解决辩护律师的疑问、解决再审被告人关注的问题。唯有如此,辩护律师才能开展有效辩护,实现辩护目的或当事人再审目的。

第三节 律师会见谈话技巧

律师会见是指辩护律师依据《刑事诉讼法》的规定,以言词的方式,同犯罪嫌疑人、被告人谈话,并通过谈话了解犯罪嫌疑人、被告人涉嫌的犯罪事实、罪名及案件有关情况,听取犯罪嫌疑人或者被告人对所指控的犯罪事实和涉嫌罪名的意见和辩解理由,从而掌握犯罪嫌疑人、被告人涉嫌违法犯罪的情况,及时为犯罪嫌疑人、被告人提供法律帮助和核对案件证据,以全面了解案件情况,更好地实现为犯罪嫌疑人、被告人辩护的一种活动。

一、律师会见谈话的意义

会见犯罪嫌疑人或者被告人,是刑事辩护律师的一项基本功,也是为犯罪嫌疑人、被告人进行有效辩护必须进行的一项重要工作,是律师参与刑事诉讼、依法行使辩护权的重要工作。律师会见与侦查人员讯问不尽相同。《刑事诉讼法》之所以规定律师有会见犯罪嫌疑人、被告人的权利,其目的是保障犯罪嫌疑人、被告人的诉讼权利,体现的是宪法保障人权制度。同时,《中华人民共和国律师法》(以下简称《律师法》)也将辩护律师会见犯罪嫌疑人、被告人作为律师的一项

权利加以规定,证明会见犯罪嫌疑人、被告人是辩护律师依法履行职责的一项权利。律师会见主要有以下几方面的意义:

(1) 律师会见谈话是为了了解犯罪嫌疑人、被告人涉嫌罪名、涉案情况,提供法律帮助;

(2) 律师会见是为了实现有效辩护,是全面掌握案件情况必须开展的一项重要工作;

(3) 律师会见谈话是为了获得更多的有利于辩护的信息,发现犯罪嫌疑人、被告人无罪、罪轻情节;

(4) 律师会见谈话是为了核对侦查机关获得的有罪证据的真实性、关联性;

(5) 律师会见谈话是为了拟定辩护方案、辩护思路,便于双方达成一致意见,更好为法庭辩护做好准备;

(6) 律师会见谈话是为保障犯罪嫌疑人、被告人刑事诉讼权利。

二、律师会见谈话技巧

律师会见在不同阶段,会见谈话的内容也不相同,谈话的方式也不相同。结合公安预审审讯和刑事辩护经验,笔者认为,辩护律师在会见犯罪嫌疑人、被告人时,应当在不同阶段采用不同的询问方法,以期获得有效的会见谈话成果。

1. 注意谈话的方式

对侦查人员来说,审讯犯罪嫌疑人更多时候是一种严肃、审问的方式,而辩护律师是受犯罪嫌疑人或其亲属委托而担任其辩护人,代表的是私权利,是为了帮助犯罪嫌疑人获得无罪或罪轻结果,与侦查机关的目的有严格区别。因此,辩护律师在会见时,一定要做到语气平和,态度诚恳,让犯罪嫌疑人、被告人充分感觉到是在帮助他减轻罪责。笔者曾在北京市朝阳区看守所遇见一位律师会见一名涉嫌盗窃的犯罪嫌疑人或被告人。在会见室里,该律师会见谈话语气、态度堪比侦查人员的审讯工作,说话语气、声音非常之居高临下,让人感觉不是来帮助犯罪嫌疑人、被告人,而是来审讯的。这种情况下,犯罪嫌疑人、被告人不会把辩护律师当成朋友、当成是来帮助他的人,也不会实话实说;遇到爱挑事的,还有可能让辩护律师在法庭上出洋相,弄得律师颜面尽失。虽然这是一个极端的例子,但也能反映出律师会见犯罪嫌疑人、被告人时,谈话的语气、态度等非常重要。

2. 会见谈话的步骤

侦查人员审讯前,一定要研究、熟悉案情,分析犯罪嫌疑人的特点,确定审讯方案,从而获得犯罪嫌疑人的口供。辩护律师则完全不同,对于犯罪嫌疑人、被告人有什么特点、长什么样、是什么性格等完全不知,充其量也只能从委托人或家属处稍有一些了解。有效实现会见目的,应当成为刑事辩护律师的基本功。笔者建议按下列步骤展开谈话内容。

首先,律师在会见犯罪嫌疑人、被告人时,除介绍律所及律师情况聘请律师过程等外,应当让犯罪嫌疑人自己陈述存在哪些违法犯罪事实,然后再针对具体的违法犯罪事实细节问题进行有针对性的询问,即先谈违法犯罪事实或涉案事实,再谈案件或事件的一些具体细节问题。

其次,在侦查阶段,辩护律师看不到侦查卷宗,有什么证据也不清楚,如何判断侦查机关查清了哪些事实、还有哪些事实没有查清、下步的侦查方向是什么,这也是辩护律师应当了解和考虑的问题。这就需要辩护律师具有丰富的经验,如询问侦查人员审讯时,还问过哪些事项,哪些事项问了但没有记入审讯笔录等,这可以帮助分析判断侦查机关的侦查方向,以便为犯罪嫌疑人讲解法律规定。

再次,在审查起诉和审判阶段,辩护律师已查阅、复制、摘抄案件卷宗,甚至已清楚指控的犯罪事实和涉嫌罪名。在阅卷基础上,辩护律师应当有针对性地询问案件情况,查找辩护的突破口。

最后,每次会见犯罪嫌疑人、被告人都应当有不同目的和工作内容,应当分清轻重缓急,事前应当考虑谈话的内容顺序,会见时按步骤进行。这样可以充分让犯罪嫌疑人、被告人看到自己聘请的辩护律师的专业、专心、尽心、尽责,工作细致,以增强信任。

3. 会见谈话结束前工作

辩护律师会见结束前,应当对当天谈话内容进行小结,回顾一下谈话主要内容是什么、目的是什么;至下次会见前,应当做哪些工作或考虑哪些问题,以便下次会见时明确谈话内容及目的。这样可以让犯罪嫌疑人、被告人看到辩护律师工作安排得有条理,有次序,增强犯罪嫌疑人、被告人对辩护律师认可。

三、律师会见谈话笔录制作

律师会见谈话笔录是指辩护律师在会见犯罪嫌疑人、被告人时,用于记载辩护律师与犯罪嫌疑人、被告人谈话内容的工作记录。该笔录记录方式与侦查机关讯问或询问笔录相似,但又有所不同。目前,笔者没有看到律协制定过统一的律师会见谈话笔录形式,各个律所或律师记录谈话笔录的方式不尽相同,有规范的、有随意的,还有不记笔录的。

1. 律师会见谈话笔录用纸

笔者建议使用带有横格的 A4 纸,最好带有律师事务所标志或标识。这样有利于在犯罪嫌疑人、被告人内心树立律所管理规范的印象,增加犯罪嫌疑人、被告人对律师的好感。

2. 律师会见笔录样式

建议参照侦查机关讯问或询问笔录的格式,设计统一的律师会见谈话笔录格式。笔者所在律所设计了首次律师会见笔录和第二次及之后会见笔录格式。之所以区分首次与第二次格式,主要是考虑到律师会见主要目的是了解案件事实,核对证据,该笔录不具有证据效力,仅做律师掌握案件情况和工作情况的依据。这样设计的目的是有效利用会见的时间,减少会见时的书写字数,提高会见效率。

示例 5-1

刑事辩护律师首次会见犯罪嫌疑人笔录式样

会见笔录(第 1 次)

谈话时间:____年__月__日__时__分至__时__分
谈话地点:_____ 谈话人:_____
被告人(犯罪嫌疑人)姓名:_____ 性别:____ 出生日期:_____ 民族:____
文化程度:_____ 职业:_____ 身份证号:_____
住址或单位:_____
拘留时间:_____ 逮捕时间:_____ 涉嫌罪名:_____
问:我们是北京广森律师事务所律师_____、_____,受你亲属_____委托,为你提供辩护,你是否同意本律师担任你的辩护律师?

答:_____

问: 现依法向你进行了解有关情况,希望您如实回答问题:

答:_____

问: 告知你一下诉讼程序。《刑事诉讼法》规定的刑事诉讼机关及程序是:侦查机关负责立案、报捕、预审、移送起诉,这环节时间一般在2至3个月,即拘留最长为30日,捕后侦查羁押2个月,特殊情况下,可以提请延长羁押期限时间(最长可延长5个月);检察机关负责审查起诉,检察机关应当在一个月以内作出决定,重大、复杂的案件,可以延长半个月,检察机关最多可以退补侦查2次,每次退补侦查期限为1个月,检察机关自重新接受案卷重新计算审查起诉期限;审判机关负责审判,一审法院受理后二个月以内宣判,至迟不得超过三个月,对于可能判处死刑的案件或者附带民事诉讼的案件,以及有《刑事诉讼法》第156条规定情形之一的,经上一级人民法院批准,可以延长三个月;第二审人民法院受理上诉、抗诉案件,应当在二个月以内审结。对于可能判处死刑的案件或者附带民事诉讼的案件,以及《刑事诉讼法》第156条规定情形之一的,经省、自治区、直辖市高级人民法院批准或者决定,可以延长2个月。刑事诉讼是一个漫长的过程,这一点你要有心理准备并且在羁押期间要遵守监管规定,你听明白没有?(主要是告知刑事诉讼期限规定,让当事人对案件定性结果和期限有心理准备)

答:_____

问: 下面告知你诉讼权利及相关规定:①犯罪嫌疑人自被侦查机关第一次讯问或者采取强制措施之日起,有权委托辩护律师;在侦查期间,只能委托律师作为辩护律师。被告人有权随时委托辩护律师。②审判人员、检察人员、侦查人员是本案的当事人或者是当事人的近亲属的;本人或者他的近亲属和本案有利害关系的;担任过本案的证人、鉴定人、辩护律师、诉讼代理人的;与本案当事人有其他关系,可能影响公正处理案件的,有权要求他们回避。对驳回申请回避的决定,可以申请复议一次。③讯问犯罪嫌疑人必须由人民检察院或者公安机关的侦查人员负责进行。讯问的时候,侦查人员不得少于2人。犯罪嫌疑人被送交看守所羁押以后,侦查人员对其进行讯问,应当在看守所内进行。④讯问笔录应当交犯罪嫌疑人核对,对于没有阅读能力的,应当向他宣读。如果记载有遗漏或者差错,犯罪嫌疑人可以提出补充或者改正。犯罪嫌疑人承认笔录没有错误后,应当签名或者盖章。犯罪嫌疑人请求自行书写供述的,应当准许。⑤ 被告人有权获得辩护,人民法院有义务保证被告人获得辩护。⑥ 对于审判人员、检察人员和侦查人员侵犯公民诉讼权利和人身侮辱的行为,有权提出控告。⑦ 审判人员、检察人员、侦查人员必须依照法定程序,收集能够证实犯罪嫌疑人、被告人有罪或者无罪、犯罪情节轻重的各种证据。严禁刑讯逼供和以威胁、引诱、欺骗以及其他非法方法搜集证据,不得强迫任何人证实自己有罪。⑧ 对于不满18岁的未成年人犯罪的案件,在讯问和审判时,可以通知犯罪嫌疑人、被告人的法定代理人到场。⑨ 在审判过程中,被告人可以拒绝辩护律师继续为他辩护,也可以另行委托辩护律师辩护。⑩ 对一切案件的判处都要重证据,重调查研究,不轻信口供。只有被告人供述,没有其他证据的,不能认定被告人有罪和处以刑罚;没有被告人供述,证据确实、充分的,可以认定被告人有罪和处以刑罚。上述内容是否听清楚并完全理解?(主要是告知当事人具有哪些权利义务,法律是怎么规定的)

答:_____

问:侦查期间,你的所有供述是否是真实的?

答:_____

问:侦查机关侦查人员主要讯问什么事项?你是如何回答的?

答:_____

示例 5-2

刑事辩护律师第二次起会见犯罪嫌疑人笔录式样

律师会见笔录(第____次)

谈话时间:____年__月__日__时__分至__时__分
谈话地点:_____ 谈话人:_____
被告人(犯罪嫌疑人)姓名_____
问:_____
答:_____

3. 律师会见笔录记录方式

律师会见犯罪嫌疑人、被告人时,如何记录,应当根据每位律师习惯和所在看守所规定而定。笔者建议一般情况下,若看守所允许,可以携带电脑和便携式打印机,使用电脑记录,并直接打印,然后交由犯罪嫌疑人、被告人核对记录是否正确,并签字确认。这样便于犯罪嫌疑人、被告人阅读或其他承办律师阅读,也体现了律师电脑化办公。但目前部分看守所不允许律师携带电脑会见犯罪嫌疑人、被告人,则只能手写记录,记载完毕后,由犯罪嫌疑人、被告人阅读核对记录是否正确。

4. 律师会见笔录记录的内容

律师会见犯罪嫌疑人的主要目的是了解案件情况、参与程度、违法犯罪动机、作案情况、犯罪结果等。这是辩护律师最应关心、掌握的信息,也是辩护的基础材料来源之一,律师会见笔录应当重点记录这些与案件有关的信息。对于与案件无关的内容,笔者不建议记录在律师会见谈话笔录之中,如代表家属的问候性语言,犯罪嫌疑人、被告人要求家属帮助存款、送衣物等。为防止会见结束后,忘记如要求存款、送衣物等,可以另行记录在一张纸上,口述通知家属。

5. 律师会见笔录查阅

律师制作的犯罪嫌疑人、被告人会见谈话笔录,什么人可查阅,什么人不可以查阅,目前法律没有明确规定。基于当前司法实践,笔者建议:一是绝对不能让委托人或犯罪嫌疑人、被告人家属查阅,以防止发生串供、泄露案件秘密等情况,导致辩护律师承担责任;二是绝对不能让同案犯及其辩护律师查阅,防止发生串供;三是绝对不能让辩护律师及协助办理该案助理以外的其他人查阅,除非是为研究案件性质、辩护意见,征求专家、学者意见等。

第四节 律师核对证据的方法

辩护律师与被告人核对证据是实现有效辩护的前提。辩护律师不是案件的当事人,对案件发生的真实情况没有亲身经历,而被告人则是案件发生的亲历者,对案件情况熟知,与被告人核对证据或核实证据非常重要。通过什么样的方法与被告人核对证据,达到既可以保护自己,不至于发生串供、诱导翻供,又可以实现辩护目的,是每个刑事辩护律师都感到非常头痛的问题,稍有不慎就可能被公、检、法等机关追究刑事责任,这样既给自己带来了不必要的麻烦,也给被告人带来必须重新寻找辩护律师的损失。如何有效、合理地与被告人核对证据,如何降低辩护律师的执业危险性,是每一个刑事辩护律师都在考虑的问题。为了保证自身安全,有的律师从来不与被告人核对证据,有的律师仅粗线条地与被告人简单叙述一下案件的证据,有的律师仅挑选关键的证据与被告人进行核对。笔者认为这些都是不正确的,也不能在法庭上实现有效质证,从而实现有效辩护。

刑事辩护律师与被告人核对证据的目的是确认证据的真实性,确认证据所反映的事件是否是客观真实的。有些证据反映的事件情况,辩护律师不能通过常理、法理、法律规定确认其是否客观真实,须通过核对才能确认。笔者认为与被告人核对证据主要是核对证据的真实性、关联性;证据是否具有合法性,是律师通过掌握的法律知识来判断的。

一、核对证据真实性的方法

案件进入审查起诉阶段,刑事辩护律师可以到受理案件的检察机关查阅、摘抄、复制与案件有关的材料,包括程序性法律文书、鉴定类法律文书及案件证据等全部案件材料。在充分阅卷的基础上,辩护律师应当去看守所会见被告人,目的只有一个,即核对案件的证据。笔者根据从事侦查、预审和刑事辩护的经验,认为在审查起诉阶段,会见被告人核对证据是一项重要工作。辩护律师核实证据应当以核实证据的真实性为主,主要方法如下:

1. 核实被告人供述与辩解的方法

重点询问侦查机关讯问笔录记载内容与辩护律师当面听其陈述的事实之间产生差异的原因,为什么会有差异,具体真实情况是什么,有什么证据可以印证被告人当面向辩护律师陈述的事实是真实的,是否有合法证据可以推翻原有罪供述。

2. 核实被害人陈述的方法

核实被害人陈述,应当通过辩护律师的陈述证明事项来核对事实。与被害人核对事实,重点核对被害人的陈述与客观事实是否相符。如果有不符合的事实,应分析差异是什么,为什么会这样;该陈述事实有足够的证据证明与客观事实相符,则应当问被告人为什么。从中可以看出,被告人是否如实向辩护律师叙说事实,也从另外一个角度增加辩护律师对被告人供述的事实确信。若被告人提出有相反的证据予以证明,应问清楚是什么证据,在何处保存?这时,辩护律师应当建议被告人提供证明自己的供述是客观真实的现有证据,提交视听资料等客观证据反驳控方认定的事实等。法庭一般不会采信可信度低的证人证言。

3. 核实证人证言的方法

核实证人证言,仍然采用辩护律师陈述、证人证实事实的方法,这样可以减少不必要的麻烦,也会提高会见效率。通篇宣读或让被告人自己查看的方法,既浪费时间,又可能给辩护律师带来不必要的麻烦。核实的重点是通过叙述证人证实的事项是什么,是怎么证实的,与被告人供述是否一致;询问被告人证人证言是否符合客观真实,与实际发生的事实是否一致,什么地方不一致,理由是什么,是否有证据反驳该证言;对被告人不利的证言是否有证据可以推翻;证人与被害人、被告人是什么关系,是否有矛盾,是否认识等,从中判断证人证言真实性。这需要辩护律师通过长期辩护工作来积累经验。

4. 核实书证、物证的方法

书证、物证是原始证据,辩护律师应当重点询问书证、物证原来是否存在,存在什么地方,由谁保管;是怎么形成的;书证、物证的内容是否真实。假设被告人对书证、物证内容记忆不清,或回忆不起来,笔者认为可以在会见时向其出示,由其自己查看,以确认书证、物证的效力,为质证提供基础。

5. 核实勘验、检查、辨认、侦查实验等笔录的方法

辩护律师核实此类证据时,应当重点询问被告人该笔录记载的内容,尤其是事实和过程,是否符合实际情况,实际过程是什么。通过被告人叙述来审查是否有不一致之处,原因是什么等。如辨认笔录,记载的辨认过程与实际辨认过程是否一致,差异在什么地方,对该笔录合法性是否有影响,对认定事实是否有影响;假设是其他证人形成的辨认笔录,则需要询问是否接触过此证人,该证人体貌特征是什么等。

6. 核实鉴定意见的方法

辩护律师核实鉴定意见,应当向被告人叙述检验对象、检验过程、鉴定意见结论,询问被告人对该鉴定意见有何意见;若提出该鉴定存在程序或实体问题,应当询问理由、依据,结论是否符合客观事实等。

7. 核实视听资料、电子数据等证据方法

辩护律师核实此类证据时,应当在会见前认真查看该类证据,并做好相关情节、内容记录。此类证据容量相对比较大,现场播放也不现实,辩护律师应当进行事前审查,摘录关键内容进行核实,重点询问证据的内容是否客观真实、是否有异议,是怎么认识的等。如果被告人拒不供认犯罪,针对视频录像,此时辩护律师应当询问:你为什么出现在现场,是去现场做什么的,有什么人可以证明等。

二、核实证据关联性的方法

与被告人核实证据的关联性,主要是核实该证据与指控的案件事实是否具有关联性。由于被告人是案件亲身经历者,辩护律师应当与被告人核实其在案发时,接触过什么人,办理过什么事,形成什么文书等,证人当时是否出现在现场,或证人出现地点与被告人行踪是否有关联等。

三、核实证据的范围

依据《刑事诉讼法》和《律师法》的规定,刑事案件的证据形成有两种:一种是侦查机关在侦查期间获取的证据;一种是辩护律师在辩护过程中,依法调查取得的证据。这两种证据都是关系到被告人切身利益的证据。所以,辩护律师核实的证据应当包括侦查机关获得的证据和辩护律师调查的证据。无论通过何种方式获得的证据,都应当按核实证据方法与被告人进行核实,这样才能做到质证有准备,质证有依据,质证有效果。

第五节 律师会见的注意事项

辩护律师会见犯罪嫌疑人、被告人,一般情况下是在看守所律师会见室或讯问室会见。看守所是限制犯罪嫌疑人、被告人人身自由的地方,犯罪嫌疑人、被告人见到辩护律师如同见到亲人一般,加之平时在看守所内说话机会很少,或者有吸烟等爱好,犯罪嫌疑人、被告人可能会提出各种不合理要求,如借用手机与亲属通个电话、索要烟解闷、让辩护律师给某个人传递口信、捎个纸条等。这些事由基本与案件情况无任何关联性,辩护律师应当以委婉口气拒绝之。因为这些要求可能给律师带来牢狱之灾,所以辩护律师在会见犯罪嫌疑人、被告人时,应当注意自己的言行,保持在合法合理范围内,以保证自身安全。

一、会见犯罪嫌疑人、被告人严格禁止的行为

每个看守所、监狱等羁押场所都会在接待室、会见室张贴律师会见规定,笔者建议每个辩护律师会见时,最好详细阅读并牢记。

1. 禁止私自在犯罪嫌疑人、被告人与亲属之间传递非正常口信

辩护律师会见时给犯罪嫌疑人、被告人传递一些家属情况,如父母身体状况、家庭生活情况、孩子情况等,这是人之常情,也有利于稳定犯罪嫌疑人、被告人羁押期间情绪,从监管角度看,也是在变相帮助监管场所管理犯罪嫌疑人、被告人。传递一些非正常口信,则有可能造成非常严重的后果,甚至辩护律师可能被追究刑事责任。如:本所辩护律师姜××在为涉嫌非法拘禁案的某被告人辩护期间,其家属编制一条短信,要求辩护律师在会见被告人时向其宣读,内容为:"二舅让变卖的鸡蛋,已让李三拉走,价格还可以,请您放心。"该律师感觉短信内容不正常。笔者建议这种情况下直接回绝家属,说明其认为该短信有串供嫌疑或传递非法信息的可能。像这样的情况,笔者也遇到过。在为一起涉黑犯罪被告人辩护期间,被告人的爱人希望笔者转告被告人"二舅女儿的孩子离开北京了,回家发展,一切都好,不要惦记"。从表面上看,这是一句极其简单的告知亲属情况的话语,但作为从事了 20 多年侦查和辩护工作的律师,感觉此句话有可能是传递一定信息,也可能是告知该被告人涉案的某某人已安全到家或没有被公安机关抓获。假设真是这种情况,一旦侦查机关查获此事后,发现是通过辩护律师口信的方式传递给被告人的,则其可能涉嫌帮助被告人传递口供。笔者为慎重起见,在会见时,首先询问其是否有舅、有几个舅、是否有女儿、都是做什么的、在什么地方工作。通过这些问题询问,笔者初步掌握其只有一个舅舅,并且没有女儿。这时,笔者坚定地认定家属所谓报平安的口信,实为向被告人传递一定的信息,并且不想让辩护律师知道。因此,辩护律师在会见时,一定要分清什么口信能传,什么口信不能传。

2. 禁止私自为犯罪嫌疑人、被告人传递物品(包括食物、烟)

犯罪嫌疑人、被告人被羁押后,看守所均允许家属送衣物、存钱,在押的犯罪嫌疑人、被告人均可以通过家属存的钱在里面购买生活用品和食品。辩护律师

没有必要私自为犯罪嫌疑人、被告人捎带物品或食物。若羁押地点与家属居住地较远,经济条件所限,其家属不能亲自去,想委托辩护律师在去会见时捎带衣物、钱时,笔者认为这也是人之常情,应当帮助家属解决一些困难。这种情况下,笔者建议通过看守所正常接收衣物渠道为其送衣物、钱,这样即使出现问题,也是看守所检查不严或没有发现造成,与律师无关。看守所是不接收食物的,所以辩护律师一定不要为其送食物。有的家属要求在会见时,给犯罪嫌疑人、被告人食物,建议直接回绝,因为你不知道家属购买的食物是否有毒,是否会使犯罪嫌疑人、被告人死亡、发生疾病等;即使律师不放心,也不能自己去购买食物给犯罪嫌疑人、被告人吃,这不是辩护律师依法应尽的义务,也是看守所管理法规所不允许的,且犯罪嫌疑人、被告人吃了律师提供的食物,是否会产生其他反应无法判断,容易导致律师被追责。香烟对羁押人员来说是违禁品,是绝对不能接触和吸食的。限制香烟的主要原因是防止监管场所发生火灾,影响羁押场所安全,影响在押人员的生命安全。同时,从国家禁烟的法律规定来看,辩护律师会见场所也属于公共场所,应当禁烟,辩护律师也不能吸烟。所以,辩护律师一定不要为犯罪嫌疑人、被告人提供香烟等违禁品。

3. 禁止为犯罪嫌疑人、被告人传递信函

依据《刑事诉讼法》的规定,辩护律师可以同在押人员会见和通信。既然法律规定辩护律师可以与犯罪嫌疑人、被告人通信,那么,为犯罪嫌疑人、被告人传递信函是否就合法呢?答案是不合法。辩护律师的通信权仅限于律师与犯罪嫌疑人、被告人之间,不包括犯罪嫌疑人、被告人与家属之间。律师的通信仅限于与案件有关的问题,与案件无关的问题,看守所是不会转交给本人的。看守所不转交本人,律师在会见时直接交给犯罪嫌疑人、被告人,这样是否符合律师可以通信的规定呢?非也,律师会见仅限于同犯罪嫌疑人、被告人沟通交流案件。同时,依据当前一些看守所管理规定,在押的犯罪嫌疑人、被告人可以同家属通信,家属也可以给在押的犯罪嫌疑人、被告人写信,但信的内容仅限于家务事,不能有串供之语。基于当前司法实践,笔者建议,如果家属让辩护律师传递信函,最好不要捎带,若为维护与委托人之间的关系,可收取后将信中内容牢记心中或另行记录在纸上,整理成几个事项,以委婉的方法通过语言表述,告诉犯罪嫌疑人、被告人。当然,辩护律师此时也要审查内容是否有串供内容或串供嫌疑。

4. 禁止将通信工具借给犯罪嫌疑人、被告人使用

通信工具是辩护律师工作、生活经常使用的个人物品,有权决定借与他人,也有权不借与他人。依据现行法律规定,犯罪嫌疑人、被告人在看守所羁押期间,是不允许其与外界通话的。这实质是防止在押的犯罪嫌疑人、被告人一旦私自与外界联系,可能造成串供、指使他人毁灭证据或伪造对自己有利的证据等情况发生,以免给侦查、审查、审判工作带来一定阻力或困难。辩护律师不能因犯罪嫌疑人、被告人有此要求,为了生存不顾法律规定,而让其使用通信工具,一旦产生后果,其严重程度是难以想象的。为此,笔者建议绝对不能将通信工具借给犯罪嫌疑人、被告人使用。

5. 禁止为犯罪嫌疑人、被告人捎带纸条

纸条与信函性质基本差不多,在此不再重复叙述。辩护律师要注意,纸条虽小,但其影响或危害不比信函小,一张小小的纸条,可以让辩护律师失去执业权利,甚至招来牢狱之灾。

6. 禁止为犯罪嫌疑人、被告人毁灭、伪造、变造证据提供方便条件

犯罪嫌疑人、被告人被羁押后,多数犯罪嫌疑人、被告人或家属会通过各种方法、各种渠道,想尽一切方法将人从看守所弄出来,尤其在中国这样一个人情社会。现实中通过各种非正常手段将人从看守所弄出来的比比皆是,辩护律师是犯罪嫌疑人、被告人与家属、关系人之间沟通的桥梁,在不知不觉中就有可能卷入其中。辩护律师一定要时刻保持清醒头脑,审时度势,什么该做、什么不该做,一定要分清,毕竟保证自身安全最重要,也只有自身安全时才能谈维护他人合法权益。例如:某辩护律师为一个强奸案犯罪嫌疑人辩护,本来被害人已向公安机关供认其强奸,家属通过各种手段,想迫使被害人翻供,供认为通奸,因为通奸是不构成犯罪的。此时家属就会问辩护律师如何做才能无罪,或怎么做才能迫使被害人改变原来的陈述等,如果辩护律师告诉其怎么办,就涉嫌串供或伪造证据;再或者家属通过其他方法迫使被害人改变强奸为通奸的陈述,然后让辩护律师在会见时,一定要告知犯罪嫌疑人、被告人这个信息,形成内外共同努力,这样就可以从看守所走出来。此时的辩护律师就是充当串供、伪造证据的角色。此两种情况,辩护律师都已走上犯罪的道路。

7. 禁止向犯罪嫌疑人、被告人提供检举揭发犯罪线索

犯罪嫌疑人、被告人揭发检举线索,一旦查实,将会被认定为立功或重大立

功,在刑事处罚时得到从轻或减轻处罚。这是非常有效的从轻处罚手段。依据《刑法》的规定,揭发检举线索应当来自于犯罪嫌疑人、被告人自身,而不是任何线索都可以计算在犯罪嫌疑人、被告人身上。有些家属就想通过辩护律师将自己知道的一些案件线索告诉犯罪嫌疑人、被告人,让其在看守所向侦查人员提出。辩护律师做了此项工作,相当于帮助犯罪嫌疑人、被告人伪造从轻、减轻处罚的证据,参与通风报信,涉嫌帮助伪造证据。所以,辩护律师一定不要向犯罪嫌疑人、被告人提供揭发检举线索。

二、辩护律师会见犯罪嫌疑人、被告人时应做到六个细心

辩护律师会见犯罪嫌疑人、被告人时,应当注意观察犯罪嫌疑人、被告人的言行,为会见获取更多信息提供依据。为此,笔者结合自己18年公安侦查、预审和9年辩护会见经验,提出会见应当做到"六个细心"。

1. 细心观察犯罪嫌疑人、被告人着装

重点查看服装是否整洁,是否规整。有的律师要问,犯罪嫌疑人、被告人在看守所穿的基本上都是号服,有什么可以观察的?再说,律师会见是来谈案件的,不是来观察他穿什么衣服的。这里观察犯罪嫌疑人、被告人衣服有两层含义:一层含义是通过观察他的衣服是否整洁、规整,也就是是否有褶皱等,可以看出这个人日常生活的习惯,是否有条理。有的人又质疑,有没有条理对案件有什么影响,这不是耽误时间吗?笔者认为,这是从另外一个侧面反映,犯罪嫌疑人、被告人在向律师陈述与案件事实有关的信息时,是否会如实陈述,是否会有向辩护律师隐瞒的地方,增强辩护律师对其陈述事实的确信程度。另一层含义是,观察犯罪嫌疑人、被告人着装,也是向家属或委托人做一个交代。有一次,笔者去会见一个涉嫌妨害公务罪的被告人,在会见之前其女朋友刚刚给送去一件新买的半袖T恤衫。会见结束出来后,其女朋友问:他穿什么衣服呢?我当时一愣,说穿一件半袖T恤衫,并描述图案。该女朋友说太好了,我问为什么?她说:"我刚送去他就穿上,证明是爱我的,我应该等他出来。"由此看来,就这一个细节,既解决了其女朋友的心中疑虑,也增加了其对辩护律师的信任感,可谓一举两得。

2. 细心观察犯罪嫌疑人、被告人的眼神

眼睛是每个人观看世界的窗户,也是传递信息的重要工具。一个人的眼神

可以代表不同的感情色彩或反映不同的内心想法,如:疑问的眼神、惊疑的眼神、鄙视的眼神、怒视的眼神、俯视的眼神、仰视的眼神、斜视的眼神等。不同的眼神,代表不同的心态。辩护律师在会见时,询问每一个问题,都应当注意观察犯罪嫌疑人、被告人回答问题时的眼神,你可以从眼神中找出他对这个问题的答案。眼神从侧面可以验证,他回答的问题是否客观真实,是否同辩护律师实话实说。

3. 细心观察犯罪嫌疑人、被告人的说话语气

说话语气也能表现一个人的学识、文明程度、做事方式、对待事情的态度等。有的人说话速度比较快,显示性子比较急;有的说话慢条斯理,显示是个慢性子;有的说话总像慢半拍,说明不管遇到什么事情,总是不紧不慢,反应相对迟钝;有的人平时沉默寡言,突然可能变得能言善辩、喋喋不休,则说明其内心可能有害怕被人知道的秘密或者有不可告人的秘密。充满自信的人,说话时多用肯定语气;而缺乏自信的人或性格软弱的人,说话可能慢慢吞吞、有气无力。有的人说话声音比较小,可能显示这种人对事物缺乏主见;有的说起话来没完没了容易把话题扯远,这种人一般其内心是想表现自己,或者有着某种恐被别人打断和驳斥的不安,显示出盛气凌人的架势,唯我独尊。

这些说话语气笔者都遇到过,只有对症下药,才能引导其围绕你的问题来回答,形成以辩护律师为中心的会见场景,从而有效利用会见时间,也更能从其说话语气中,获得其对案件的认识、认知,帮助辩护律师正确认识犯罪嫌疑人、被告人;从另一个侧面考证其辩解是否有道理、是否充分等。

4. 细心观察犯罪嫌疑人、被告人回答问题的态度

观察犯罪嫌疑人、被告人回答辩护律师询问案件情况的态度,这也是辩护律师应当具备的一项基本功。有的律师可能会认为,我来会见犯罪嫌疑人、被告人,目的是了解案情,研究辩护方案,观察其回答问题的态度没有必要,多此一举;再说他回答问题的态度,对我辩护工作也没有任何影响或帮助。在笔者看来,这种认识是错误的。观察犯罪嫌疑人、被告人回答问题的态度,对于辩护律师从更深层次了解犯罪嫌疑人、被告人,全面分析案件事实具有重要作用。

(1) 有利于增强辩护律师确定有罪、无罪、罪轻等方案的信心;

(2) 有利于增强辩护律师对犯罪嫌疑人、被告人的供述与辩解是否符合客观事实的认知;

(3) 有利于增强辩护律师对犯罪嫌疑人、被告人生活、工作或处事准则的了解,更多地考察犯罪嫌疑人、被告人被羁押前情况。

5. 细心观察犯罪嫌疑人、被告人行为表现

犯罪嫌疑人、被告人在被羁押以后,他所能见到的人只有侦查人员、看守所管教、同监室在押人员等,平时缺少沟通和交流。辩护律师是家属为他聘请的,帮助他辩护的人。犯罪嫌疑人、被告人一般是在没有任何戒备的情况下与辩护律师交谈,没有与侦查人员讯问时的严肃对立状态,所以,律师会见时,犯罪嫌疑人、被告人更能够表现出平时生活习惯。笔者根据18年刑事侦查预审和9年刑事辩护经验,认为注意观察犯罪嫌疑人、被告人的行为表现,可以掌握以下内容信息:

(1) 律师会见过程中,犯罪嫌疑人、被告人表现出精力不集中,左顾右盼或摆弄手指等,则可能对辩护律师的谈话内容感到厌烦,或者认为辩护律师不专业,或者有瞧不起辩护律师的倾向。

(2) 律师会见过程中,犯罪嫌疑人、被告人表现出不断重复辩护律师的问话,则犯罪嫌疑人、被告人内心可能是在思考如何回答律师的问题,从这角度可以印证该人思维缜密。

(3) 律师会见过程中,犯罪嫌疑人、被告人在听辩护律师谈话时,不停地点头,表明他在仔细倾听辩护律师的问话。但犯罪嫌疑人、被告人听话时,常常点头示意,但视线却不集中在辩护律师身上,则说明辩护律师的谈话内容没切中案件要害或犯罪嫌疑人、被告人认为该辩护律师观点或问话内容与案件关联性不大等。

(4) 律师会见过程中,犯罪嫌疑人、被告人对辩护律师询问的某个问题,表现为哭泣或伤心,则说明可能该事实与其无关,或者不是其所做所为。如:笔者辩护的孙某受贿案,每次会见谈到一笔受贿款时,均表现出极度的委屈,甚至落泪,故笔者直观感觉他没有收受该笔款项。

(5) 律师会见过程中,犯罪嫌疑人、被告人表现出对谈话的话题不感兴趣,他所回答的或许你所问的此项问题不相干,而是要求律师应当做什么,则表明此人有指挥他人做事的习惯,他所关注问题与辩护律师关注的问题不会产生共鸣。遇到此种犯罪嫌疑人、被告人,需要辩护律师用自身丰富经验来应对,否则很难与其沟通,律师的辩护方案也很难得到他的认可,会直接影响辩护效果。

(6)律师会见过程中,犯罪嫌疑人、被告人表现出话语滔滔不绝,无论你说什么他都有很多话来回答,甚至答非所问,这说明该人根本不理解辩护律师为什么这样问问题,目的是什么或者律师想要得到什么等。发生这种情况,很容易导致被告人在法庭上与辩护律师配合不好,这就需要辩护律师不断通过会见来引导被告人如何简明扼要地回答问题。

总之,观察犯罪嫌疑人、被告人行为表现,有助于辩护律师认知犯罪嫌疑人、被告人,知道如何与之沟通交流,如何掌控犯罪嫌疑人、被告人,寻找双方配合最佳结合点。

6. 细心观察犯罪嫌疑人、被告人的表情

每个人在与他人谈话时,都会伴随一定表情,不同的表情代表不同的态度,甚至从一个表情就可以发现一个人与他人相处的原则、对他人的印象如何、对他人的信任程度等。

观察犯罪嫌疑人、被告人的表情,辩护律师可以判断犯罪嫌疑人、被告人对侦查机关查证情况、公诉机关指控事实、认定的罪名或对辩护律师专业知识等认可程度,以及对律师询问的事项的回答是否有利于辩护等。

做到以上六个细心,辩护律师可以尽快全面了解犯罪嫌疑人、被告人的基本情况,对犯罪嫌疑人、被告人形成初步印象,这对分析犯罪嫌疑人、被告人的犯罪事实、辩解是非常有帮助的。有的律师会说,按您的说法,不用会见谈案件,就在这里细心观察,等研究出来点意思,会见时间也到了,这不是不务正业吗?其实不然,根据笔者多年的工作经验,这些观察是在与犯罪嫌疑人、被告人谈话、聊天过程中完成的,并不会影响工作。会见次数多了,见的人多了,自然能从中找出规律。这样做的目的是增加对犯罪嫌疑人、被告人的认识,了解其原来工作、生活情况,掌握其性格特征等,以增强对犯罪嫌疑人、被告人供述与辩解的理解和认识,从中发现其是否如实供述犯罪事实等,为辩护律师全面分析判断案件,有效辩护提供一个良好的参考。

除此以外,辩护律师会见犯罪嫌疑人、被告人时,在边记录边谈话过程中,还应当注意观察在押人员言行,防止会见时引发其自残、自杀等情况发生,同时应当保证自身安全。

三、辩护律师会见结束时的注意事项

辩护律师会见结束时,至少应当做好以下工作:

(1) 边收拾物品边与犯罪嫌疑人、被告人说话,这样让其感觉到你心里有他的存在。

(2) 临走之前,一定要告诉犯罪嫌疑人、被告人遵守监规,不要再犯错,以免增加刑罚;另外也是给管教听,认为律师在帮助管理,给其留一个好的印象,下次会见时,即使时间到了,他也可能让再多说一会。

(3) 检查所带物品是否全部收齐装入包中,防止物品遗落。一旦遗失物品,很难再找回来,若是重要物品、重要证据则可能造成非常严重的后果。

(4) 会见结束最好等管教将犯罪嫌疑人、被告人带走再离开,或者经管教允许后再离开。这样做的好处是防止在无人监管状态下,犯罪嫌疑人、被告人发生自杀、自残、逃跑等情况,同时也是辩护律师敬业、保证安全的需要。

(5) 在会见期间,律师执业证一般情况被提押管教或接待办理手续的警官留存,会见结束后,再返还给律师。总之,律师执业证一般不会在律师自己手里。会见结束后律师一定要取回律师执业证。取回律师执业证可以有两个好处:一是证明犯罪嫌疑人或被告人已安全返回看守所,犯罪嫌疑人、被告人再发生问题与律师无关;二是律师执业证忘记取回,须再次到看守所去取,很浪费时间不说,且有丢失风险。

(6) 会见结束,应当及时与委托人或家属沟通情况,汇报会见情况,犯罪嫌疑人、被告人在看守所的表现,既能免除委托人或家属的担心,也能证明辩护律师在努力工作,以增加委托人或家属对律师的信任感。

第 6 章

庭审前准备技巧

第一节 庭前准备工作概述

刑事辩护是律师的一项基本业务,如何更好地实现辩护目的,关键在于辩护律师是否能够认真阅卷,查找案件证据的疑点,做到发现问题、解决问题,说服检察官、法官采纳辩护律师的意见。阅卷并发现问题,需要辩护律师在开庭前做好充分的准备工作。下面,笔者结合自己的工作实践,谈一谈如何做好庭前的一系列准备工作。

依据《刑事诉讼法》的规定,自案件移送审查起诉之日起,辩护律师可以摘抄、复制、查阅案件全部资料。这一规定的实施,为辩护律师至少提供了2~3个月的阅卷时间,这一规定与原来规定相比有了重大突破。在这2~3个月时间里,辩护律师可以有充足时间审阅案件证据材料,查找案件疑点、辩点。在开庭前应当做好哪些准备工作,则成为辩护律师要考虑的问题。具体工作内容有:

1. 及时到检察机关查阅案件卷宗

辩护律师在接到案件移送检察机关审查起诉的通知后,应当立即安排时间,与承办检察官或该院案管中心联系预约阅卷时间,按时到达检察机关阅卷。

2. 全面阅卷,不能有遗漏

侦查机关将案件移送检察机关审查起诉,随同移送的案卷会有多本,重大、复杂的案件有的上百本,甚至几百本卷宗。目前部分检察机关接待辩护律师时,经过审查辩护律师的手续后,直接将案卷刻录在光盘之中,以电子形式提供给辩护律师。这样对辩护律师来说,通过方便快捷的方式就完成在检察机关的阅卷,非常节省时间。但现在仍有大部分检察机关不提供电子卷,只能依靠辩护律师自己复印或拍照,这时就需要辩护律师注意,一定要将全部案卷材料拍照或复印,不能有任何遗漏,包括卷宗的封面、封底都要复制或拍照,绝对不能为了节省时间或省事,少拍照或少复印,防止有重要信息遗漏。无论你做了多少年辩护律师,无论你经验有多丰富,你不可能在非常短的时间内,迅速判断案件疑点、辩点或抓住案件重点。

3. 查阅起诉意见书指控的犯罪事实和罪名

虽然起诉意见书指控的犯罪事实和罪名在检察机关审查起诉后、移送法院审判时,有可能发生认定事实和罪名变化,但这是辩护律师辩护工作最基本的起点,一定要查阅起诉意见书。

4. 制作阅卷提纲

制作阅卷提纲是辩护律师全面了解案件事实,分析判断指控被告人犯罪事实证据是否确实、充分,罪名认定是否正确的依据。具体如何制作阅卷提纲在本章第二节进行详细叙述。

5. 收集被告人无罪、罪轻证据

辩护律师辩护的目的只有两个:一个是实现被告人无罪;一个是实现被告人轻判。为实现辩护目的,需要辩护律师结合案件具体收集被告人无罪、罪轻的证据。搜集证据应当在法庭开庭审理前完成,并且在开庭前三日内提交法庭。如何搜集证据在本章第三节进行详细叙述。

6. 核实证据

辩护律师在阅卷的基础上,通过会见被告人,核实证明有罪、无罪、罪轻等事实和情节的全部证据,关键是核实证据的客观真实性,即上述证据证明的每个事项是否真实。唯有在核实证据证明事项的真实性基础上,才能更好地在法庭上质证。如何核实证据见律师会见技巧部分内容。

7. 拟定辩护方案、辩护提纲

在核实完证据之后,辩护律师则需要对案件证据进行审查判断,研判指控的事实是否做到证据确实充分、适用法律是否正确等,提出采取何种辩护方案,如何实现辩护目的,法庭辩护的主要观点是什么,是否符合被告人真实意思。如何与被告人协商确定辩护方案详见律师会见技巧部分内容,如何审查判断证据则在本章第四节进行详细叙述。

8. 确定辩护方案

研判案件后,需要通过会见被告人,征求被告人对辩护方案的意见,协商确定辩护方案。必要时,同被告人家属沟通辩护方案,但最终应当以被告人的意见为准,除非被告人系未成年人或限制行为能力人。如何拟定辩护方案、辩护提纲在本书第八章进行详细叙述。

第二节 制作阅卷提纲

侦查机关在侦查案件时,所形成的法律手续、证据材料等按规定装订成册称之为刑事案件卷宗。刑事卷宗分为正卷和副卷。正卷是指移送检察机关审查起诉的全部卷宗,以下称为侦查卷宗;副卷是指侦查机关在侦查案件过程中,形成内部讨论记录、会议纪要、内部审批手续等相关材料,由侦查机关保存备查,辩护律师不能查阅。辩护律师制作阅卷提纲的基础是侦查机关移送检察机关审查起诉的全部卷宗,这也是辩护律师实现目的的基础材料。既然是辩护律师辩护的基础材料,辩护律师应当足够重视。笔者在公安机关从事预审工作时,就是这样制作各种表格、数轴来分析判断案件。所以,从事律师工作以来,笔者也仍然坚持按原来的习惯做辩护工作。

一、制作全部案卷主目录

刑事案件卷宗少则五、六本,多则十几本、几十本,甚至是几百本。笔者建议,为全面掌握案件卷宗情况,辩护律师首先一定要制作一份全部案卷的主目录。其目的是详细了解整个案件都有哪些法律文书、哪些证据材料,它们分布在哪本卷宗里,具体在该卷的第几页,这样方便查找、节省查阅时间。同时,也方便在法庭质证时标注控方是否全部举证,是否有遗漏等。

1. 制作卷宗主目录的原则

制作卷宗主目录时应当注意,每一份法律文书或笔录都要标注,对于被告人或证人的多份笔录,则应当标注每一份笔录页码、制作时间等,千万不能将同一个人的不同笔录标注在一起。此外,制作卷宗主目录,应当按着卷宗顺序进行制作,千万不能将各文书、笔录归类放在一起标注,制作卷宗主目录目的是可以方便查阅案卷,查找材料位置。什么情况下归类,笔者会在后面叙述。

2. 卷宗主目录的内容

制作卷宗主目录一般情况应当包括卷页、文件名称、制作机关、制作日期等四部分内容,单一办案机关的可以省略制作机关。

(1) 卷页。按着侦查卷宗封面标注的第几卷注明卷号,页则是指具体什么文件在该卷第几页。如:侦查卷第一卷第1页建议标注为"侦查卷1-1",这样可以减少打字数量、节省制作时间,简单明确、详略得当,打印还可以节省墨和纸张。

(2) 文件名称。直接标注文件简称即可。如接受刑事案件登记表,标注为"受案表"或"受案登记表",这样也是为减少打字数量、节省时间、简单明确,辩护律师自己清楚是什么文件即可。如讯问被告人袁某的讯问笔录,可以标注"讯问袁某笔录"即可,证人则标注"证人名字+笔录"即可。

(3) 制作机关。直接标注该机关简称即可,如北京市公安局海淀分局,标注"海淀分局";海淀区青龙桥派出所,则标注"青龙桥所";海淀分局刑侦大队,则标注"海淀刑侦"即可。简称以辩护律师自己能够区分具体制文机关即可。

(4) 制作日期。具体该法律文书或调查笔录出具制作时间,建议以阿拉伯数字标注,如2016年9月5日,标为"2016.9.5"或"20160905"即可。

示例 6-1

葛某拐卖妇女儿童案主目录

葛某拐卖妇女儿童案阅卷提纲——主目录部分

卷-页	证据名称	时间
侦查卷 1-1	A 分局立案决定书	2015.7.19
侦查卷 1-2	A 分局立案告知书	2015.7.19
侦查卷 1-3	B 公安局移送案件通知书	2015.9.15
侦查卷 1-4	C 公安局立案决定书	2015.9.15

(续表)

卷-页	证据名称	时间
侦查卷 1-5	口头请示延长询问查证时限记录	2015.7.18
侦查卷 1-6	陈某某拘留证	2015.7.19
侦查卷 1-7	拘留通知书	2015.7.20
侦查卷 1-8	变更羁押期限通知书	2015.7.22
侦查卷 1-9	送达回证659号	2015.7.22
侦查卷 1-10	提请批准逮捕书	看不清日期
侦查卷 1-12	批准逮捕决定书	2015.8.21
侦查卷 1-13	逮捕证	2015.8.21
侦查卷 1-14	挂号信函收据	2015.8.22
侦查卷 1-15	口头请示延长询问查证时限记录(葛某某)	2015.7.18
侦查卷 1-16	拘证(葛某某)	2015.7.19
侦查卷 1-17	拘留通知书	2015.7.20
侦查卷 1-18	变更羁押期限通知书	2015.7.22
侦查卷 1-19	送达回执657号	2015.7.22
侦查卷 1-20	提请批准逮捕书(葛某某)	看不清日期
侦查卷 1-22	批准逮捕决定书	2015.8.21
侦查卷 1-23	逮捕证(葛某某)	2015.8.21
侦查卷 1-24	挂号信收据	2015.8.22
侦查卷 1-25	法庭科学DNA鉴定书	2015.7.29
侦查卷 1-28	鉴定意见通知书(庞某某)	2015.7.30
侦查卷 1-29	鉴定意见通知书(顾某某)	2015.7.30
侦查卷 2-1	犯罪嫌疑人基本情况(陈某某)	
侦查卷 2-2	犯罪嫌疑人基本情况(葛某某)	
侦查卷 2-3	接受证据材料清单	2015.7.19
侦查卷 2-4	搜查证(2015)235号	2015.7.19
侦查卷 2-5	搜查笔录	2015.7.19 14:20—14:35
侦查卷 2-7	扣押清单	2015.7.19
侦查卷 2-8	扣押决定书(2015)205号(陈某某)	2015.7.19
侦查卷 2-9	扣押清单(陈某某)	2015.7.19
侦查卷 2-10	扣押决定书(2015)211号(葛某某)	2015.7.22
侦查卷 2-11	扣押清单(葛某某)	2015.7.22

(续表)

卷-页	证据名称	时间
侦查卷 2-12	搜查证(2015)236 号(搜查庞某某住处)	2015.7.19
侦查卷 2-13	搜查笔录	2015.7.19　16:10—16:20
侦查卷 2-15	扣押清单(庞某某)	2015.7.19
侦查卷 2-16	扣押决定书(2015)206 号(庞某某)	2015.7.19
侦查卷 2-17	扣押清单(庞某某)	2015.7.19
侦查卷 2-18	发还清单(庞某某)	2015.8.2
侦查卷 2-19	扣押决定书(2015)220 号(顾某某)	2015.7.25
侦查卷 2-20	扣押清单(顾某某)	2015.7.25
侦查卷 2-21	扣押决定书(2015)221 号(张某某)	2015.7.25
侦查卷 2-22	扣押清单(张某某)	2015.7.25
侦查卷 2-23	发还清单(张某某)	2015.8.8
侦查卷 2-24	取证通知书(2015)577 号(永红医院)	2015.7.20
侦查卷 2-25	取证通知书(2015)584 号(天津妇儿中心)	2015.7.21
侦查卷 2-26	取证通知书(2015)582 号(天津中心妇产医院)	2015.7.21
侦查卷 2-27	协助查询财产通知书(回执)016 号	2015.7.23
侦查卷 2-28	调取证据通知书(2015)1020 号(华夏银行)	2015.9.17
侦查卷 2-29	调取证据清单(个人账户明细账单)	2015.9.17
侦查卷 2-30	取证通知书(2015)1021 号(乌鲁木齐第一人民医院)	2015.9.17
侦查卷 2-31	调取证据清单(住院病历)	2015.9.17
侦查卷 2-32	取证通知书(2015)1022 号(瑞源天河宾馆)	2015.9.17
侦查卷 2-33	调取证据清单(住宿登记)	2015.9.17
侦查卷 2-34	调取证据通知书(2015)1023 号(如家酒店)	2015.9.17
侦查卷 2-35	调取证据清单(住宿登记)	2015.9.17
侦查卷 2-36	调取证据通知书(2015)1019 号(亚欧酒店)	2015.9.16
侦查卷 2-37	调取证据清单	2015.9.16
侦查卷 2-38	调取证据通知书(2015)1710 号(疆铁学院)	2015.9.14
侦查卷 2-39	调取证据清单(在校个人信息)	2015.9.14
侦查卷 2-40	接受证据材料清单(李某某)	2015.9.15
侦查卷 2-41	扣押清单(李某某手机)	2015.9.15
侦查卷 2-42	发还清单(李某某)	2015.9.15
侦查卷 2-43	证人王某某的询问笔录	2015.7.19　9:12—9:56
侦查卷 2-47	证人李某某的询问笔录	2015.7.19　13:10—14:20
侦查卷 2-52	证人韩某某的询问笔录	2015.7.24　14:40—15:20

(续表)

卷-页	证据名称	时间
侦查卷2-56	顾某某的讯问笔录	2015.7.24 20:05—20:50
侦查卷2-59	顾某某的讯问笔录	2015.7.25 0:34—1:50
侦查卷2-64	顾某某的讯问笔录	2015.7.25 15:04—15:50
侦查卷2-67	顾某某的讯问笔录	2015.7.31 14:24—15:20
侦查卷2-73	顾某某的讯问笔录	2015.8.7 15:04—15:50
侦查卷2-76	顾某某被取保义务告知书	2015.8.14
侦查卷2-79	顾某某的辨认笔录	2015.8.7 14:30—14:35
侦查卷2-80	12张女子照片	2015.8.7
侦查卷2-82	顾某某的辨认笔录	2015.8.7 14:40—14:45
侦查卷2-83	10张男性照片	2015.8.7
侦查卷2-85	证人孙某某询问笔录	2015.7.25 0:30—1:50
侦查卷2-90	证人庞某某询问笔录	2015.7.18 16:45—17:30
侦查卷2-94	庞某某讯问笔录	2015.7.19 2:00—4:36
侦查卷2-99	庞某某讯问笔录	2015.7.20 10:55—11:20
侦查卷2-102	庞某某讯问笔录	2015.7.22 14:50—15:50
侦查卷2-107	庞某某被取保义务告知书	2015.7.30
侦查卷2-110	庞某某辨认笔录	2015.7.19 5:10—5:15
侦查卷2-111	12张女子照片	2015.7.19
侦查卷2-113	庞某某辨认笔录	2015.7.19 5:00—5:05
侦查卷2-114	12张男子照片	
侦查卷2-117	证人谢某某询问笔录	2015.7.18 22:00—22:30
侦查卷2-120	谢某某讯问笔录	2015.7.19 4:05—5:13
侦查卷2-125	谢某某讯问笔录	2015.7.20 9:50—10:30
侦查卷2-129	谢某某讯问笔录	2015.7.23 9:50—10:55
侦查卷2-132	谢某某取保义务告知书	2015.7.30
侦查卷2-135	谢某某辨认笔录	2015.7.19 6:10—6:15
侦查卷2-136	12张女子照片	
侦查卷2-138	谢某某辨认笔录（辨认庞某某）	2015.7.19 6:20—6:25
侦查卷2-139	12张女子照片	
侦查卷2-142	张某某讯问笔录	2015.7.25 16:42—18:08
侦查卷2-148	张某某取保义务告知书	2015.7.25
侦查卷2-152	张某某讯问笔录	2015.8.8 11:22—11:58
侦查卷2-154	张某某辨认笔录	2015.8.8 12:05—12:15

(续表)

卷-页	证据名称	时间
侦查卷 2-155	12 张女子照片（陈某某）	
侦查卷 2-157	证人徐某某询问笔录	2015.7.25　15:54—16:51
侦查卷 2-163	证人王某某询问笔录	2015.7.25　19:05—19:50
侦查卷 2-166	传唤证（李某某）	2015.9.15
侦查卷 2-168	李某某讯问笔录	2015.9.15　15:00—17:10
侦查卷 2-173	李某某讯问笔录	2015.9.15　17:40—18:00
侦查卷 2-175	李某某辨认笔录	2015.9.15　17:20—17:25
侦查卷 2-176	10 张女子照片	
侦查卷 2-180	证人王某某询问笔录	2015.9.16　11:35—12:05
侦查卷 2-184	证人王某某询问笔录	2015.9.16　10:50—11:25
侦查卷 2-189	证人蔡某某询问笔录	2015.9.15　19:30—20:50
侦查卷 2-194	蔡某某辨认笔录（辨认出叫陈某某的女子）	2015.9.15　20:55—21:00
侦查卷 2-197	蔡某某辨认笔录（辨认男子）	2015.9.15　21:10—21:15
侦查卷 2-202	证人杨某某询问笔录	2015.9.15　21:25—21:45
侦查卷 3-205	天津市西青区永红医院收据	2015.4.20
侦查卷 3-206	精武镇社区卫生服务中心住院及出院记录等	入院时间:2015.4.18 出院时间:2015.4.20
侦查卷 3-224	天津中心妇产医院庞某某及新生儿相关记录	入院时间:2015.6.22　0:57 出院时间:2015.6.22　9:00
侦查卷 3-228	陈某某存款记录	
侦查卷 3-229	葛某某存款记录	
侦查卷 3-230	葛某某征信中心信息	2015.7.23
侦查卷 3-231	陈某某征信中心信息	2015.7.23
侦查卷 3-232	陈某某中国农业银行合约信息查询	2015.7.23
侦查卷 3-251	葛某某中国农业银行合约信息查询	2015.7.23
侦查卷 3-268	乌鲁木齐第一人民医院相关记录	
侦查卷 3-280	葛某某瑞源天河宾馆入住信息	入住:2015.7.13　16:20 退房:2015.7.14　0:05
侦查卷 3-281	陈某某瑞源天河宾馆入住信息	同上
侦查卷 3-282	葛某某如家铁路局北京南路分店入住信息	2015.7.14　0:21 2015.7.14　7:58

（续表）

卷-页	证据名称	时间
侦查卷3-283	陈某某如家铁路局北京南路分店入住信息	
侦查卷3-284	葛某某乌鲁木齐全新亚欧酒店有限公司	2015.7.14　17:16 2015.7.15　11:03
侦查卷3-285	陈某某乌鲁木齐全新亚欧酒店有限公司	
侦查卷3-286	蔡某某个人信息	
侦查卷3-288	儿童预防接种证以及第一人民医院的收据	
侦查卷3-292	王某某家户口簿	
侦查卷3-298	一部手机以及陈某某和李某某的聊天短信	
侦查卷3-375	电子证据检验报告	受理日期:2015.7.22
侦查卷3-378	短信、QQ聊天记录的光盘	
侦查卷4-385	案件来源	2015.7.19
侦查卷4-386	抓获经过、到案经过	2015.7.19
侦查卷4-389	陈某某、葛某某户籍证明	2015.7.29
侦查卷4-393	相关人员户籍信息	
侦查卷4-407	顾某某等人取保决定书	
侦查卷4-411	陈某某提讯提解证	
侦查卷4-412	葛某某提讯提解证	
侦查卷4-413	陈某某讯问笔录	2015.10.10　13:30—16:20
侦查卷4-419	陈某某讯问笔录	2015.8.22　10:35—10:55
侦查卷4-421	陈某某讯问笔录	2015.9.10　9:00—10:00
侦查卷4-424	陈某某讯问笔录	2015.10.8　14:00—16:00
侦查卷4-428	葛某某讯问笔录	2015.10.12　9:00—10:30
侦查卷4-433	葛某某讯问笔录	2015.8.22　11:00—11:20
侦查卷4-433	葛某某讯问笔录	2015.10.9　9:00—9:30
侦查卷4-437	陈某某捕前供述	2015.7.18　11:20—14:50
侦查卷4-441	陈某某捕前供述	2015.7.19　2:10—4:15
侦查卷4-448	陈某某捕前供述	2015.7.20　9:40—10:15
侦查卷4-451	陈某某捕前供述	2015.8.4　9:03—11:40
侦查卷4-458	陈某某捕前供述	2015.8.5　10:30—11:15
侦查卷4-466	陈某某捕前供述	2015.8.8　10:55—11:20

(续表)

卷-页	证据名称	时间
侦查卷 4-468	葛某某捕前供述	2015.7.18 17:30—19:50
侦查卷 4-472	葛某某捕前供述	2015.7.19 1:30—3:40
侦查卷 4-479	葛某某捕前供述	2015.7.20 9:15—9:40
侦查卷 4-482	葛某某捕前供述	2015.7.22 9:03—11:40
侦查卷 4-486	葛某某捕前供述	2015.8.5 9:20—10:30
侦查卷 4-495	陈某某辨认谢某某笔录	2015.7.19 5:30—5:35
侦查卷 4-499	陈某某辨认庞某某笔录	2015.7.19 5:20—5:25
侦查卷 4-503	陈某某辨认顾某某笔录	2015.8.7 14:20—14:25
侦查卷 4-506	陈某某辨认李某某笔录	2015.10.8 16:05—16:10
侦查卷 4-509	陈某某辨认蔡某某笔录	2015.10.8 16:15—16:20
侦查卷 4-512	葛某某辨认顾某某笔录	2015.8.7 14:10—14:15
侦查卷 4-515	葛某某辨认蔡某某笔录	2015.10.12 10:35—10:40

辩护律师制作完成该案卷宗主目录后，可以清楚看到该案有几本卷宗，每本卷宗主要内容是什么，阅卷时应当关注哪部分内容，重点看什么内容；同时，可以看侦查机关在办理该案时，制作的法律文书有哪些，先后顺序是否符合法律规定，有多少份证人证言，有多少份被告人供述，证人证言与被告人供述时间前后顺序等，为辩护律师减少阅卷时间提供了一个很好的方法。

二、制作案件大事记

制作卷宗主目录结束以后，需要制作案件发生、发展、结果、侦查破案的大事记。目的是从纵向对整个案件发生过程、侦查过程、抓获过程、讯问过程等，从直观角度审视案件整个过程，从中发现可以形成有效辩护的观点。

制作大事记应当重点抓住的关键时间节点，主要有发案时间、发现时间、报警时间、立案时间、抓获嫌疑人时间、破案时间、关键证人作证时间、尸体检验鉴定意见时间、现场勘查时间等。

制作大事记主要沿着事件发生的时间顺序制作摘要，主要有数轴法、表格法和文本法。数轴法是采用数轴的方式，数轴左侧标注时间，右侧标注发生事件，适用于简单标注，好处是直观。表格法就是制作一张表格，包括时间节点、事件内容,相对复杂,摘录相对可以详细一些。文本法采用文本的方法按时间顺序记录发生重大事件,适用复杂案件,内容详细,但不够直观。以上方法各有利弊,需要针对不同案件采用不同方法。

1. 数轴法示例

通过一个简单数轴就能将被害人失踪至发现尸体、侦查机关侦查行为、关键证人作证时间等完整呈现在辩护律师面前,这对分析判断侦查人员的侦查行为是否合法具有非常重要的作用。

示例6-2

聂某故意杀人、强奸案大事记

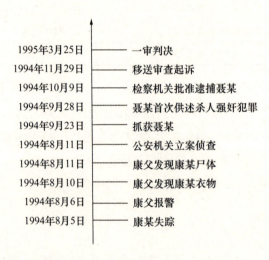

上面这个数轴清晰显示出案件发生时间、公安机关立案时间、抓获犯罪嫌疑人时间、供认犯罪时间及侦查终结、审查起诉时间、一审判决时间等,可以清晰地看到整个案件的基本过程。这样有利于辩护律师对整个案件有一个初步了解,加深对案件事实的记忆。

2. 表格法示例

通过制作一个表格,展现出整个案件的发生、发展及侦查破案的过程,以此来清晰展示案件脉络。

示例 6-3

袁某欣故意杀人、抢劫、强奸案大事记

序号	时间	主要事件
1	10月8日下午6时	袁某凯找到袁某欣挣钱去
2	10月8日晚上11时	袁某凯、袁某欣路遇李某某并将其叫上车
3	10月9日凌晨1时	袁某凯、袁某欣劫持李某某至某出租屋
4	10月11日下午	袁某凯、袁某欣勒死李某某
5	10月11日晚上9时	抛尸于某河流内
6	10月29日	袁某凯被公安机关抓获并供认全部犯罪事实
7	11月1日	公安机关传唤袁某欣,供述犯罪事实
8	11月2日	袁某欣拘留时间
9	11月9日	袁某欣延长拘留
10	11月21日	袁某欣逮捕时间
11	次年1月22日	袁某欣延长羁押
12	次年2月20日	移送检察机关审查起诉
13	次年3月1日	移送法院起诉

从以上制作的表格可以看整个案件发生、发展及公安机关抓获犯罪嫌疑人的先后顺序,案件主要时间节点等,可以直观看出,办案机关在程序上是否违反法律规定,可以充分了解自己的当事人羁押的基本情况等。

3. 文本法示例

就是通过文字叙述的方式,将案件的整个大事记摘要记录下来。示例如下:

示例 6-4

庞某祥抢劫案大事记

1. 2007年1月8日,北海市西藏路中皇小区西侧小路杨某崇被抢案;

2. 2007年1月10日,北海市万祥花园转弯向站前路卢某德被抢案;

3. 2007年2月3日,北海市325国道英德饲料厂路段林某斌被抢案;

4. 2007年3月29日,北海市站前路九中路口陈某海被抢案;

5. 2007年3月19日,四川南路百合花园入建筑工地旁马某涛被抢案;
6. 2007年5月28日,同案犯王某盗窃被抓获并刑事拘留;
7. 2007年6月14日,同案犯王某检举同案犯陈某等抢劫事实;
8. 2007年6月22日,同案犯王某承认自己同案犯陈某等抢劫事实;
9. 2007年6月29日,同案犯陈某被抓获并供出庞某祥等人并刑事拘留;
8. 2007年8月9日,依据体貌特征抓获庞某祥但拒不供认犯罪事实;
9. 2007年8月9日,庞某祥供述抢劫事实并刑事拘留;
10. 2008年4月11日,北海市人民检察院起诉至北海市中级人民法院;
11. 2008年10月23日,北海市中级人民法院判决,判处庞某祥犯抢劫罪,判处死刑,缓期2年执行,剥夺政治权利终身,并处没收个人全部财产;
12. 2009年8月4日,广西壮族自治区高级人民法院以被告人的部分犯罪事实不清、证据不足,裁定发回重新审判;
13. 2010年4月30日,北海市中级人民法院再次判决,判处庞某祥犯抢劫罪,判处死刑,缓期2年执行,剥夺政治权利终身,并处没收个人全部财产;
14. 2011年12月8日,广西壮族自治区高级人民法院再次裁定发回重审,至今接近2年,北海市中级人民法院一直未开庭审理;
15. 2013年11月21日,北海市中级人民法院裁定同意检察机关撤回起诉。

以上三种不同的制作案件大事记的方法各有千秋,但展示的客观情况都是一致的,辩护律师采用什么方法,就要看辩护律师自己的偏好。最为重要的是,通过制作案件大事记有助于辩护律师掌握案件发生过程的关键节点,帮助辩护律师发现侦查轨迹与侦查程序,进而发现案件疑点。

三、制作被告人讯问基本情况统计表

制作被告人讯问情况统计表的目的是审查判断侦查人员对被告人的讯问行为是否符合法律规定,是否存在刑讯逼供等情形。制作该表格需要包括以下内容:卷页、讯问时间、讯问地点、讯问人、讯问人所在单位、被讯问人等内容。其中讯问时间应当包括具体讯问的日期起止时分,这样方便看出讯问时间及长短,便于发现问题。

示例6-5

庞某祥抢劫致二人死亡案讯问情况统计表

页	讯问时间	讯问地点	讯问人	讯问人单位	被讯问人
40	20070628—3:30—7:05	刑侦三大队	吴某雄、莫某武	某城刑侦队	陈某
47	20070628—10:38—13:10	刑侦三大队	吴某业、陈某施	刑侦三大队	陈某
53	20070628—14:10—17:50	刑侦三大队	李某伟、黄某明	刑侦三大队	陈某
63	20070628—19:57—20:45	刑侦三大队	张某聪、吴某雄	某城刑侦队	陈某
65	20070629—8:10—10:10	北某刑侦队	王某、张某武	某城刑侦队	陈某
70	20070630—15:40—16:50	北某看守所	曹某龙、张某武	某城刑侦队	陈某
73	20070709—16:46—22:50	刑侦三大队	张某聪、吴某雄	某城刑侦队	陈某
87	20070804—17:05—17:50	北某看守所	冯某辉、曹某龙	某城刑侦队	陈某
89	20070816—16:40—17:50	北某看守所	冯某辉、曹某龙	某城刑侦队	陈某
92	20070907—15:05—17:05	北某刑三队	陈某施、莫某武	某城刑侦队	陈某
96	20070910—16:30—18:20	北某看守所	冯某辉、曹某龙	某城刑侦队	陈某
102	20070917—9:30—11:20	北某看守所	冯某辉、曹某龙	某城刑侦队	陈某
110	20070811—10:05—11:50	北某刑侦队	曹某龙、冯某辉	某城刑侦队	庞某祥
113	20070811—14:58—17:35	北某刑侦队	张某富、冯某辉	市局刑侦支队	庞某祥
122	20070812—16:50—18:10	北某二看	冯某辉、曹某龙	某城刑侦队	庞某祥
124	20070814—13:05—18:05	北某刑侦队	冯某辉、曹某龙	某城刑侦队	庞某祥
133	20070815—9:40—11:45	北某二看	林小航、曹某龙	某城刑侦队	庞某祥
138	20070915—12:05—12:38	北某二看	曹某龙、冯某辉	某城刑侦队	庞某祥
140	20070614—15:34—18:05	北某看守所	曹某龙、莫某武	某城刑侦队	王某
146	20070622—9:20—10:20	北某看守所	莫某武、李某明	某城刑侦队	王某
151	20070624—22:20—24:48	刑侦三大队	陈某施、黄某明	某城刑侦队	王某
160	20070625—16:52—17:10	北某看守所	李某伟、陈某施	某城刑侦队	王某
169	20070703—10:20—12:05	北某看守所	李某伟、陈某施	某城刑侦队	王某

通过这个表格可以清楚看到具体在什么时间,什么侦查机关由几个侦查人

员进行讯问,具体侦查人员叫什么名字,在什么地点进行的讯问。通过这样的统计,可以直观地发现侦查人员的讯问是否符合法律规定,即讯问时间是否符合法律规定,讯问地点是否在看守所进行,讯问是否存在单人办案,是否存在连续审讯或疲劳审讯等,可以直观地发现是否有非法证据可以排除。

四、制作被告人供述情况统计表

被告人供述与辩解是刑事诉讼法规定的八大证据之一,制作被告人供述情况统计表,对于分析判断犯罪嫌疑人、被告人供述与辩解具有非常重要的作用。犯罪嫌疑人、被告人的供述对考察其是否构成犯罪,或者说指控的犯罪事实是否是犯罪嫌疑人、被告人实施的,具有非常关键的作用。

示例 6-6

被告人庞某祥历次供述情况统计表

页	讯问时间	讯问地点	被讯问人	供述情况
B-110	20070811—10:05—11:50	北某刑侦队	庞某祥	不供认犯罪
B-113	20070811—14:58—17:35	北某刑侦队	庞某祥	供认犯罪
B-122	20070812—16:50—18:10	北某二看	庞某祥	不供认犯罪
B-124	20070814—13:05—18:05	北某刑侦队	庞某祥	供认犯罪
B-133	20070815—9:40—11:45	北某二看	庞某祥	不供认犯罪
B-138	20070915—12:05—12:38	北某二看	庞某祥	不供认犯罪

从此表统计情况来看,侦查期间,侦查人员共计对犯罪嫌疑人庞某祥审讯 6 次,其中有罪供述 2 次,并且均是在侦查机关办公室讯问的结果,其在看守所历次讯问中均否认有犯罪事实发生。通过这样一个简单的表格,即可以直观反映出犯罪嫌疑人庞某祥在侦查期间极有可能受到刑讯逼供才做出了有罪供述。这样的表格提交法庭,不需要辩护律师说更多的话,即可阐明辩护律师的观点,说明问题。

示例 6-7

被告人袁某欣供述事实比较表

页	证据名称	时间	证据主要内容
23	袁某欣	1101	2012年10月8日15时许,袁某欣在家接到袁某凯电话说是带其挣钱,到晚上19时,袁某凯再次打电话说已到楼下,其就下楼,袁某凯告知其作案方式并自称之前这么干过。先是袁某凯开车带着其在海淀区田村附近转,在永定路和莲石路交叉的路口袁某凯让其开车,袁某凯坐在副驾驶上,2人就到朝阳区望京、酒仙桥附近寻找目标。到21时,双方未寻到目标,其表示要回去,袁某凯要求再转一圈,在长安街往北第2个红绿灯10米左右,路东侧有女子拦车,袁某凯就坐到了副驾驶后面的后排座,女子坐在了副驾驶座,说是去不远处的饭馆。快到所说目的地时,袁某凯在后面勒住女子脖子,说什么都不要就是玩玩,车开到四季青敬老院路东的路口,其将女子用胶条捆上。袁某凯说将车开到顺义去,袁某欣开到京密路往北的一个环岛处不知道怎么开,这时候就改成袁某凯开车,途中还加了油。后来一直到了袁某凯在顺义的住处,袁某凯在外停车,袁某欣把女的抱进东屋,之后3人一起吃饭并喝了酒。女子对其说:"大哥,我先跟你待会。"然后2人去了西屋,女子帮其脱的衣服,也把自己衣服脱了,2人发生了性关系,之后又和袁某凯在西屋发生了性关系,后来3个人在西屋睡觉,袁某凯和女子盖一个被子,其自己盖一个被子。到9日早上6点,袁某凯打了或者接了一个电话后出去买了早点和烟回来。早上8点左右,有人敲门让挪车。到9点30分左右,袁某凯又出去了,其又和女子发生了性关系。到11点多,袁某凯带了饭回来,吃完饭后,袁某凯又和女子发生了性关系。到下午15点,其再次和女子发生性关系。女子嚷着要走,袁某凯称天黑让其走并把她捆上,还给她500元钱。之后袁某凯又改变主意,其对袁某凯说:"不是说好了吗,等会放她回去,人都拿了你钱了,最多就是卖淫嫖娼。"袁某凯害怕女子回去报警,不想让她活着回去,于是用铁丝勒、用手掐,让其帮着按住女子的腿和拽着点铁丝,其用床单盖住女子的脸。后来感觉人已经死了,就脱光女子衣服用床单裹上,袁某凯又隔着床单用橡皮锤砸了四五下,后来将尸体扔进潮白河。女子可能是因为害怕,主动提出与他们发生性关系。

（续表）

页	证据名称	时间	证据主要内容
47	袁某欣	1102	2012年10月8日15点，袁某凯打电话说是带其去弄钱，19点见到袁某凯之后开车在望京、酒仙桥附近寻找目标，由南向北路过长安街往北第2个红绿灯10米左右路东侧有女子拦车。在四季青敬老院路东的路口，其和袁某凯将女子用胶带困住，之后把女子拉到袁某凯在顺义的住处，当晚2人分别与女子发生1次性关系，之后3个人一起在西屋睡觉。9日早上6点袁某凯打了电话后出去，回来买了早点和烟，9点半袁某凯又出去，期间其和女子发生过性关系。11点左右袁某凯回来买了饭，吃完饭下午，两人又分别和女子发生1次性关系。本打算天黑放女子回去，后来袁某凯说离得太近，怕碰见就把女子杀了扔到了潮白河。
51	袁某欣	1103	讲述和袁某凯认识以及相遇的过程。10月8日下午，袁某凯打电话让其跟着去弄钱，晚上六点多袁某凯来接袁某欣，两人就在田村永定路一带乱转，其本想着回去，袁某凯要再转转，后来在永定路上拉一女子。在女子快要下车时，袁某凯从后面勒住了女子，并让其开车到没人的地方把女子捆起来，往袁某凯顺义住处走，中途还加了油。到顺义住处后，3个人还一起吃饭聊天，吃完后，女子主动提出要陪其待会，之后2人在西屋发生了性关系，其睡醒后袁某凯和女子在西屋发生了性关系，然后3个人在西屋睡觉。早上6点袁某凯出去买的烟和早点，吃完后，3个人又睡觉了。8点左右，有人敲门让袁某凯挪车。不到10点时，袁某凯又出去了1次，期间其和女子发生了性关系。11点多，袁某凯回来带了饭，3个人一起吃的，女子还问什么时候能走，袁某凯说吃了晚饭。下午3点多，袁某凯出去买菜，其和女子又一次发生了性关系，之后袁某凯也和女子又发生了1次。本想让女子回去，袁某凯还给了她500元钱，但是袁某凯临时改变主意，杀了女子并将尸体扔进了潮白河。女子的包里究竟有多少钱，其也不知道，因为袁某凯把钱都拿走了，其未参与分钱。其在杀害女子的过程中实施的行为有：在车上捆绑四肢、封嘴、摁腿，袁某凯勒脖子时其也参与。其和袁某凯分别与女子发生3次性关系。
66	袁某欣	1110	作案对象是40多岁，女的，看着很有钱。作案之前准备了胶带、铁丝圈、两根细铁丝。揭发袁某凯之前有以这样的方式作案赚钱的情况。
70	袁某欣	1115	尸体上和砖上的铁丝都是其拧的；作案的过程中，除了有一老太太让袁某凯挪车以外，没有人去过白塔村住处。
71	袁某欣	1129	2012年10月8日下午15点，袁某凯打电话让其跟着出去弄点钱，晚上19点，袁某凯开车来接他，先在望京、酒仙桥附近寻找目标，后来又转到永定路附近，拉一女子。在女子快要下车时，袁某凯勒住了女子脖子，把女子带到袁某凯在顺义白塔村的住处，当晚其和袁某凯分别和这名女子发生过性关系。第二天上午袁某凯出去过，其又和女子发生性关系；中午吃饭后，其和袁某凯又分别和女子发生性关系。后来女子要走，袁某凯却把女子勒死了，并脱光衣服拴上石头，扔进了河里。

(续表)

页	证据名称	时间	证据主要内容
74	袁某欣	0128	自愿认罪;作案时间是10月8、9日,是袁某凯打电话联系的袁某欣,之后也是袁某凯开车接的袁某欣。2012年10月8日袁某凯第一次打电话的时候并没有说怎么带其挣钱,到晚上接到其之后,在车上跟其说,如果有人打车,想绑那个人就把音响打开,然后袁某凯从后座勒住这个人。一开始袁某欣表示不同意,但是袁某凯让他什么都不用管就开车,然后其就默认了。
79	袁某欣	0206	2012年10月8日,袁某凯给袁某欣打了2次电话,一次是下午15点,一次是下午19点左右,而且打完电话就下楼了,记不清其是否给袁某凯打过电话。那晚,在长安街北侧拉一女子,女子坐在副驾驶上,该女子快要下车的时候,袁某凯从后面勒住女子脖子,随后让其把车开到没人的地方,用胶带将女子捆上,把女子拉到袁某凯顺义住处。
87	袁某欣	0207	袁某凯做好饭,三个人一起吃饭、聊天、喝酒。吃完后,其与女子在西屋发生性关系,之后袁某凯与该女子发生性关系,然后3个人一起在西屋睡觉,袁某凯和女子睡里面盖一床被子,其自己睡在外面。天亮袁某凯说要去办事,回来时还买了早饭和烟。10点左右,袁某凯开车出去办贷款的事,期间,其和女子发生性关系,袁某凯回来买的午饭,一起吃的。下午3点袁某凯出去买菜,其再次和女子发生性关系。后来,女子要走,2人称算女子出台,晚上会让她走,还给了500元钱。后来袁某凯又怕他声张,用铁丝勒死了女子,尸体扔进了河里。
97	袁某欣	0220	被害人上车的地点是永定路,杀害被害人的地点是顺义白塔村租住地,抛尸地点是顺义潮白河上边的一座桥,作案是袁某凯提出来的。在杀害被害人的过程中其实施的行为有,摁着被害人的腿。没有拿被害人的物品。

从以上制作的被告人供述情况统计表,可以直观看出被告人供述的犯罪事实前后是否一致,供述情况是否有差异,可以充分体现被告人整个供述情况,直观发现供述矛盾所在,及时发现问题。

五、制作证人询问情况、证明事实统计表、比对表

制作证人询问情况统计表、证人证明事实统计表、证人证明事实比对表,与制作被告人供述情况统计表、事实比对表等方式基本一致,制作此类表格的目的是发现侦查人员的调查取证行为是否合法,证人之间证明的事实是否存在差异,是否有违背客观常理叙述等情形,从而发现矛盾,找出问题。矛盾之处是否有合理解释,是否有合理怀疑,进而,该证人的证言是否应当作为证据来认定事实,同时也为在法庭上质证提供依据。在此不再列出证人证言统计情况表等予以说明。

六、制作证明主要犯罪事实比对表

制作主要犯罪事实比对表主要是通过各个被告人对同一个事实的供述情况进行对比,通过对被告人的供述与被害人陈述、证人证言对同一个事实证明情况进行对比,从而判断公诉机关在认定事实上是否存在证据不足或者证据之间是否存在矛盾,最终替被告人作无罪辩护或疑罪从无辩护,还是有罪罪轻辩护,提供一个基础数据分析。

示例 6-8

被告人供述作案成员与受害人陈述比较表

案件	杨某崇被抢劫案	陈某海被抢劫案	卢某德被抢劫案	马某涛被抢劫案	林某斌被抢劫案
案发时间	1月8日	3月29日	1月10日	3月19日	2月3日
发案地点	中皇小区	站前路九中路口	万祥花园	百合花园	325国道
受害人陈述作案成员人数和特征	被害人死亡	二个年青男子搭车去火车站;蹲着二个年青男子	一年约40岁男子搭车;路边盆景中又走出来一个男子	木棍男:30—35岁,170CM;骑摩托车男:35岁左右,	搭乘一男、二个同伙,预先埋伏
被告人陈某第1次供述作案员人数、名字	巫二、光头佬、年青人、陈某、十二、王某栋				
被告人陈某第2次供述作案员人数、名字	乌二、光头佬、年青人、陈某、王某、王某栋			陈某、乌二	
被告人陈某第3次供述作案员人数、名字	乌二、陈某、十二、二十六、光头、乌痣佬		陈某、巫二		
被告人陈某第4次供述作案员人数、名字			王某、乌痣九陈某、光头佬	陈某、王某、乌痣九、光头佬	陈某、王某、光头佬、乌痣九
被告人陈某第5次供述作案成员人数、名字	陈某、王某、乌痣九、光头佬	陈某、光头佬			陈某、光头佬、乌痣九、王某

（续表）

被告人庞某祥供述作案成员人数、名字	庞某祥、老孔二、大颠、二十二	庞某祥、老孔二、大颠、二十二	庞某祥、老孔二、大颠、二十二	庞某祥、老孔二、大颠、二十二	不承认
被告人王某供述作案成员人数、名字	二十二、王某、乌痣九、光头佬	王某、乌痣九、光头佬、二十二	王某、乌痣九、光头佬、二十二	二十二、乌痣九、光头佬、王某	二十二、乌痣九、光头佬、王某
被告人香某武供述作案成员人数、名字	陈某、细佬哥、光头佬、香某武	不承认	陈某、细佬哥、光头佬、香某武	不承认	不承认

通过对每个被告人供述与被害人陈述进行比较，我们可以发现如下问题：

（1）从陈某供述的作案成员来看，前后供述不一致，作案成员姓名、绰号或作案人数均不相同，如供述王某栋即为乌痣九，而本案认定的乌痣九是香某武，香某武又不叫王某栋，由此可以推断陈某供述不具有真实性，其在侦查阶段同审查起诉阶段的供述不能作为定案依据。

（2）从庞某祥供述作案成员来看，作案成员人数、姓名或绰号稳定，但其供述的姓名与绰号与陈某供述完全不一致，可以说完全是另外一组作案成员，同案犯对作案成员供述不一致，相互无法印证，可以充分说明2人根本不是一个作案团伙成员。

（3）从王某供述作案成员来看，作案成员人数、姓名或绰号稳定，供述的绰号与陈某有重合，但2人供述仍存在差异，同案被告供述仍然无法相互印证，同样说明2人不是一个作案团伙成员。

（4）从香某武供述的作案成员来看，作案成员数与庞某祥、王某供述一致，但姓名或绰号与庞某祥、王某供述又不一致，且香某武只供认第1、3起案件，与其他3被告供述案件情况不一致，致使同案被告对作案成员无法相互印证，可以说明香某武与其他被告不是一个作案团伙成员。

通过以上表格整理分析，各被告对作案成员供述不能相互印证，不能形成完整的证据链条，不能证明所列5起案件系4个被告人共同作案，由此推断所列5起案件并非4个被告完成。

示例 6-9

庞某祥抢劫案各被告人供述作案人员分工情况比较表

发生时间:2007 年 1 月 8 日

发生地点:北海市西藏路中皇小区西侧小路

被害人:杨某崇

供述人	卷宗	供述作案成员分工情况
陈某	B 卷	P41:巫二分工,陈某、十二、王某栋去西藏路中段右边的一条小路围墙边等候 P42:光头佬、年轻人出去搭车;巫二未去现场
庞某祥	B 卷	P114:"大颠"和"二十二"出去找摩托车,庞某祥、老孔二埋伏在草地处等
王某	B 卷	P152:二十二、王某等候;乌痣九和光头佬负责请摩托车
香某武	B 卷	陈某和细佬哥就埋伏在草丛里;香某武、光头佬去请一辆摩托车

从上述表格统计来看,陈某与庞某祥供述的作案成员不一致,人员绰号、人数均不一致;陈某供述巫二分工,陈某、十二、王某栋守候,庞某祥(光头佬)、年轻人搭车;庞某祥供述陈某、二十二搭车,庞某祥、老孔二守候;王某供述二十二、王某守候,乌痣九(香某武)、光头佬请车;香某武供述二十二、王某守候,香某武、庞某祥请车。这么简单一个案件,4 个被告人,对作案成员分工情况说法不一致、绰号说法不一致,这只能说明 4 个被告人未在一起做过此案,同时也印证了被告庞某祥法庭供述具有真实性。

示例 6-10

庞某祥抢劫案各被告人供述作案工具比较表

发生时间:2007 年 3 月 29 日

发生地点:北海市站前路九中路口

被害人:陈某海

供述人	卷宗	作案工具
陈某海	B 卷	P23:在车的一个人持一把尖刀顶住我的腰部,蹲着的 2 个年轻男子也向我冲过来,其中一个人还拿着一块石头

(续表)

供述人	卷宗	作案工具
陈某	B卷	P105：光头抢过我、陈某的木棍打
庞某祥	B卷	P116："二十二"拿着水果刀指着司机，"大颠"打了司机几巴掌
庞某祥	B卷	P118："大颠"就拿着一条预先准备好的棍子朝司机头部猛打
庞某祥	B卷	P129：大颠从旁边工地拿着一根木棍，庞腰间别一把尖刀，当到达大颠埋伏的地点时，我拿尖刀顶住司机
庞某祥	B卷	P136：大颠坐在司机后面双手扭向后抱住司机，二十二从车上下来上前拉住司机的头发，庞上前踢二脚的大腿，后来大颠抱住司机强行拉下车
王某	B卷	P149：他们持3根水管，"二十二"持1把砍刀，身上还带有一支长约40公分的散弹枪
香某武	B卷	无供述

通过对各个被告人供述作案工具情况及被害人陈述案发时作案人使用的作案工具进行比对后，发现各个被告人供述的作案工具，与被害人陈述的凶器明显存在互相矛盾之处，无法达到一致。单纯从作案工具这一个细节进行分析，该案明显存在重大疑问，甚至可以认为该案绝对不是该4个被告人实施的，否则，不可能在作案工具这个重要细节上发生如此明显的矛盾。

七、制作其他事实对比表

除上述案件事实对比表，依据案件具体情况，还可以制作其他表格，对公诉机关指控的犯罪事实进行对比，从中发现案件存在的矛盾并分析该矛盾是主要矛盾，还次要矛盾；是关键性问题矛盾，还是非关键性问题矛盾；是对认定被告人犯罪产生足够影响的矛盾，还是可以排除合理怀疑的矛盾等。制作这些表格的目的，就是发现案件矛盾点，分析是否可以排除合理怀疑，是否能够认定被告人构成犯罪。

依据案件具体情况，还可以制作以下事实比对表：

(1) 被告人供述作案预谋情况对比表；
(2) 被告人供述的逃离犯罪现场对比表；
(3) 被告人供述的作案过程对比表；
(4) 被告人供述的赃物特征及去向对比表；
(5) 被告人对某个事实历次供述情况对比表；

(6) 被告人供述现场情况与现场勘查情况对比表；

(7) 被告人供述作案工具与尸体检验情况对比表；

(8) 每起案件认定事实证据对比分析表；

(9) 一审法院判决认定事实对比表；

(10) 认定被告人构成犯罪证据对比表；

(11) 认定被告人不构成犯罪证据对比表。

通过制作不同的表格，展示不同内容之间的对比，从而发现认定犯罪或否定被告人有罪的关键性问题，为辩护律师的辩护指明辩护方向，从而为实现有效辩护提供坚实基础。

第三节 辩护律师收集、调查取证

一、法律规定

1. 《律师法》的规定

依据《律师法》第35条的规定，受委托的律师根据案情的需要，可以申请人民检察院、人民法院收集、调取证据或者申请人民法院通知证人出庭作证。律师自行调查取证的，凭律师执业证书和律师事务所证明，可以向有关单位或者个人调查与承办法律事务有关的情况。

2. 《刑事诉讼法》的规定

依据《刑事诉讼法》第39条的规定，辩护律师认为在侦查、审查起诉期间公安机关、人民检察院收集的证明犯罪嫌疑人、被告人无罪或者罪轻的证据材料未提交的，有权申请人民检察院、人民法院调取。依据该法第41条的规定，辩护律师经证人或者其他有关单位和个人同意，可以向他们收集与本案有关的材料，也可以申请人民检察院、人民法院收集、调取证据，或者申请人民法院通知证人出庭作证。辩护律师经人民检察院或者人民法院许可，并且经被害人或者其近亲属、被害人提供的证人同意，可以向他们收集与本案有关的材料。

依据上述规定，辩护律师收集、调查取证有三种方式。下面结合法律规定、司法解释等就收集、调查取证途径的时机及提交证据方法等分别谈谈个人看法。

二、申请人民检察院、人民法院收集、调查取证

依据《刑事诉讼法》的规定,辩护律师认为公安机关、检察机关有关犯罪嫌疑人、被告人无罪或罪轻证据未依法移交的或其他有关单位、个人掌握的有利于犯罪嫌疑人、被告人的证据材料,可以申请人民检察院或人民法院依法调取。申请人民检察院、人民法院调取证据,笔者认为辩护律师应当提供该证据存在的线索或证据,以保证最大限度地争取到人民检察院或人民法院调取该证据,从而为实现有效辩护奠定基础。

辩护律师申请人民检察院或人民法院调取证据,应当制作调取证据申请书,阐明调取证据的必要性、申请调取证据的法律依据和事实依据,调取该证据的目的以及证据种类、形式、保存地点、联系人、联系电话等内容,并附上证据线索或证据复印件,以确保人民检察院或人民法院同意调取证据。同时,也方便人民检察院或人民法院在调取证据时与证据保存单位、负责人联系沟通,提高办案效率。

三、申请人民法院通知证人出庭作证

证人证言是证据的一种,是证人就自己所知道的案件情况向法院或侦查机关所作的陈述。刑事诉讼中的证人可以分为控方证人和辩方证人。无论控方证人还是辩方证人,辩护律师认为该证人对案件定罪量刑具有重大影响的,均可以申请该证人出庭作证。

辩护律师制作申请证人出庭申请书时,应当阐明证人出庭的必要性,对案件定罪量刑影响程度以及证人的基本情况、住址、联系电话等内容,以确保人民法院同意该证人出庭作证。同时,也方便人民法院通知证人出庭,提高办案效率。

无论控方证人还辩方证人,辩护律师都应当积极促使证人出庭,以实现辩护目的。

四、辩护律师自行收集、调查取证

收集、调查取证是律师的一项基本功。无论刑事辩护案件,还是民商事诉讼仲裁案件,都涉及律师收集、调查取证工作。辩护律师自行收集、调查的证据基

本上是两类证据：一类是客观证据，即书证、物证、视听资料等以一定载体记录案件事实的证据，此类证据无论控方还辩方收集、调查均不会改变证据内容，一般刑事辩护律师对此类证据会主动收集、调查；另一类证据是主观证据，即证人证言。

证人包括控方证人和辩方证人，控方证人是指侦查阶段、审查起诉阶段已作过证的证人；辩方证人是指未向侦查机关、检察机关提供过证言，由辩方对其进行调查取证的证人。此类证据受询问环境、询问主体、询问方式、询问语气等影响，会产生不同证明效果。证人证言是最易改变的一种主观证据。基于《刑法》第306条辩护人伪证罪的规定，绝大多数刑事辩护律师都不会对证言主动进行调查取证，一般是向人民法院申请证人出庭作证，且不愿意在该证人出庭前与其有任何接触。这样，无论证人如何作证，都不会给辩护律师带来风险。但这样，即使证人出庭也不一定能够产生较好的出庭作证的效果。

笔者认为在收集、调查证人证言时，为规避一定的法律风险，应当坚持做到以下几点：

(1) 调查取证必须坚持至少2名律师进行调查取证。

(2) 在调查取证时，律师一定要自行与证人预约谈话地点，并且沟通时一定要同步录音或录像。

(3) 在与证人接触前，一定要坚持自己先行到达预约地点并做好谈话准备工作。

(4) 自接触证人的第一时间起，即应当开始同步录音、录像，同时告知证人已开始同步录音录像。

(5) 调查谈话前一定要向证人交代法律规定、作伪证的法律后果和证人的保护制度。

(6) 制作证人笔录一定要坚持实事求是，如实记录谈话内容。

(7) 在与证人谈话期间，不能有任何引诱、诱导、欺骗性等发问，所有问题应当是开放性的。

(8) 谈话完毕，一定要让证人自己对笔录详细阅读或向其宣读，在其确认记录与其所陈述的事实无误后，要求其签名、签署日期并要书写："我是自愿向××律师、××律师出具证言，以上笔录记载内容与我所陈述的内容完全一致，以上所说的内容均是本人亲身经历或看到的事项，没有任何虚假之处。否则，我个人自行承担法律后果,与其他人无关。"

示例 6-11

辩护律师调查笔录式样

律师调查笔录

谈话时间:＿＿年＿月＿日＿时＿分至＿时＿分

调查地点:＿＿＿＿＿＿＿＿＿＿　调查律师:＿＿＿＿＿＿、＿＿＿＿

被调查人姓名:＿＿＿＿＿　性别:＿＿＿　出生日期:＿＿＿＿＿　民族:＿＿＿

文化程度:＿＿＿＿＿＿　职业:＿＿＿＿＿　身份证号:＿＿＿＿＿＿＿

住址或单位:＿＿＿＿＿＿＿＿＿＿＿＿＿＿＿＿＿＿＿＿＿＿＿＿＿＿

与利害人＿＿＿＿＿的关系:＿＿＿＿＿联系电话:＿＿＿＿＿＿＿＿

问:我们是北京广森律师事务所律师＿＿＿＿＿＿＿、＿＿＿＿＿＿＿现就＿＿＿＿＿＿＿＿＿＿＿＿＿＿＿＿＿＿＿＿＿,依法向你调查有关情况,是否同意本律师对您调查取证?

答:＿＿＿＿＿＿＿＿＿＿＿＿＿＿＿＿＿＿＿＿＿＿＿＿＿＿＿＿

问:今天我们对您进行调查取证,我们准备同步录音录像,您是否同意?

答:＿＿＿＿＿＿＿＿＿＿＿＿＿＿＿＿＿＿＿＿＿＿＿＿＿＿＿＿

问:由于我们律所在贵地没有办公地点,今天选择在＿＿＿＿＿＿＿＿＿＿地方进行调查取证,您是否同意将该地点作为我们调查的地点?

答:＿＿＿＿＿＿＿＿＿＿＿＿＿＿＿＿＿＿＿＿＿＿＿＿＿＿＿＿

问:现向您出示律师执业证及北京广森律师事务所调查函,请您核对确认?

答:＿＿＿＿＿＿＿＿＿＿＿＿＿＿＿＿＿＿＿＿＿＿＿＿＿＿＿＿

问:依据《刑法》的规定,证人、鉴定人、记录人、翻译人对与案件有重要关系的情节,故意作虚假证明、鉴定、记录、翻译,意图陷害他人或者隐匿罪证的,处 3 年以下有期徒刑或者拘役;情节严重的,处 3 年以上 7 年以下有期徒刑。上述法律规定是否清楚或完全理解?

答:＿＿＿＿＿＿＿＿＿＿＿＿＿＿＿＿＿＿＿＿＿＿＿＿＿＿＿＿

问:依据《刑事诉讼法》的规定,证人、鉴定人、被害人认为因在诉讼中作证,本人或者其近亲属的人身安全面临危险的,可以向人民法院、人民检察院、公安机关请求予以保护。人民法院、人民检察院、公安机关依法采取保护措施,有关单位和个人应当配合。这一点你是否听清楚并明白法律规定的意义?

答:_____

问:您是否能够保证今天所陈述的事实,是你所知道的真实情况,所讲实事求是,没有做任何虚假陈述?

答:_____

问:在此之前本所律师是否与您见过面或通过电话,与您说过调查取证的内容?

答:_____

问:我们今天对您调查的内容要求您实事求是陈述,我们只听您客观陈述,不需要您做任何分析判断,知道的您就说,不知道的就说不知道,您听清楚了吗?

答:_____

问:在我们今天对您进行调查取证之前,是否有人包括今天在场的律师,告诉您如何回答律师调查的内容?

答:_____

第四节 审查判断证据

辩护律师审查各类证据时,主要是审查判断证据的客观性、合法性、关联性、证明力及能否与其他证据相互印证。证据的客观性,是就事实证据证明事实与客观事实是否一致;基于辩护律师不是当事人,一般情况下对于客观性问题主要由被告人来回答,即要求辩护律师在会见时重点核实证据客观性。证据的合法性,是指该证据形式是否属于《刑事诉讼法》规定的证据种类,调查取证程序是否合法,证据的内容是否合法等。证据的关联性,是指该证据与指控的犯罪事实是否具有关联。证明力是指证据对待证事实证明上的强弱程度,即证据在多大程度上对待证事实有证明作用。每份证据都要围绕证据的三性和证明力来审查判断,下面重点谈一下每类证据、每项证据,需要特别注意审查的内容。

一、对物证、书证应当重点审查的内容

物证、书证是客观证据,主要审查以下内容:

(1) 物证、书证是否为原物、原件,是否经过辨认、鉴定;物证的照片、录像、复制品或书证的副本、复制件是否与原物、原件相符,是否由 2 人以上制作,有无制作人员关于制作过程以及原物、原件存放于何处的文字说明和签名。

(2) 物证、书证的收集程序、方式是否符合法律及有关规定;勘验、检查、搜查、提取、扣押的物证、书证是否附有相关笔录、清单并经侦查人员、物品持有人、见证人签名,没有物品持有人签名的,是否注明原因;物品的名称、特征、数量、质量等是否注明清楚。

(3) 物证、书证在收集、保管、鉴定过程中,是否受损或者改变。

(4) 物证、书证与案件事实有无关联;对现场遗留的与犯罪有关的具备鉴定条件的血迹、体液、毛发、指纹等生物样本、痕迹、物品是否已作 DNA 鉴定、指纹鉴定等,并与犯罪嫌疑人、被告人或者被害人的相应生物检材、生物特征、物品等进行比对。

(5) 据以定案的物证、书证应当是原物。原物不便于搬运、不易保存、不易提取的,依法应当由有关部门保管、处理或者依法应当返还的,可以拍摄、制作足以反映原物、原件外形和特征的照片、录像、复制件、副本。

(6) 物证的照片、录像复制品,不能反映原物的外形和特征的,书证的复制件、副本有更改或者更改迹象不能作出合理解释,或者书证的副本、复制件不能反映原件及其内容的,不得作为定案的依据。物证、书证的照片、录像、复制品、副本是否与原物核对无误,经鉴定为真实或者以其他方式确认为真实的,可以作为定案依据。

(7) 在勘验、检查、搜查过程中提取、扣押的物证、书证,未附笔录或者清单、不能证明物证书证来源的,不得作为定案的依据。

(8) 物证、书证的收集程序有下列瑕疵,经补正或者作出合理解释的,可以采用:勘验、检查、搜查、提取笔录或扣押清单上没有侦查人员、物品持有人、见证人签名或者对物品的名称、特征、数量、质量等注明不详的;物证的照片、录像、复制品、书证的副本、复制件未注明与原件核对无异,无复制时间或无被收集、调取人签名、盖章的;物证的照片、录像、复制品、书证的副本、复制件没有制作人关于

制作过程和原物、原件存放地点的说明或者说明中无签名的;有其他瑕疵的。除此之外,不能作为定案的依据;对物证、书证的来源、收集程序有疑问,不能作出合理解释的,该物证、书证不得作为定案的依据。

二、对证人证言和被害人陈述审查的重点内容

证人证言是主观证据,主要审查以下内容:

(1) 证人证言和被害人陈述的内容是否为证人、被害人直接感知,即是否是亲身经历的事实。

(2) 证人和被害人作证时的年龄、认知、记忆和表达能力,生理和精神状态是否影响作证。

(3) 证人与案件当事人、案件处理结果是否有利害关系。

(4) 询问证人、被害人是否单独、个别进行。

(5) 询问笔录的制作、修改是否符合法律法规及部门规章等的规定,是否注明询问的时间、地点;首次询问是否告知证人、被害人有关作证的权利义务和法律责任;证人、被害人对询问笔录是否核对确认无误。

(6) 询问未成年证人、被害人时,是否通知其法定监护人或者有关人员到场,其法定监护人或者有关人员是否到场。

(7) 证人证言、被害人陈述有无以暴力、威胁等非法方法收集的情形。

(8) 证言之间、被害人陈述之间以及与其他证据之间能否相互印证,有无矛盾。

(9) 处于明显醉酒、中毒或者麻醉等状态,不能正常感知或者正确表达的证人、被害人所提供的证言和陈述,不得作为证据使用。证人、被害人的猜测性、评论性、推断性的证言和陈述,不得作为证据使用,但根据一般生活经验判断符合事实的除外。证人证言、被害人陈述具有下列情形之一的,不得作为定案的依据:询问证人、被害人没有个别进行的;书面证言和陈述没有经证人、被害人核对确认的;询问聋哑人,应当提供通晓聋哑手势的人员而未提供的;询问不通晓当地通用语言、文字的证人、被害人应当提供翻译人员而未提供的。

(10) 证人证言、被害人陈述的收集程序、方式有下列瑕疵,经补正或者作出合理解释的,可以采用;不能补正或者作出合理解释的,不得作为定案的依据,具体包括:询问笔录没有填写询问人、记录人、法定监护人姓名以及询问的起止时

间、地点的；询问地点不符合法律规定的；询问笔录没有记录告知证人、被害人有关作证的权利义务和法律责任的；询问笔录反映出在同一时间段，同一询问人询问不同证人、被害人的。

三、对犯罪嫌疑人供述和辩解审查的重点内容

犯罪嫌疑人、被告人的供述和辩解也是主观证据，必要时，辩护律师可以调取讯问过程的录音录像，犯罪嫌疑人进出看守所的健康检查记录、笔录，并结合录音、录像、记录、笔录等证据，重点审查以下内容：

（1）讯问的时间、地点、讯问人的身份、人数以及讯问方式等是否符合法律、法规及规章的规定。

（2）讯问笔录的制作、修改是否符合法律、法规、规章等规定，是否注明讯问的具体起止时间和地点，首次讯问是否告知犯罪嫌疑人诉讼权利义务和法律规定，犯罪嫌疑人是否明确确认。

（3）讯问未成年犯罪嫌疑人是否通知其法定监护人或者有关人员到场，其法定监护人或者有关人员是否到场。

（4）犯罪嫌疑人的供述有无以刑讯逼供等非法方法收集的情形。

（5）犯罪嫌疑人的供述是否前后一致，有无反复以及出现反复的原因，犯罪嫌疑人的所有供述和辩解是否均已随案移送。

（6）犯罪嫌疑人的辩解内容是否符合案情、常理，有无矛盾。

（7）犯罪嫌疑人供述具有下列情形之一的，不得作为定案依据：讯问笔录没有经犯罪嫌疑人核对确认的；讯问聋哑人应当提供通晓聋哑手势的人员而未提供的；讯问不通晓当地语言、文字的犯罪嫌疑人，应当提供翻译人员而未提供的。

（8）讯问笔录有下列瑕疵，经补正或者作出合理解释的，可以采用；不能补正或作出合理解释的，不得作为定案的依据：讯问笔录填写的讯问时间、讯问地点、讯问人、记录人、法定监护人等有误或者存在矛盾的，讯问人没有签名的，首次讯问笔录没有记录告知被讯问人相关权利和法律规定的。

四、对鉴定意见审查的重点内容

鉴定意见在本质上是一种证人证言，重点审查以下内容：

（1）鉴定机构和鉴定人是否具有法定资质，鉴定人是否存在应当回避的情形。

(2) 检材的来源、取得、保管、送检是否符合法律规定,与相关提取笔录、扣押物品清单等记载的内容是否相符,检材是否充足、可靠。

(3) 鉴定意见的形式要件是否完备,是否注明提起鉴定的事由、鉴定委托人、鉴定机关、鉴定要求、鉴定过程、鉴定方法、鉴定日期等相关内容,是否由鉴定机构加盖司法鉴定专用章并由鉴定人签名、盖章。

(4) 鉴定程序是否符合法律法规规定,鉴定的过程和方法是否符合相关专业的规范要求。

(5) 鉴定意见是否明确,鉴定意见与案件待证事实有无关联,鉴定意见与勘验、检查笔录及相关照片等其他证据是否存在矛盾。

(6) 鉴定意见是否依法及时告知相关人员,当事人对鉴定意见有无异议。

(7) 鉴定意见具有下列情形之一的,不得作为定案的依据:鉴定机构不具备法定资质,或者鉴定事项超出该鉴定机构业务范围、技术条件的;鉴定人不具备法定资质,不具有相关专业技术或职称或者违反回避规定的;送检材料、样本不一致的;鉴定程序违反规定,鉴定过程和方法不符合相关专业的规范要求的;鉴定文书缺少签名、盖章的;鉴定意见与案件待证事实没有关联的;违反有关规定的其他情形。

(8) 对案件中的专门性问题需要鉴定,但无法定司法鉴定机构或者法律、司法解释规定可以进行检验的,可以指派、聘请有专门知识的人进行检验,检验报告可以作为定罪量刑的参考。

五、对勘验、检查、辨认笔录重点审查的内容

勘验、检查、辨认笔录是侦查人员对客观事实的记录,重点审查的内容如下:

(1) 勘验、检查是否依法进行,笔录的制作是否符合法律,勘验、检查人员和见证人是否签名或盖章。

(2) 勘验、检查笔录是否记录了勘验、检查事由,勘验、检查的时间、地点、在场人员、现场方位、周围环境,现场的物品、人身、尸体等的位置、特征等情况,以及勘验、检查、搜查的过程;文字记录与实物或者绘图、照片、录像是否相符;现场物品、痕迹等是否有伪造、有无破坏;人身特征、伤害情况、生理状态有无伪装或者变化。

(3) 补充进行勘验、检查的,是否说明再次勘验、检查的缘由,前后勘验、检查的情况是否存在矛盾。

(4) 勘验、检查笔录存在明显不符合法律、法规和规章的情形,不能作出合理解释或者说明的,不能作为定案的依据。

(5) 对辨认笔录应当重点审查辨认过程、方法,以及辨认笔录的制作是否符合法律及有关规定。辨认笔录具有下列情形之一的,不得作为定案的依据:辨认笔录不是在侦查人员主持下进行的;辨认前使辨认人见到辨认对象的;辨认活动没有个别进行的;辨认对象没有混杂在具有类似特征的其他对象中,或者供辨认的对象数量不符合规定的;辨认中给辨认人明显暗示或者明显有指认嫌疑的;违反有关规定,不能确定辨认笔录真实性的其他情形。对侦查实验笔录应当重点审查侦查实验的过程、方法,以及笔录的制作是否符合有关规定。侦查实验的条件与事件发生时的条件有明显差异,或者存在影响实验结论科学性的其他情形,侦查实验笔录不得作为定案的依据。

六、对视听资料应当重点审查的内容

视听资料原则上应当归属于客观证据,基于该类证据特点,应当重点审查以下内容:

(1) 是否附有提取过程的说明,来源是否合法。

(2) 视听资料是否为原件,有无复制及复制份数;是复制件的,是否附有无法调取原件的原因、复制件制作过程和原件存放地点的说明,制作人、原视听资料持有人是否签名或者盖章。

(3) 制作过程中是否存在威胁、引诱当事人等违反法律有关规定的情形。

(4) 是否写明制作人、持有人的身份,制作的时间、地点、条件和方法。

(5) 内容和制作过程是否真实,有无剪辑、增加、删改等情形。

(6) 内容与案件事实有无关联。

对视听资料有疑问的,应当进行鉴定。

七、对电子邮件、电子数据交换、网上聊天记录、博客、微博、手机短信、电子签名、域名等电子数据的重点审查内容

电子邮件、电子数据交换、网上聊天记录、博客、微博、手机短信、电子签名、

域名等电子数据是客观证据,应当重点审查以下内容:

(1) 是否随原始存储介质移送;在原始存储介质无法封存、不便移动或者依法应当由有关部门保管、处理、返还时,提取、复制电子数据是否由 2 人以上进行,是否足以保证电子数据的完整性,有无提取、复制过程及原始存储介质存放地点的文字说明和签名。

(2) 收集程序、方式是否符合法律及有关技术规范;经勘验、检查、搜查等侦查活动收集的电子数据,是否附有笔录、清单,并经侦查人员、电子数据持有人、见证人签名;没有持有人签名的,是否注明原因;远程调取境外或者异地的电子数据的,是否注明相关情况;对电子数据的规格、类别、文件格式等注明是否清楚。

(3) 电子数据内容是否真实,有无删除、修改、增加等情形。

(4) 电子数据与案件事实有无关联。

(5) 与案件事实有关联的电子数据是否全面收集。

对电子数据有疑问的,应当进行鉴定或者检验。

视听资料、电子数据具有下列情形之一的,不得作为定案的根据:

(1) 经审查无法确定真伪的;

(2) 制作、取得的时间、地点、方式等有疑问,不能提供必要证明或者作出合理解释的。

八、非法证据排除

非法证据排除规则通常是指在刑事诉讼中,侦查机关及其工作人员使用非法手段取得的证据不得在刑事审判中被采纳的规则。1996 年《刑事诉讼法》规定:严禁刑讯逼供和以威胁、引诱、欺骗以及其他非法的方法收集证据。1998 年最高人民法院《关于执行〈中华人民共和国刑事诉讼法〉若干问题的解释》第 61 条又规定:"严禁以非法的方法收集证据。凡经查证确实属于采用刑讯逼供或者威胁、引诱、欺骗等非法的方法取得的证人证言、被害人陈述、被告人供述,不能作为定案的根据。" 2010 年 6 月 13 日,最高人民法院、最高人民检察院、公安部、国家安全部、司法部颁布的《关于办理刑事案件排除非法证据若干问题的规定》,对非法证据排除做了详细规定,确立了非法证据排除规则。2012 年《刑事诉讼法》从立法层面上首次确立了非法证据排除规则,中国司法实践中治理刑讯逼供的科学证据体系基本形成。

1. 非法证据认定

使用肉刑或者变相肉刑,或者采用其他使被告人在肉体上或者精神上遭受剧烈疼痛或者痛苦的方法,迫使被告人违背意愿供述的,应当认定为《刑事诉讼法》第54条规定的"刑讯逼供等非法方法"。

认定《刑事诉讼法》第54条规定的"可能严重影响司法公正",应当综合考虑收集物证、书证违反法定程序以及所造成后果的严重程度等情况。

2. 程序启动

当事人及其辩护律师、诉讼代理人申请人民法院排除以非法方法收集的证据的,应当提供涉嫌非法取证的人员、时间、地点、方式、内容等相关线索或者材料,即非法证据排除依申请启动。

3. 排除非法证据责任

人民法院向被告人及其辩护律师送达起诉书副本时,应当告知其申请排除非法证据,应当在开庭审理前提出,但在庭审期间才发现相关线索或者材料的除外。开庭审理前,当事人及其辩护律师、诉讼代理人申请人民法院排除非法证据的,人民法院应当在开庭前及时将申请书或者申请笔录及相关线索、材料的复制件送交人民检察院。开庭审理前,当事人及其辩护律师、诉讼代理人申请排除非法证据,人民法院经审查,对证据收集的合法性有疑问的,应当依照《刑事诉讼法》第182条第2款的规定召开庭前会议,就非法证据排除等问题了解情况,听取意见。人民检察院可以通过出示有关证据材料等方式,对证据收集的合法性加以说明。法庭审理过程中,当事人及其辩护律师、诉讼代理人申请排除非法证据的,法庭应当进行审查。经审查,对证据收集的合法性有疑问的,应当进行调查;没有疑问的,应当当庭说明情况和理由,继续法庭审理。当事人及其辩护律师、诉讼代理人以相同理由再次申请排除非法证据的,法庭不再进行审查。对证据收集合法性的调查,根据具体情况,可以在当事人及其辩护律师、诉讼代理人提出排除非法证据的申请后进行,也可以在法庭调查结束前一并进行。

法庭审理过程中,当事人及其辩护律师、诉讼代理人申请排除非法证据,人民法院经审查,不符合最高人民法院《关于适用〈中华人民共和国刑事诉讼法〉的解释》(以下简称《刑诉解释》)第97条规定的,应当在法庭调查结束前一并进行审查,并决定是否进行证据收集合法性的调查。

4. 控方证明责任

法庭决定对证据收集的合法性进行调查的,可以由公诉人通过出示、宣读讯问笔录或者其他证据,有针对性地播放讯问过程的录音录像,提请法庭通知有关侦查人员或者其他人员出庭说明情况等方式,证明证据收集的合法性。

公诉人提交的取证过程合法的说明材料,应当经有关侦查人员签名,并加盖公章。未经有关侦查人员签名的,不得作为证据使用。上述说明材料不能单独作为证明取证过程合法的根据。

5. 法庭处理

经审理,确认或者不能排除存在《刑事诉讼法》第54条规定的以非法方法收集证据情形的,对有关证据应当排除。

人民法院对证据收集的合法性进行审查后,应当将审查结论告知公诉人、当事人和辩护律师、诉讼代理人。

具有下列情形之一的,第二审人民法院应当对证据收集的合法性进行审查,并根据刑事诉讼法和司法解释的有关规定作出处理:

(1)第一审人民法院对当事人及其辩护律师、诉讼代理人排除非法证据的申请没有审查,且以该证据作为定案根据的;

(2)人民检察院或者被告人、自诉人及其法定代理人不服第一审人民法院作出的有关证据收集合法性的审查结论,提出抗诉、上诉的;

(3)当事人及其辩护律师、诉讼代理人在一审结束后才发现相关线索或者材料,申请人民法院排除非法证据的。

九、证据的综合审查与运用

辩护律师应当针对合法有效的证据证明事实进行审查判断,综合审查分析判断并运用证据。在对单个证据审查判断的基础上,纵观全案证据,进行总体分析判断与运用。此阶段也是辩护阶段非常重要的一环,是否能够实现有效辩护,关键是如何综合运用证据。此阶段应当重点做好以下工作:

1. 证据客观性运用

对证据的真实性,应当综合全案证据进行审查。对证据的证明力,应当根据案件具体情况,从证据与待证事实的关联程度、证据之间的联系等方面进行审查判断。证据之间具有内在联系,共同指向同一待证事实,不存在无法排除的矛盾和无法解释的疑问的,才能作为定案的根据。

没有直接证据,但间接证据同时符合下列条件的,可以认定被告人有罪:① 证据已经查证属实;② 证据之间相互印证,不存在无法排除的矛盾和无法解释的疑问;③ 全案证据已经形成完整的证明体系;④ 根据证据认定案件事实足以排除合理怀疑,结论具有唯一性;⑤ 运用证据进行的推理符合逻辑和经验。

2. 有罪供述的运用

根据被告人的供述、指认提取到隐蔽性很强的物证、书证,且被告人的供述与其他证明犯罪事实发生的证据相互印证,并排除串供、逼供、诱供等可能性的,可以认定被告人有罪。

3. 技术侦查证据运用

采取技术侦查措施收集的证据材料,经当庭出示、辨认、质证等法庭调查程序查证属实的,可以作为定案的根据。使用前述的证据可能危及有关人员的人身安全,或者可能产生其他严重后果的,法庭应当采取不暴露有关人员身份、技术方法等保护措施;必要时,审判人员可以在庭外核实。

4. 办案说明的运用

对侦查机关出具的被告人到案经过、抓获经过等材料,应当审查是否有出具该说明材料的办案人、办案机关的签名、盖章。对到案经过、抓获经过或者确定被告人有重大嫌疑的根据有疑问的,应当要求侦查机关补充说明。

5. 有缺陷证据的运用

下列证据应当慎重使用,有其他证据印证的,可以采信:① 生理上、精神上有缺陷,对案件事实的认知和表达存在一定困难,但尚未丧失正确认知、表达能力的被害人、证人和被告人所作的陈述、证言和供述;② 与被告人有亲属关系或者其他密切关系的证人所作的有利被告人的证言,或者与被告人有利害冲突的证人所作的不利被告人的证言。

6. 禁止作为证据运用

证明被告人自首、坦白、立功的证据材料,没有加盖接受被告人投案、坦白、检举揭发等的单位的印章,或者接受人员没有签名的,不得作为定案的根据。对被告人及其辩护律师提出有自首、坦白、立功的事实和理由,有关机关未予认定,或者有关机关提出被告人有自首、坦白、立功表现,但证据材料不全的,人民法院应当要求有关机关提供证明材料,或者要求相关人员作证,并结合其他证据作出认定。

7. 累犯证据运用

证明被告人构成累犯、毒品再犯的证据材料,应当包括前罪的裁判文书、释放证明等材料;材料不全的,应当要求有关机关提供。

8. 责任年龄证据运用

审查被告人实施被指控的犯罪时或者审判时是否达到相应法定责任年龄,应当根据户籍证明、出生证明文件、学籍卡、人口普查登记、无利害关系人的证言等证据综合判断。证明被告人已满14周岁、16周岁、18周岁或者不满75周岁的证据不足的,应当认定被告人不满14周岁、不满16周岁、不满18周岁或者已满75周岁。

第五节 法庭举证质证

从事律师职业前,笔者认为刑事辩护其实就是在法庭上发表一个辩护观点,那时还不知道有举证、质证、辩护词之说。从事律师职业以来,笔者知道了什么是举证质证,什么是辩护词,也知道了辩护律师的辩护工作起点应当自律师会见犯罪嫌疑人、被告人时开始,且每个阶段有不同的辩护重点,会见有会见的重点、法庭调查有法庭调查的辩护重点。从事刑事辩护这几年来,笔者与各地律师在一起合作过,也见过同案辩护律师的风采,从中学习到了一些很好的辩护技巧与经验,也看到了一些辩护律师的辩护看似敬业,但仅限于量刑的辩护,对案件的实体问题很少去辩护。通过几年不断的总结经验,笔者发现辩护律师在法庭质证阶段对整个案件辩护或者说辩护意见采纳程度具有非常重要的作用。下面就谈谈法庭调查阶段的几个辩护重点问题。

一、撰写举证质证提纲的方法

法庭调查其实是就是通过公诉人的举证,被告人和辩护律师质证,让法庭发现案件证据存在的瑕疵,找出案件证据的矛盾点,从而查明被告人的犯罪事实。依据《刑事诉讼法》的规定,质证应当采取一证一质方法,但目前采用此方法举证的法院非常少,基本采取一组证据一质证或公诉人全部证据举证完毕后,被告或辩护律师再质证,其实这对查明案件情况非常不利。为了便于法庭查明案情,实现有效质证,结合笔者的经验,在此略举三例刑事质证的方法。

1. 证据种类质证法

证据种类质证法也就是按《刑事诉讼法》规定的证据种类进行归类,按每类证据进行归纳总结,研究分析判断公诉机关通过该证据想证明什么事项,然后再有针对性地提出质证意见。此种方法多适用于起诉书指控的单一事实,可以帮助法庭查明案件事实是否存在疑点、证据链条是否完整。

具体来讲,就是将公诉方提交法庭的全部证据,按《刑事诉讼法》规定的 8 种证据进行分别归类,即物证;书证;证人证言;被害人陈述;犯罪嫌疑人、被告人供述和辩解;鉴定意见;勘验、检查、辨认、侦查实验等笔录;视听资料、电子数据等这八大证据进行分类,按每一类证据的真实性、合法性、关联性进行质证,并说明质证观点的理由。

2. 事实证据质证法

该方法是针对认定某个事实的证据,进行质证,也就是在质证时,围绕公诉人列举的证据证明事实,辩护律师针对公诉人指控的证据进行分别质证。此种方法多适用于起诉书指控的多个案件事实,这样做的目的可以最大限度地让法庭以方便快捷的方式,查明每一起案件证据是否充分,是否达到认定犯罪的程度。

3. 一证一质方法

一证一质是指公诉人每举证一份证据,被告人和辩护律师即时对证据的真实性、合法性、关联性和证明力进行质证。此质证方法非常有利于法庭查明每个证据的三性和证明力,尤其在排除非法证据阶段,更能体现其重要程度。一证一质目前只能说是所有辩护律师的良好愿望,在所有刑事审判中实现起来非常困难。一证一质虽好,但对当前司法实践来说,公诉人如何举证、或先举什么证据、后举什么据、怎么制作质证提纲,质证怎么才能与公诉人举证同步进行呢?这可能是每一个辩护律师面临的最大难题。依笔者的辩护经验,最好提前与公诉人进行沟通,争取让公诉人提供一份举证顺序说明或列表等,申明了解举证顺序,是为了方便法庭审理,但目前公诉人基本不会提供举证顺序,只能靠辩护律师去分析判断。笔者建议:一是查阅起诉书是如何划分案件证据组或先后顺序的,按起诉书排列顺序进行准备;二是按着犯罪主体、作案时间、作案地点、作案过程等发生事件的时间顺序进行准备;三是制作简单的证据分类目录或图表,对重点证据进行特殊标注,必要时,另页制作质证提纲,以方便法庭发表质证意见时查阅。

4. 辩护律师举证的方法

由于当前《刑法》第306条的规定,很多辩护律师不愿意进行调查取证,甚至有不少辩护律师因调查取证行为被追究刑事责任。但是,调查取证是辩护律师的法定责任,如何调查取证已在前文叙述。如何在法庭上举证,笔者认为应当按照以下方法:按照辩护律师调查取证的证据形式或证据证明的事项进行分类分组,或按证明同一事实的证据进行分类分组,在举证时先说明该证据的类型,如书证、证人证言等,该证据是通过什么方法或形式取得,想证明什么事项,是如何证明的等,这样可以让法庭清楚该证据取得程序是否合法,是否与该案有关联性,证据证明事实是否具有客观性等。

二、撰写举证质证提纲的重点

法庭举证质证,是法庭调查阶段的一项重要工作,依据《刑事诉讼法》的规定,证据必须经过查证属实,才能作为定案的根据。制作一份相对完备的举证质证意见,可以在法庭调查阶段做到不慌乱、有条有理有序。笔者认为这是每一个辩护律师应当具备的基本功。如何制作举证质证提纲?笔者建议一种情况制作表格式的举证质证意见提纲,一种情况制作文本形式的举证质证提纲,主要根据案件的具体情况进行选择。实践中使用表格的形式较普遍,因其更加直观。

质证的重点首先是该证据取得程序是否合法,包括调查取证的地点是否符合《刑事诉讼法》的规定,调查取证人员是否是具有侦查权的警察或检察官,是否满足调查取证需要至少2名侦查人员在场,该证据调查取证时间是否符合该案侦查时间顺序等。若有非法取证情形,则应在质证意见中明确提出;若不存在违法情形,则不需要在质证意见中体现。然后,再谈该证据是否有证明力,与其他证据证明的事项是否一致,是否有矛盾点,矛盾点的主要内容等。

每份证据都需要按照上述内容制作质证提纲,对于认定被告人无罪或有利的证据或证据中对被告人有利的记载,一定要在法庭上言明在案卷的第几卷第几页,甚至在该页的第几行,具体内容是什么,这些都必须在质证提纲中进行明确标注,以方便在法庭发表质证意见时迅速找到质证依据,也让法官看到辩护律师确实已经认真阅过卷,这样才能引起法官的注意,进而影响法官的裁判。

辩护律师举证的提纲制作重点在前文已说明，这里不再赘述。

三、法庭发表举证质证意见的技巧

部分辩护律师认为已经制作举证质证意见提纲，辩护律师在法庭举证质证环节直接简单说明一下，开庭前或开庭后将书面举证质证意见提交法庭即可。笔者不这样认为。法庭调查阶段，最能体现辩护律师是否认真阅卷，是否能抓住关键性问题进行质证、举证。这是辩护律师向被告人及其家属、旁听人员表达辩护律师幕后辛苦工作程度的机会，也可体现出向公诉人、法官展示辩护律师发表的质证意见是在充分阅卷基础之上形成的，同样给公诉人、法官留下一个认真负责的辩护律师印象，也会得到公诉人、法官的尊重和认可。所以，辩护律师在法庭调查阶段一定要作好充分准备，在法庭上有理有据地发表质证意见。

依据公诉人在法庭上举证的证据，辩护律师应当迅速在举证质证意见提纲上标注出公诉人举证的证据先后顺序。同时，根据公诉人举示该证据的证明事项作好记录，发表质证意见时，一定要结合公诉人利用该证据证明的事项或者证明目的。结合事先准备的质证提纲，在发表质证意见时，及时修正质证意见。在质证时，辩护律师一定要讲出该证据证明的事项与其他证据的差异点，必要时，要宣读证据原内容，以引起法官的注意。同时，要说明你是否认可控方的证明目的，以及不认可的理由。

辩护律师要注意，在法庭质证时，一定要客观公正看待每一份证据，不能为帮助被告人逃脱罪责而一味地否认证据的客观性、关联性、合法性。质证时，辩护律师一定不要发表空洞、推测、推断性质证意见。辩护律师说出的每一句话都应当有依据，包括事实依据和法律依据。

辩护律师举证方法与公诉人举证方法基本一致，与民事诉讼举证方法也是一致的，这里不再重复叙述。

四、举证质证法律意见文书格式

举证质证意见文书就是辩护律师提交法庭的书面举证质证文书。有的律师可能认为，举证质证在法庭审理期间，已当庭充分发表了意见，没有必要再制作举证质证文书提交法庭，但笔者不这样认为。法庭审理时间非常短暂，辩护律师所发表的举证质证意见，书记员会全部记录，但无法保证记录全部准确。基于当前有的法院刑事庭审笔录仅让辩护律师首页和尾页签字,有的虽然是让每页签字,但基于开庭记录有很多页,加之刑事庭审完毕,基本上已经到下班时间,书记员、法官、法警都比较着急下班,基本也不让辩护律师详细审阅笔录记录内容是否全面、是否有错误,但实际上庭审笔录是法庭裁判案件的关键依据。因此,辩护律师非常有必要提交举证质证书面意见文书。辩护律师采取何种举证质证文书形式,需要结合案件及证据情况具体分析。这里介绍一下笔者经常用的两种质证意见文书格式。

1. 表格形式质证意见文书

该文书可以通过表格形式,体现出证人证实情况或被告人供述情况。通过表格统计,将意见形象地展示在法官面前,也就是通过可视化方式展示案件证据情况,然后根据该证据内容发表质证意见,这样做的目的是充分体现证据内容与质证意见,做到二者有机结合。笔者一般情况下均采用此方法。

示例 6-12
庞某祥抢劫案件辩护律师质证意见

抢劫卷-B 卷

页	陈述人	辩护律师质证意见
1	张某	此证人证实:作案人员为2个人,其中木棍男:30—35岁,170CM,中等身材,上身穿格子毛衣,平头,讲普通话带点白话;骑摩托车男:35岁左右,穿红色上衣。此证人为直接目击证人,且为案发时调查取证,证言具有真实性,提请法庭注意2名作案人员体貌特征,与本案被告人体貌特征不能完全吻合。
17	卢某德	案发被害人陈述:有一年龄约40岁男子搭车去万祥花园,此人是钦州一带口音,到万祥花园转弯向市站前路时,此人拿出一把约50公分的水果刀,抱住我并顶住我的腹部,接着从路边盆景中又走出来一个男子,2个人同时拿刀顶住我并搜身。之后其中一人开车,另外一个男的坐上车走,我在后面拉车,坐在后面的男子用刀砍我的手,于是我就松手了。往上爬到北京路,乘出租车追30米,看抢车人一人开一辆摩托车从人行道路出来,其中那名年轻人开的是一辆天牌摩托车。P19搭车人:40—50岁,162CM,穿黑色T恤,头发较短,有点秃头;年轻人:170CM,穿黑色衣服,身材较瘦,2人均说钦州话。此被害人陈述与被告人情况不符合。

(续表)

页	陈述人	辩护律师质证意见
20	卢某德	2007年9月20日笔录:P21记得搭车人额头较光,头有点光,年纪较大,因现场太暗看不太清楚,认不出来了。问:你见到被抢的摩托车上有几个人?答:当时我们从后面追赶,看得不是很清楚,好像是一个人在开车。问:追上之前是否有人已经跑了?答:就看不到了。此笔录不具有真实性,问话明显带有倾向性,前额光与有点秃头是不同的特征。此被害人陈述前后有差异,与被告人陈述前后有差异,与被告人情况不符合。
22	陈某海	2007年3月29日晚11时,在市站前路九中路口被抢劫。雷达摩托车桂EE7507、现金50元、大灵通手机。P23晚上在长青路与北京路交界处路口,有2个青年男子搭车去火车站,行至火车站路口,继续向东走,进入站前路泥路约30米,前面蹲着2个青年男子,此时,在车上的一个人持一把尖刀顶住我的腰部,并叫我停车,停车后,蹲着的2个青年男子也向我冲过来,其中一个人还拿着一块石头,他们4人汇合后,那个持刀人卡住我的脖子,并用刀架住,前面2个便上来搜我的身,抢我身上的钱、大灵通和摩托车。由原来蹲着的2个人开着我的车往东走,搭车的2个人继续卡住我,摩托车开走后,2个人放开我也向东走了。在与他们搏斗时,因抓住尖刀,割伤右手食指。搭车2人:23岁左右,穿米色衬衫,一个较肥,160CM;一个穿白衬衣,165CM;蹲着的2个人穿黑色衣服,170CM,有不纯正的北海口音。此被害人陈述与本案被告人情况明显不相符。
25	陈某海	2007年8月30日询问笔录:被抢位置是在差不多到水泥路与泥路交接处,左边是草丛,右边是树。蹲着的一个人拿砖头,骑摩托车往上九中方向跑了。被害人陈述前后不一致。
35	林某斌	提请法庭注意:搭乘一男,30岁左右,行至案发地P36突然掏出刀来,刺伤我左腰部,我跳下车,用手抓住他的上衣领,把他拖倒在地。 他有2个同伙,预先埋伏在路旁,路旁有一辆摩托车,我正想用脚踢他时,突然车灯一亮,2个同伙手持40公分长的铁水管,狠猛地砸我的头部,身体等部位;我右肩部被打一棍,打头三棍,连头盔也打烂了,我向水泥预制场方向跑。此时,P37搭车人扶起我的摩托车,不停地用脚想打着火,不行,我见况就在地上拿起2块水泥砖头,想砸那个歹徒,但拿铁棍的2个歹徒就又来追我,距离10米左右,我用石头砸过去,每个砖头都砸在歹徒身上,把2个歹徒砸倒在地,但那2个歹徒又从地上起来追我,我就跑了。摩托车被3个歹徒抢走了,向清江方向公路逃跑。 P37砸着一个胸部,另一个被砸着右肩部。 P37 3个歹徒都是167CM左右,较瘦,搭车人穿灰色夹克上衣,其他2个人看不清,都是30岁左右,讲钦州话。此被害人陈述与被告人情况不相符。

(续表)

页	陈述人			辩护律师质证意见
40	陈某	刑侦三大队	认罪	
47	陈某	刑侦三大队	认罪	
53	陈某	刑侦三大队	认罪	
63	陈某	刑侦三大队	认罪	
65	陈某	北海刑侦队	认罪	从陈某供述情况来看,在刑侦部门讯问均供认犯罪,在看守所讯问均否认犯罪,由此可以印证被告人提出受到刑讯逼供的事实;且被告人的供述出现反复,其供述不能作为定案依据。
70	陈某	北某看守所	不认罪	
73	陈某	刑侦三大队	认罪	
87	陈某	北某看守所	不认罪	
89	陈某	北某看守所	不认罪	
92	陈某	北海刑三队	认罪	
96	陈某	北某看守所	认罪	
102	陈某	北某看守所	认罪	
110	庞某祥	北海刑侦队	不认罪	从庞某祥供述情况来看,在刑侦部门讯问均供认犯罪,在看守所讯问均否认犯罪,由此可以印证被告人提出受到刑讯逼供的事实;且被告人的供述出现反复,其供述不能作为定案依据。
113	庞某祥	北海刑侦队	认罪	
122	庞某祥	北海二看	不认罪	
124	庞某祥	北海刑侦队	认罪	
133	庞某祥	北海二看	认罪	
138	庞某祥	北海二看	不认罪	
140	王某	检举二十二		
146	王某	供认参与		从王某供述抢劫犯罪事实的情况来看,王某先是检举二十二即陈某抢劫犯罪事实,后又供述本人参与抢劫犯罪事实;从王某供述情况与受害人陈述不一致,尤其是主要情节不一致,其供述不能作为定案的依据。
151	王某	供认参与		
160	王某	供认参与		
169	王某	供认参与		
178	王某	辨认现场		
180	王某	供认参与		
182	王某	供认参与		
185	王某	供认参与		
189	王某	供认参与		
192	王某	辨认现场		

2. 段落形式举证质证意见文书

该文书主要适用于书证、鉴定意见、现场勘查笔录等,笔者采用此方法时,一般每一份证据分成证据名称、证据卷页、证据来源、证据形式、证据内容、质证意见几部分,这样可以保证在法庭质证时,不需要翻卷就可以说出证据全部内容,做到公诉人出示任何证据,都可以在举证质证意见提纲中找到,核对公诉人举证事项是否与卷宗一致。

示例 6-13

袁某欣故意杀人、强奸、抢劫案质证意见格式

证据：现场勘查笔录　　P2—33 页（即第二卷 33 页）

证据来源：北京市×××分局

证据内容：

质证意见：

证据：尸体检验鉴定意见　P3—39 页（即第三卷 39 页）

证据来源：北京市×××分局

证据内容：

质证意见

五、庭后整理并提交质证法律意见

法庭开庭审理完毕后休庭，等待合议庭评议和判决。笔者建议辩护律师在庭审结束后，至迟应当在 5 日内提交质证意见、举证意见和辩护词。

这里主要说一下庭后整理并提交质证意见的问题：

一是一定要结合公诉人举证的证据证明的事项，对质证提纲进行修正、补充；

二是一定要做到质证、举证文书格式一致，整体美观、简洁；

三是一定要做到及时提交，通过邮寄方式提交法官的，一定要及时与承办法官或书记员电话沟通确认是否收到；

四是一定要使用特快专递寄送，依据当前法官接收快递方式，一定要使用 EMS 快递邮寄；

五是一定要做到每页签名，最后一页附签名和日期。

第 7 章

法庭发问技巧

第一节　法庭发问目的

法庭发问涉及公诉人发问、辩护律师发问、被告人发问、法官发问等。从辩护律师角度,辩护律师发问的目的是发现证据的证明力,发现有利于被告人的线索或证据,即发现无罪、罪轻的线索或证据,解决辩护律师的疑问,从而为有效辩护提供依据。发问目的大致可以分为以下几种情况。

一、发现证据证明力

辩护律师通过阅卷后,对案件事实有一定了解,也形成一定法律事实。从辩护律师法庭发问的目的来看,辩护人举证质证的发问是为了审查认定案件事实或印证被发问者的陈述是否属实,有无证明力,为辩论阶段的辩论提供依据。

二、发现无罪或罪轻线索

辩护律师的职责决定其发问目的除了弄清案情之外,还必须通过问答内容的整体结合,逐步地、鲜明地向法庭展示出有利于被告人的案情,发现无罪或有利于被告人获得从轻处罚的具体情节,为辩论阶段进行有效辩论提供依据。

三、解决辩护律师的疑问

辩护律师通过阅卷和会见被告人,并不能完全解决案件全部问题,如证人是如何被侦查人员找到,证人感知案件事实是否客观,鉴定人鉴定程序是否符合相关法律规定,鉴定的依据是什么等,有的内容可能在案卷内无法找到答案,尤其是关键的证人、鉴定人等,则只能通过在法庭的发问来解决。

第二节 法庭发问原则

法庭发问是刑事辩护律师的一项基本功,如何更好地通过法庭发问查明案件事实、被告人作案时心理状态,这对实现有效辩护具有非常重要的作用。律师的辩护不仅仅是在法庭上发表一篇生动精彩的辩护词,法庭上的辩护,自法庭调查即已开始。协助法庭查明案件事实,也是辩护律师的主要工作之一,唯有在查明案件事实的基础之上,辩护律师才能更好地实现辩护目的。法庭发问对象包括被告人、证人、鉴定人、侦查人员等。

一、发问准备原则

法庭发问应当是有针对性的发问。在法庭开庭审理前,辩护律师应当充分熟悉案件情况,了解案件证据情况,确认出庭的证人、侦查人员或鉴定人,结合案件具体情况,制定一个较为详细的庭审问话提纲。这个提纲不是一成不变的,需要根据法庭审理的情况及时调整发问的方式、问题,尤其是公诉人已经问过的问题原则上不要再进行发问,一是节省法庭审理时间,二是显示辩护律师的专业性。但是对公诉人发问的问题,若被告人没有说清楚,或回答的问题容易引起歧义,则辩护律师一定要进行发问,并且应当通过其他方式进行发问。这要求辩护律师在法庭审理前,一定要充分熟悉案情,掌握案件的每一个细节,否则,在法庭上不知道怎么发问或者不知道需要问什么或者发问前后不搭边、发问无章法,显得辩护律师不专业、不敬业,容易引起当事人的质疑。

案例 7-1

法庭询问技巧是辩护律师发现问题印证证据的有效方法

北京袁某欣故意杀人、强奸、抢劫案。该案系同案犯袁某凯共同作案,二袁均为刑满释放人员。起因是袁某凯因生活困难,与袁某欣出狱后,在北京某超市偶遇,谈起生活双方有共同感慨。某日晚,袁某凯打电话给袁某欣,说找到一个挣钱的活,开车接到袁某欣后,在北京城区游逛,夜里见到自舞厅出来的唐某,见其打车,即停车招其上车,随后捆绑,直接拉至顺义袁某凯的出租屋内,与唐某共同生活2日。期间友好相处,二人与唐某多次发生性关系,决定送唐某回家时,袁某凯提出需将唐某捆绑上,唐某同意。但捆绑之后,袁某凯随即将其勒死,期间袁某欣曾说,唐某已同意了,为什么要勒死呢?袁某凯说防止其报警,后2人将其尸体沉入潮白河。

法庭拟定发问袁某欣的提纲:

(1) 整个作案是谁提议的?
(2) 作案过程是谁策划?
(3) 遇到唐某是你主动停车让其上车的吗?
(4) 袁某凯是怎么说的?
(5) 唐某说去什么地方?
(6) 到地方时,你是否停车让其下车?
(7) 作案工具是谁准备的?
(8) 拉唐某去顺义是谁提议的?
(9) 顺义的房屋是谁租的?
(10) 勒死唐某是谁提议的?
(11) 你开始是什么态度?
(12) 为什么又同意了?
(13) 是谁勒死唐某的?
(14) 是用什么勒的?
(15) 是谁用锤子砸的?
(16) 在袁某凯住处时,是否吸烟?

(17) 都有谁吸烟?
(18) 是否有3个人或2个共同吸一支烟情况?
(19) 在住处时,你与唐某相处期间,你们都做什么?
(20) 饭是谁做的? 饭后,餐桌是谁收拾的?
(21) 在你们在一起时,唐某是否有逃跑机会?
(22) 你与唐某发生性关系时,是谁提出来的?
(23) 唐某是自愿的吗?
(24) 一共与唐某发生几次性关系?
(25) 每次都带避孕套吗?
(26) 你们是否对唐某说过若逃跑有何后果之类的话?
(27) 你是否想赔偿被害人家属?
(28) 赔偿款怎么筹集?
(29) 你今天在法庭所讲述的是否属实?
(30) 你是否认识到你的犯罪行为给社会带来的严重后果?

法庭拟定发问袁某凯的提纲:
(1) 整个作案过程是谁策划的?
(2) 作案工具是谁准备的?
(3) 在唐某打车时,是你让袁某欣停车的吗?
(4) 在唐某说到饭馆时,袁某欣是要停车吗?
(5) 拉唐某去顺义是谁提出的?
(6) 顺义的房屋是谁租的?
(7) 自唐某上车后,至被勒死前,你是否向唐某提出过要钱?
(8) 袁某欣是否向唐某提出要钱?
(9) 在住处时,你们与唐某相处期间,你们都做什么了?
(10) 饭是谁做的? 饭后,餐桌是谁收拾的?
(11) 你们之间是否存在一支烟2个人或3个人吸的情况?
(12) 在你们在一起时,唐某是否有逃跑机会?
(13) 你们是否对唐某说过若逃跑有何后果之类的话?
(14) 是什么时候有勒唐某想法?
(15) 勒死唐某是谁提议的?

(16) 为什么？

(17) 开始袁某欣是什么态度？

(18) 勒死唐某是谁实施的？

(19) 为什么又要将她勒死？

(20) 勒死唐某后，钱由谁支配了？

辩护律师通过事先充分阅卷和会见了解案件的具体情况，为做到法庭审理不慌乱、有条理，事前拟定发问提纲，再结合法庭审理过程中出现的新情况、新问题，展开对被告人或证人的发问，可以体现辩护律师的专业性、条理性，有利于协助法庭查明案件事实。通过发问，也可以向法庭展示被告人在整个案件中所处的地位，为量刑辩护提供依据。

二、简单直接原则

基于当前司法实践，法官承办案件数量呈上升趋势，在案多人少的现状暂时无法改变的情况下，法官急于结案的心态成为必然。这就要求辩护律师在法庭审理期间，在法庭调查阶段，应当利用有限的时间，围绕核心问题展开发问。法庭发问应当采取直接、简单、明确的方式发问，也就是在法庭发问时，通过简单的发问，直接接触主题，问话简单明确，被告人、证人或其他人员回答起来更加直接，方便法庭清楚了解事实。这样做有利于法庭书记员记录，有利于法官了解案件事实，也有利于被告人简单、明确地回答问题。

示例 7-1

发问被告人

问：你是什么时间到达案件现场的？

答：我是×××年××月××日××时××分去的现场。

问：你到达现场时，都看到了什么人？

答：我到现场后，看见了被害人。

问：她在做什么？

答：她在河边洗衣服？

问：你们之间有无对话？

答:有对话,我向她打听去××村怎么走。

问:后来发生什么事情?

答:她没有告诉我,我骂了她,我们发生对骂,后来,我就把她打伤了,后来听说人死了。

问:她有什么过激行为吗?

答:没有。她只是因为我态度不好,骂我了。

通过这样简单直接的问话就可以将案件发生的起因说清楚。

示例7-2

发问证人

问:作为证人你是否清楚你今天所回答的问话将作为定案的依据?

答:清楚。

问:×××年××月××日你在做什么?

答:我××点自家里出来,骑自行车去邻村购买化肥。

问:你是几点钟到达目的地的?

答:我是××点钟到达的。

问:在路上发生什么事情没有?

答:没有。

问:你是否遇到什么人呢?

答:我没有遇到什么。

问:你走的是哪条路?

答:我走的是河边那条路。

问:你是否看到河边有一个女的在洗衣服?

答:没有看到。

问:你在骑自行车时,是否向河边看了?

答:我看了,但没有发现有人。

通过对证人进行简单直接地问话,可以查明证人路过案发现场时,是否发现有人在河边洗衣服,查明发案时间是否是该证人路过现场的时间。

三、目的发问原则

辩护律师法庭发问的目的是协助法庭查明案件事实,查明被告人参与指控犯罪的程度,让法庭在最短的时间内,以最简单的方法了解案件事实,或者说通过法庭发问,让合议庭成员更能关注对被告人有利的案件事实、证据,这样才能促使法庭的判决有利于被告人。下面再以袁某欣故意杀人、强奸、抢劫案件为例进行说明。

例如:在法庭上,辩护律师发问两名被告人下列问题:

(1) 整个作案过程是谁策划的?

(2) 作案工具是谁准备的?

这两个问题的实质是确定谁是该案的主犯,在一个共同犯罪案件中,确定谁是主犯是相当重要的。确定主犯、从犯后,作为从犯袁某欣的辩护律师,在量刑辩护时,就可以从犯的情节提出量刑辩护意见,该案判决也采纳了辩护律师的从犯辩护意见。

辩护律师在法庭上针对被告人、证人、鉴定人或者侦查人员的发问,都是基于一定的目的而展开的,根本目的是查清犯罪事实、犯罪情节或者证据是否具有客观性、合法性、关联性等问题。辩护律师唯有在充分熟悉案件情况的前提下,才能做到法庭发问目的明确,深入有条理。辩护律师应当充分利用法庭发问环节,发现案件疑点、揭示案件原貌,实现辩护目的。

四、针对性原则

法庭开庭审理案件是为了查明案件事实,辩护律师法庭上的发问应当具有针对性,也就是辩护律师所发问的每个问题都应当是为查明案件事实、查清犯罪过程或有罪无罪等关键性问题。选择有针对性的问题发问,可以充分揭示案件存在的疑点、疑问,甚至动摇案件证据体系。无论是针对被告人、证人还是鉴定人或者侦查人员等,每一句问话都要明确具体,针对性强。假设辩护律师在法庭发问过程中,发问的是与案件事实、案件证据无关的问题,法庭一定会制止辩护律师的发问,要求发问关键问题。

五、发问条理清楚原则

法庭发问需要技巧,任何法庭的发问都需要问题的连贯性,条理清楚,不能东问一句、西问一句,前后问题不搭边。笔者依据法庭问话习惯,建议辩护律师在法庭审理前,准备问话提纲时,分成几部分或几个大问题来进行发问,这样可以保证发问的连贯性、条理清楚。例如,我们可以把问题分成这样几个部分:

一是与作案准备阶段有关的问题;二是与作案过程阶段有关的问题;三是与作案结果有关的问题;四是与作案工具有关的问题;五是其他问题等。

在法庭发问时,分成几个专题来进行发问,这样能够从整体上体现问题的连贯性、发问条理清楚,通过充分发问发现案件疑点、有利点等;同时,可以有效防止发问无章法、前后混乱、问题不连续,避免该问没有问,不该问的问了一大堆,以保证辩护效果。

六、禁止诱导发问原则

所谓诱导性发问,是指发问者为了获得某一回答而在所提问题中添加有暗示被发问者如何回答的内容,或者将需要被发问人作证的有争议的事实假定为业已存在的事实而加以提问。

第三节 法庭发问范围

发问的对象包括被告人、证人、鉴定人、侦查人员、专家证人等,不同的发问主体,针对不同的发问对象,发问的目的各有不同,发问结果也不同。

一、对证人的发问

证人证言是《刑事诉讼法》规定的一种证据。依据《刑事诉讼法》及其司法解释的规定,公诉人、当事人或者辩护人、诉讼代理人对证人证言有异议,且该证人证言对案件定罪量刑有重大影响,人民法院认为证人有必要出庭作证的,证人应当出庭作证。证人出庭作证的两个前提条件:一是对案件定罪量刑有重大影响,二是人民法院认为证人有必要出庭作证。唯有满足这两个条件,证人才必须出庭作证,但在当前司法实践中,证人出庭作证的很少,法庭也很少通知证人出庭作证。辩护律师一定要抓住证人出庭作证的机会,认真准备发问提纲,细化发问程序,设计好前后问题,考虑如何连续发问达到问出问题之目的。依据笔者的经验,应当重点围绕证人对案件感知内容来发问,由浅入深,由外向里,步步为营,力争从中发现问题,并展示给法庭。

二、对鉴定人的发问

依据《刑事诉讼法》的规定,公诉人、当事人或者辩护人、诉讼代理人对鉴定意见有异议,人民法院认为鉴定人有必要出庭的,鉴定人应当出庭作证。经人民法院通知,鉴定人拒不出庭作证的,鉴定意见不得作为定案的根据。鉴定人一旦出庭,辩护律师应当针对鉴定人资格、鉴定程序、鉴定规范、鉴定过程、鉴定方法、鉴定推理等展开发问,从而发现鉴定意见存在的漏洞,为申请重新鉴定或补充鉴定提供依据。

三、对被告人的发问

被告人是案件当事人,最清楚案件发生的原因、整个过程、参与程度及结果等。辩护律师应当重点围绕案件起因、自己当事人参与哪些违法犯罪行为、直接造成何后果、是否获得利益、获得利益如何分配、如何到案的、是否在到案后如实供述犯罪事实等展开发问。对于拒不供认犯罪的,应当重点围绕其辩解理由展开发问,以发现无罪的线索或证据。对于受到刑讯逼供的被告人,则应当重点询问在何时何地受到何人刑讯逼供、刑讯逼供的方法、有何证据等。

四、对侦查人员的发问

在当前司法实践中,侦查人员出庭接受法庭发问逐渐增多,如何对侦查人员发问也成为辩护律师发问环节应当掌握的基本功,发问顺序、发问技巧、发问方法直接关系到发问效果。发问技巧关系到辩护律师能否从对侦查人员的问答之中找出破绽,也代表了辩护律师的发问水平。笔者经验是重点围绕侦查人员办案程序、法律依据、办案过程、打字速度、打字输入法等方面进行发问,全面展示侦查人员在讯问(询问)时,是否依据法律规定进行讯问(询问)。

第四节 法庭发问技巧

法庭发问代表了辩护律师的辩护水平,也关系到辩护律师是否能够解决案件疑问、发现案件有利于被告人的情节或线索等。笔者认为,辩护律师至少应当做到以下几点。

一、熟悉案件事实

任何一个案件都存在客观事实和法律事实。客观事实就是案件在一定时空范围内实际发生的事实;法律事实就是依靠各种合法证据证明存在的事实。法律事实永远不会等同于客观事实。辩护律师一定要认真阅卷、详细阅卷,通过阅卷全面了解案件事实,结合会见被告人获取的案件信息,掌握案件的每一个细节、每一个事实、每一份证据证明事项,只有真正熟悉案件事实,才能够在法庭发问阶段随机应变,问出有利于被告人的问题。

二、制作发问提纲

在熟悉案件事实的基础之上,撰写发问提纲,应当是辩护律师庭前准备的重要工作内容之一。发问提纲应当结合发问对象来拟定。拟定提纲的目的是防止法庭发问时,发生顺序混乱,导致发问质量不高,或问不出内心想要问的问题,答不出来想要的答案。制定发问提纲,有利于保证辩护律师在法庭发问阶段保持良好的状态,同时,也让被告人及旁听人员感觉辩护律师熟悉案件、认真研究案件事实、研究证据等。

三、法庭发问方法

1. 尊重

被告人虽然犯罪,但每个人都有自尊心,辩护律师除尊重自己的当事人之外,也要尊重其他被告人。辩护律师应该采用尊重的方式进行发问,这既是对法庭、控方、被告人的尊重,也是辩护律师素质的重要体现。对于有2个以上被告人的案件,辩护律师要先向被告人介绍一下:"你好,我是第几被告人的辩护律师,来自于××律师事务所,请允许我向您提几个问题,可以吗?"被告人通常回答的是"可以"。这种以友好、善良、尊重、有态度的方式进行发问,可以让所有被告人感受到来自律师的尊重。与此对应,被告人会更加配合律师的提问,辩护律师也能获得相应的尊重。

2. 补漏

基于当前司法实践,辩方证人出庭作证的很少,很多的出庭证人是控方证人。依据法庭发问规则,谁的证人谁先发问,因此,对于控方证人基本上先是公诉人发问,然后是被告人发问、辩护律师发问,再由法官发问。辩护律师针对公诉人已问过的内容,不能再发问。所以,辩护律师的发问在一定程度上属于补漏式的发问。有的辩护律师对自己被告人的发问做得不好,被告人想回答的问题,自己的辩护律师却没问到。这个时候一旦有律师去补上这个漏洞,现场所有的当事人,包括旁听人员都会对这个律师产生好感或认可。

3. 补救

当有些被告人在其他辩护律师发问过程中说出来的一些话对自己不利时,辩护律师应当及时申请或在自己发问时进行补救,争取让法庭审理朝有利于自己当事人的方向发展。

4. 策略

对自己的当事人发问要讲究策略,对同案其他被告人发问也要讲究策略,同样对证人发问也要讲究策略。只有具备一定的发问策略,辩护律师才能问出有意义的问题。

5. 坚持

同案其他被告人损害了自己当事人的利益,可能对整个案情产生至关重要的影响时,应当坚持。坚持不等于吵架,一定要据理力争,不能因法官打断而放弃,一定要坚持把话说完,把问题问完问细,达到目的。这种坚持一定要依法坚持,依法争取,以法服人。

针对其他如侦查人员、鉴定人员的发问也应当如上操作,保证辩护律师在法庭审理期间,有序参加诉讼活动。

第 8 章

法庭辩护技巧

第一节 法庭辩论概述

法庭辩论是辩护律师在法庭发表辩护意见的最后一个环节,也是非常重要的环节。在法庭开庭审理的过程中,在法庭调查阶段,主要是围绕犯罪事实及对在案证据进行举证质证,控辩双方围绕证据发表意见;在法庭调查结束后,则进入到法庭辩论环节,也就是公诉人、被告人、辩护律师围绕全案证据,指控的事实、罪名、法律适用等发表各方观点;合议庭在听取各方意见后,核实证据,以查明的案情作出判决。在法庭开庭审理过程中,法庭调查阶段和法庭辩论阶段是不能截然分开的,两个阶段是相互关联、互为补充的,甚至在法庭辩论阶段发现有的事实没有查清,法庭仍然可以恢复到法庭调查,再次启动法庭调查。法庭辩论在整个法庭审理过程中,具有非常重要的地位。可以说,法庭辩论结果直接影响着法官对案件的认识。因此,辩护律师应当充分重视法庭辩论。

一、法庭辩论的重点

因案件不同,法庭辩论的重点也不同。对于刑事案件辩护,法庭辩论一般情况分程序辩论、实体辩论、法律适用辩论、量刑辩论四部分。

程序辩论主要是围绕证据取得程序是否符合《刑事诉讼法》的规定,诉讼程序是否符合法律规定,是否应当启动非法证据排除程序而法庭没有启动,启动非法证据排除程序是否按法律规定排除了非法证据等。

实体辩护则是围绕证据所证明的事项是否与起诉书指控的事实一致进行辩论。在实体辩论中应当重点围绕认定案件事实的证据是否确实充分,事实是否清楚明了。对于刑事案件,笔者认为应当从犯罪的预备、作案因素、作案时间、作案工具、作案过程、作案结果、逃离现场情况等多个方面细化辩论,形成对整个事实的分析判断,从而为法庭详细了解辩护律师辩护观点,提供一个有效辩护的基础。

法律适用辩论是指针对起诉书指控的事实,是否符合刑法关于某个罪名的规定。对于命案,涉及的罪名也非常多,例如:故意杀人、故意伤害、绑架、抢劫、强奸、非法拘禁、爆炸、投放危险物质等。每一个罪名,刑法都有明确的规定,所以辩护律师应当在准确理解法律规定的前提之下,提出有利于被告人的辩护观点。

量刑辩论是指在指控的事实和罪名成立的前提下,应当考虑有哪些可以从轻、减轻或免除处罚的情节,依法应当在什么范围量刑的辩论。量刑辩护结果与被告人判决结果有直接联系,被告人及其亲友,看重的不是辩护律师的工作过程,而是被告人被判处什么刑罚。所以,辩护律师除进行犯罪实体辩护外,还应当做好量刑辩护。

二、法庭辩论先后顺序

依据《刑事诉讼法》及相关司法解释的规定,法庭辩论一般有两轮辩论。第一轮辩论先由公诉人发表公诉词、被害人或其诉讼代理人发表意见,然后是被告人自行发表辩论意见,最后才是辩护律师辩论意见。有的法院在第一轮辩论结束后,审判长会归纳控辩双方争议焦点,再由各方针对争议焦点发表第二轮辩论意见;有的法院直接进入第二轮辩论阶段,法庭不归纳各方争议焦点。无论法庭是否归纳争议焦点,在第二轮发表辩论意见时,一般仍然按第一轮顺序发表辩论意见。在两轮辩论结束后,没有其他情况,法庭不再组织各方进行辩论,直接进入被告人最后陈述环节。

《刑事诉讼法》及相关司法解释规定的法庭辩论顺序,对辩护律师来说较为有利,在发表辩护意见前,能够听取公诉人对该案的公诉意见,可以有一个短暂的时间,为调整辩论观点提供机会。因此,辩护律师在法庭辩论阶段,应当充分听取公诉人发表的公诉意见,迅速掌握其主要观点,以便自己在发表辩论观点时更有针对性,对公诉人公诉意见提出的反驳更有理有据。

三、归纳法庭辩论焦点

归纳法庭辩论焦点,有的辩护律师可能会说这是合议庭或者审判长的事情,不是辩护律师的事情,但笔者却不认这样认为。刑事案件进入到审判阶段,除极个别案件外,辩护律师都能够获取全部案件材料和公诉机关的起诉书,再结合会见被告人时了解到的案件情况,可以基本分析判断出控辩双方争议的主要焦点。归纳争议焦点的目的,是为了在法庭审理期间,可以有针对性地充分进行质证,也会让法庭了解证据是否存在瑕疵,了解控辩双方的争议焦点,引起法庭重视并关注案件的关键证据。

如何归纳争议焦点,笔者认为应注意把握好以下四个方面:

1. 充分熟悉案件证据材料

案件证据材料、律师会见笔录与起诉书是辩护律师归纳争议焦点的基础材料,辩护律师必须在开庭前认真分析研究案件证据,以起诉书指控的事实和法律适用为基础,有针对性地归纳焦点问题,并在法庭调查阶段,逐步对归纳的争议焦点进行调整,形成相对集中的焦点。因此,辩护律师应当在庭前准备阶段审查全案材料时,尽可能归纳出争议焦点,千万不要等到庭审调查阶段或辩论阶段,等待法官归纳争议焦点。

2. 弄清被告人涉嫌犯罪的基本事实

公诉机关提起的刑事控诉,有明确的基本事实和涉嫌罪名,即被告人在什么时间、实施什么样的违法犯罪行为,产生什么样的法律后果,触犯了刑法哪一条,涉嫌什么罪名,应当予以追究刑事责任。辩护律师则应当以被告人认罪情况,以案件的证据为核心,分析指控的犯罪事实是否清楚,适用的法律规定与犯罪事实是否吻合,在开庭前要弄清被告人存疑的问题是事实问题还是法律问题,是实体问题还是程序问题等。一般来说,被告人争议的问题属事实问题的,尽量在法庭调查阶段查明;被告人争议的问题属法律问题的,则放在法庭辩论阶段辩明。这样安排有助于查清事实,条理清楚,法官听起来也不会混乱。

3. 归纳争议焦点要准确、具体,有针对性

辩护律师应根据案件的复杂、疑难程度来归纳被告人的争议焦点。案件反映的事实复杂、争议点较多的,可以在确定争议焦点的基础上,在每一个争议焦点问题里确定需要查明的重点,概括反映被告人的真实意思,突出控辩双方针锋相对的观点,客观、全面、真实地反映控辩双方之间的争议焦点,以求做到纲举目张。例如,前文提到的袁某欣故意杀人、强奸、抢劫案,辩护律师在辩护前针对起诉书指控的犯罪事实,结合在案证据,通过与被告人袁某欣会见,了解到其对指控故意杀人事实、抢劫被害人财物事实认可,但对公诉机关指控的强奸事实和认定的罪名不认可;再进一步了解,其认为与被害人发生性关系是在被害人同意的情况下,没有违背被害人意志,对强奸的指控完全不认可。辩护律师在向被告人解释有关强奸罪认定的法律规定及司法实践认定依据及情形后,被告人坚持自己没有强奸被害人,是被害人自愿与其发生性关系。基于以上因素,辩护律师与被告人达成一致意见,将强奸事实是否存在违背妇女意志作为本案的争议焦点,重点是发生的性关系是强奸行为还是通奸行为。这样一来,辩护律师在法庭审理过程中,就找到了辩护重点。接下来,在作开庭准备时,以强奸事实为重点,以故意杀人、抢劫事实为辅辩护思路,在发表质证意见、辩论观点时,均以强奸事实认定、法律适用为重点。该案通过辩护律师在庭前的充分准备,在法庭开庭审理期间,有针对性地发表质证意见、辩论观点,也让法庭明白辩护律师与被告人对指控的事实和法律适用争议焦点是什么,这样法官在法庭上也着重听取了关于强奸事实的辩护意见。虽然该案最终认定被告人袁某欣构成强奸罪,但通过该案,辩护律师意识到在庭前归纳焦点,对刑事辩护是至关重要的一环,有助于充分利用有限的法庭审理时间,充分说明关键的辩护观点,引起法官的重视与关注。

4. 辩护律师应增强庭审应变能力

辩护律师的能力在庭审中最容易体现,庭审能力是辩护律师综合素质和业务水平的反映。辩护律师不但要能够在法庭上及时发现问题,更应当具备及时准确地对问题进行分析判断或定性,从而解决问题的能力。因此,辩护律师除应加强法学理论、法律法规学习,强化刑事辩护业务训练外,还应当重视通过人民法院发布的判例、案例等培养自己的裁判思维。只有不断学习和训练,业务才能进步,专业才能精深,能力才能增强,才能找准焦点并对症下药。

第二节 拟定辩论提纲方法

法庭辩论需要条理清晰,层次分明,逻辑性强。笔者曾经见到部分刑事辩护律师,在开庭前就已经撰写完辩护词,等开庭一结束,立即交给承办案件的法官。笔者不赞成刑事辩护律师这样的做法,这样仅仅是为完成辩护任务,而不是考虑如何为被告人有效辩护。当然,对一些案件来说,可能开庭前和开庭后,基本没有什么变化,庭后撰写辩护词也是如此。但是,无论被告人涉及的犯罪事实是否复杂,案件是否存在疑点,或者说案件事实是否清楚、证据是否确实充分,哪怕仅有几个辩点,辩护律师都应当坚持制作辩论提纲或者辩论重点关系图表等,尤其是关系图表、事实证据图表等。在发表辩论意见前,应当提交公诉人、法官、被告人一份。这样做的目的是保证在发表辩论观点时,不是照着辩护词去宣读,而是通过各种图表等可视化的方式展示案件全貌,让法官、公诉人、被告人通过简单明了的方式,了解案件有关情况,明确辩护律师着重辩论的观点是什么,为什么提出这样的观点。

一、数轴式提纲

制作案件发生发展数轴,标注重要的时间节点。这样做的目的是通过数轴式提纲,全方位展示案件发生的来龙去脉,让法官在头脑中产生一个整体事件经过。如前文提到的聂某案件侦查程序数轴。通过这样一个数轴图,可以充分展示侦查机关侦查的先后顺序,可以直观体现侦查机关的哪些侦查行为符合侦查程序,也有利于辩护律师向法庭陈述观点。如:聂某案中,被害人丈夫康夫的证人证言,侦查机关应当在康某失踪时立即进行调查,但侦查机关却没有在案发时进行调查取证,而是在被告人聂某被抓获后才对康夫进行调查取证,这明显违反侦查程序和常理。从侦查角度来看,这样的证据是不能作为合法证据予以证明案件事实的。

示例 8-1

聂某故意杀人、强奸案侦查人员的侦查轨迹数轴图

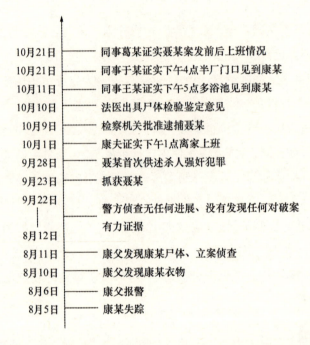

通过制作侦查人员的侦查轨迹数轴图,可以发现在抓获犯罪嫌疑人聂某时,侦查机关没有任何证据可以证明嫌疑人聂某有作案嫌疑,相反在抓获犯罪嫌疑人聂某后出现的有罪证据却有:证明被害人生前活动情况的王某和于某的证人证言,证明犯罪嫌疑人具有作案时间的葛某证言。但这些证据均出现在聂某供述有罪之后,明显违反侦查程序和常理。按理说,案件发生后,侦查机关应当首先侦查被害人康某的生前活动情况,但本案却没有相关调查证据;应当在抓获聂某后立即调查其是否具有作案时间,相反却在聂某供述有罪之后再进行调查。我们从这样一个简单的侦查轨迹图即可以分析出侦查机关在侦查案件时,是否存在违反侦查程序和常理的情况,并提出这些问题,就是辩护律师的有效辩点。

示例 8-2

葛某聪拐卖妇女儿童案数轴图

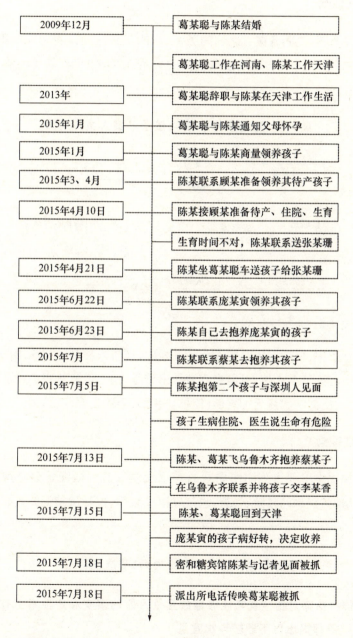

从这个数轴图,我们可以看出,葛某聪与陈某结婚以后,一直没有孩子,商量

准备抱养孩子。结合该案的其他证据情况,以此表来证明葛某聪没有拐卖儿童的主观故意。这样可以让法官更加直观地了解辩护律师观点来源。

二、图表式提纲

制作关系图,说明各被告之间的关系,目的是解决同案犯之间主犯、从犯问题。通过关系图可以将同案各被告之间的关系直观地展示在法官面前。

示例 8-3

葛某聪、陈某领养顾某 A 孩子涉案人员关系图

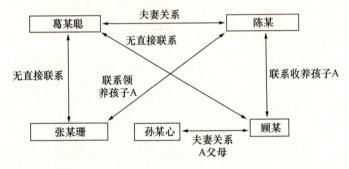

注:设定顾某所生孩子为 A

从这张图中,可以看出在领养孩子过程中,被告人葛某聪和陈某在领养或者拐卖儿童中起到什么作用,可以直观地看出谁是主犯、谁是从犯。将这样的图表展示给法庭,比文字叙述更加直观(简单、明确),更能说明问题。

三、文字性提纲

文字性提纲主要是列出概要式的辩论提纲。这种提纲是整个辩护词的提炼,或者说是辩护词的精髓、骨架,也是庭审结束后,撰写辩护词的基础。

示例 8-4

被告人袁某欣的辩论提纲(节选、摘要)

一、辩护律师对指控袁某欣涉嫌故意杀人罪的事实和定性不持有异议。针对此罪辩护律师提出以下罪轻辩护意见

从故意杀人提议、动机来看,剥夺被害人唐某生命系临时起意,直接原因是

被告人袁某凯认为被害人居住地点离其家太近,害怕被害人认出并报警,因此决定杀死被害人唐某;在袁某凯刚提出时,被告人袁某欣持反对意见。被告人袁某欣后期服从于被告人袁某凯,是基于害怕袁某凯对自己不利。面对一个有故意杀人前科的人,被告人袁某欣辩解理由符合常理。

认定证据

1. 被告人袁某凯当庭陈述:被害人暂住地离其家很近,杀害被害人是日后害怕认出自己,被害人报警。杀害被害人系本人提议,袁某欣开始不同意杀害被害人。被告人袁某欣当庭供述与袁某凯供述一致。

2. 卷宗第一卷袁某凯供述,其中第125页记载:我觉得她离我家太近了,不能放了她,袁某欣也说把她放了,我把袁某欣叫出来,说她离我家太近,不能放她。

3. 卷宗第二卷袁某欣供述,其中第31页记载:袁某欣说,不是说好的吗?等会放她回去。袁某凯说:"不行,这女的住我们家门口,出门老能看得见。"

4. 卷宗第二卷袁某欣供述,其中第42页记载:我同袁某凯说把人家放了,人家都拿钱了,最多就是卖淫嫖娼,袁某凯说不行。

5. 卷宗第二卷袁某欣供述,其中第62页记载:问你为什么帮他干这件事?答:他叫我干的,我其实担心我不顺着他,他把我弄死。

从故意杀人实施过程来看,勒死被害人是由被告袁某凯实施完成,被告人袁某欣处于被动地位,只起辅助作用。

认定证据

1. 被告人袁某凯当庭陈述:被害人系其先勒后掐,再用锤砸,均由其本人完成,袁某欣只是帮助处理尸体。被告袁某欣供述与袁某凯供述一致。

2. 卷宗第一卷袁某凯供述,其中第125页记载:天黑后晚上,在西屋床上袁某凯用铁丝捆住她的手和脚,胶带封上嘴,捆好之后,用铁丝从后面勒她的脖子,勒了十几秒发现还喘气,就用手掐她的脖子,掐了五分钟,还怕没死,就用橡皮锤砸她头部七、八下。

3. 卷宗第二卷袁某欣供述,其中第43页记载:他先用铁丝勒这名女子,勒了一分钟,又用手掐这名女子的脖子,掐了一分钟,之后又让我帮忙拽铁丝,又用铁丝勒这名女子的脖子。勒完以后还用床单包着这名女子的头,用锤子砸她的头顶。

通过上述分析,被告人袁某欣在故意杀人过程中,所起到的作用居于次要、辅助地位,具有法定从轻情节。

二、辩护律师对指控被告人袁某欣涉嫌抢劫罪的事实和定性不持有异议,辩护律师针对此罪提出以下罪轻辩护意见

从案件的起因提议来看,是因被告人袁某凯车辆肇事赔偿需要钱引起,被告人袁某凯提出抢劫作案弄钱。

认定证据

1. 被告人袁某凯当庭供述:因其驾驶车辆肇事需要钱赔偿,又无来钱的正常渠道,遂提议抢劫弄钱。被告人袁某欣当庭供述与袁某凯供述一致。

2. 卷宗第一卷袁某凯供述,其中第121页记载:我们两个商量怎么弄到钱,商量结果是把车取出来才能弄到钱。

3. 卷宗第二卷袁某欣供述,其中第26页记载:袁某凯打电话说让我下楼。下楼后,他说走,带你弄钱去。

从作案方案策划来看,抢劫作案的方式、手段、实施均是由被告人袁某凯策划,并且为了达到让被告人袁某欣配合目的,声称以前自己就是这样做的,被告人袁某欣则属于被动执行。

认定证据

1. 被告人袁某凯当庭供述:抢劫作案前,与被告人袁某欣叙说了如何寻找对象、如何实施抢劫等预谋策划。被告人袁某欣当庭供述与袁某凯供述一致。

2. 卷宗第一卷袁某凯供述,其中第157页记载:以前套过狗,不行就套人,还说开车出去拉活,人上车之后,我们就用套狗的套把人套了,然后要钱或银行卡去取钱;到时我来套人,然后化了妆去取款机取钱,并说以前套过。为了打消袁某欣的顾虑,我说以前干过这种事。

3. 卷宗第二卷袁某欣供述,其中第26页记载:找一个有钱的把他弄走,然后吓唬他,让他把银行卡要过来,让他告诉我们密码,再开车取钱去。袁某凯还自称以前就这么干的,干过好几次。袁某欣说大过节的哪也不想去,他说走吧,反正你也没事。

从作案工具准备情况来看,抢劫作案所应用的铁丝、胶带等作案工具均由被告人袁某凯事先准备,并且袁某欣上车前并不知道袁某欣已准备了作案工具。

认定证据

1. 被告袁某凯当庭供述:作案工具系其案发前自己准备,袁某欣不知道。被告人袁某欣当庭供述与袁某凯供述一致。

2. 卷宗第一卷袁某凯供述,其中第129页记载:胶带是新买的成卷的,是当天晚上在五金商店买的,买了两根铁丝和一个胶带,套是以前我用来套狗的。

3. 卷宗第二卷袁某欣供述,其中第66页记载:我没准备什么东西,老袁准备了一个胶带,还有一个铁丝圈、两根细铁丝。

从作案过程来看,被告人袁某凯积极主动实施犯罪行为,被告人袁某欣一直处于次要、辅助作用,服从于被告人袁某凯安排。

认定证据

1. 被告人袁某凯当庭供述:拉被害人上车后,到达被害人所到目的地时,在被告人袁某欣欲停车时,袁某凯用铁丝套勒住被害人,致使袁某欣无法停车,后又主动要求袁某欣停车将被害人捆绑。在路中或到达目的地后,主动翻看被害人钱包、抢劫钱财均归本人支配等。被告人袁某欣的供述与被告人袁某凯供述一致。

2. 卷宗第一卷袁某凯供述,其中第159页记载:我让他熟悉熟悉车,今天就把事做了。在庆丰饺子馆北边,碰到一个女的打车,袁某凯从副驾驶下来,坐后面,女的坐副驾驶位置。快到她说的饭馆时,我一看她快下车了,就用铁丝套勒住那个女子的脖子,跟那个女的说:别动,动就勒死你,那个女的说她不动。第160页记载:在路上我把那个女的包已翻过了,包里有化妆品、钱包等。第161页记载:我问她是干什么的,她说是坐台的,坐800元到1 000元的台,我说你坐这么高的台怎么会没钱呢?

3. 卷宗第二卷袁某欣供述,其中第27页记载:永定路向北走,走到长安街北第二个红绿灯,路东侧马路边有一名女子打车,袁某凯说有打车的,拦着她,车还没停,袁某凯就拉开车门从副驾驶下去了,让那名女子上车坐副驾驶。女子说去前面饭馆,快到时,我就靠边停车,刚一停车,袁某凯就从后面把女的脖子勒住了,催我赶紧开车。其中第28页记载:袁某凯说,走吧,往顺义那开。第38页记载:我就抱着她进屋,把她放在东屋的沙发上,将她手上、脚上绑着的胶带给解开了,袁某凯进来了问干吗给她放开。第42页记载:我就跟他说把人放了,人家都拿钱了,最多是卖淫嫖娼,袁某凯说不行,这个女的住的离他们家太近了,出门老能看见。

从取得被害人钱财分配上来看,事后取得的被害人现金由被告人袁某凯掌控支配,袁某欣未分得一分钱。

认定证据

1. 被告人袁某凯当庭供述:自被害人包内翻出钱归其所有,被其挥霍;被告人袁某欣供述与其供述一致。

2. 卷宗第一卷袁某凯供述,其中第128页记载:问钱放在哪了?答:都在我这,我说这是我开车的油钱,就没给袁某欣,我后来买东西也把这钱花了。

3. 卷宗第二卷袁某欣供述,其中第93页记载:我没有查看过女的包,袁某凯在掐死女的之后,把女的包拿下来翻了,把他给女的500块钱拿走了,还在包里找出400元钱,把地上那个女的扔的一个红铜戒指捡起来装他兜里,还有女子的手机。我什么都没拿。

三、辩护律师认为指控被告人袁某欣涉嫌强奸罪名不成立

对于本案中,袁某欣与被害人唐某发生性关系的事实,因无确实、充分的证据证明,辩护律师认为强奸罪名不成立。理由如下:

一是本案鉴定结论确认(检材2号)被害人尸体阴道擦拭未检测到精斑,由此可以确认无法证明被害人生前与他人发生过性行为。

二是本案物证避孕套脱落细胞检测(检材56、58、59、60号),仅检测到被告人袁某欣本人精斑、未检测到被害人脱落细胞;未检测到被害人脱落细胞,由此说明侦查机关在侦查期间取得的重要物证避孕套,只能证明被告人袁某欣在被告人袁某凯暂住地(杀人现场)与他人发生过性关系,但与何人发生性关系并不能唯一指向被害人。

三是被告人袁某欣供述是被害人唐某自愿与其发生性关系,未使用暴力、胁迫或者其他手段。认定的证据仅有被告人袁某欣和袁某凯的供述,从证据学角度来说,此证据为被告人供述。

四是被害人职业系夜总会坐台小姐,其身份与普通妇女有很大差别。假设被告人袁某欣真的与其发生性关系,其身份同样可以证明被告人袁某欣供述被害人主动自愿与其发生性关系,被告人袁某欣未使用暴力、威胁手段,并非违背妇女意志与其强行发生性关系,同样也不构成强奸罪。

四、被告人袁某欣具有坦白情节,应当依法从轻、减轻处罚

被告人袁某欣在侦查机关传唤到案后,交代全部犯罪事实。认定证据有卷宗第二卷第 23 页,袁某欣第一份供述笔录。最高人民法院《关于处理自首和立功若干具体问题的意见》(法发〔2010〕60 号)中第 8 条规定,关于对自首、立功的被告人的处罚:具有自首或者立功情节的,一般应依法从轻、减轻处罚。辩护律师认为被告人袁某欣的第一次供述完全可以证明其具有坦白的重要情节,应当依法从轻、减轻处罚。

五、被告人袁某欣在整个案件中处于次要、辅助作用,辩护律师认为被告人袁某欣系从犯

从本案全部发生过程来看,被告人袁某凯居于提议、策划、决定、实施的主要地位,被告人袁某欣被动服从于袁某凯的安排,处于次要、辅助地位。

从整个案件发生、发展、过程、结果来看,虽然均有袁某欣介入,但本案也并不是缺少袁某欣,则整个案件袁某凯一个人无法完成。从整个案件发生过程来看,袁某凯一个人也可以完成。

从法律规定来看,《刑法》第 27 条规定:"在共同犯罪中起次要或者辅助作用的,是从犯。"

认定证据

1. 被告人袁某凯、袁某欣当庭供述。

2. 卷宗第一卷袁某凯供述:策划、准备作案工具、实施勒住女子行为、决定杀死女子等情节。

3. 卷宗第二卷袁某欣供述,第 45 页记载:你和袁某凯之间听谁的?听袁某凯的。

总之,辩护律师认为认定袁某欣在整个犯罪过程中,处于从犯地位更为符合案件事实的客观实际情况和法律规定,对袁某欣定罪量刑处罚更为公平合理。

六、被告人袁某欣当庭自愿认罪,认罪态度好,积极主动筹集资金赔偿被害人家属,具有悔过自新的良好意愿,根据《刑法》《人民法院量刑指导意见》等有关规定,可以从轻处罚

四、图表与文字结合提纲

这种方式的提纲,比纯文字形式的提纲好在通过图表文字可以互相弥补不足,使法庭能够更加直观了解案件证据之间存在的差异,发现案件存在的疑点,也能说明辩护律师在办理本案时非常之用心,更能说服法官采纳辩护律师观点。

示例8-5

庞某祥抢劫案辩护提纲(节选、摘要)

一、被告人庭前供述和辩解出现反复,庭审中不供认犯罪,且被害人陈述不能直接指向被告人,又无其他证据证实与被告人庭前有罪供述相印证的。被告人的有罪供述不能作为定案的依据,应当作为非法证据予以排除,法庭不应当采信庭前有罪供述供述

1. 陈某的供述情况

序号	讯问时间	讯问地点	讯问人	讯问人单位	被讯问人	认罪情况
1	20070628—3:30—7:05	刑三队	吴某雄、莫某武	某城刑侦队	陈某	供认犯罪
2	20070628—10:38—13:10	刑三队	吴某业、陈某施	刑侦三大队	陈某	供认犯罪
3	20070628—14:10—17:50	刑三队	李某伟、黄某明	刑侦三大队	陈某	供认犯罪
4	20070628—19:57—20:45	刑三队	张某聪、吴某雄	某城刑侦队	陈某	供认犯罪
5	20070629—8:10—10:10	刑侦队	王某、张德某	某城刑侦队	陈某	供认犯罪
6	20070630—15:40—16:50	看守所	曹某龙、张往某	某城刑侦队	陈某	不认犯罪
7	20070709—16:46—22:50	刑三队	张某聪、吴某雄	某城刑侦队	陈某	供认犯罪
8	20070804—17:05—17:50	看守所	冯某辉、曹某龙	某城刑侦队	陈某	不认犯罪
9	20070816—16:40—17:50	看守所	冯某辉、曹某龙	某城刑侦队	陈某	不认犯罪
10	20070907—15:05—17:05	刑三队	陈某施、莫某武	某城刑侦队	陈某	供认犯罪
11	20070910—16:30—18:20	看守所	冯某辉、曹某龙	某城刑侦队	陈某	供认犯罪
12	20070917—9:30—11:20	看守所	冯某辉、曹某龙	某城刑侦队	陈某	供认犯罪

从上表统计情况看,2007年6月28日至2007年9月17日,侦查机关共计讯问陈某12次。其中,2007年6月28日至29日,在刑侦大队办公室讯问时,陈某均供认犯罪;但6月30日,在看守所讯问时,陈某推翻所有有罪供述,拒不承认抢劫犯罪事实。7月9日,陈某被提审至刑侦队办公室讯问,陈某又供认犯罪

事实,8月4日、16日,看守所提审陈某,陈又拒不供认犯罪事实;9月7日刑侦队办公室讯问,陈某又供认犯罪事实;9月10日、17日,看守所讯问,陈某供认犯罪。此后,陈某一直未供认抢劫犯罪事实,当庭又拒不供认犯罪。陈某有罪供述反复,且庭审坚决不承认抢劫犯罪事实。通过上述分析,结合陈某称其受到刑讯逼供,有理由相信陈某在刑侦队办公室讯问时,受到刑讯逼供,其有罪供述应当作为非法证据排除。

2. 庞某祥的供述

讯问时间	讯问地点	讯问人	讯问人单位	被讯问人	认罪情况
20070811—10:05—11:50	刑侦队	曹某龙、冯某辉	某城刑侦队	庞某祥	不供认犯罪
20070811—14:58—17:35	刑侦队	张某富、冯某辉	市刑侦支队	庞某祥	供认犯罪
20070812—16:50—18:10	北海二看	冯某辉、曹某龙	某城刑侦队	庞某祥	不供认犯罪
20070814—13:05—18:05	刑侦队	冯某辉、曹某龙	某城刑侦队	庞某祥	供认犯罪
20070815—9:40—11:45	北海二看	林某航、曹某龙	某城刑侦队	庞某祥	供认犯罪
20070915—12:05—12:38	北海二看	曹某龙、冯某辉	某城刑侦队	庞某祥	不供认犯罪

从上表的统计情况来看,2007年8月11日至2007年9月15日,侦查机关共计讯问被告人庞某祥6次。其中,被告庞某祥在2007年8月9日被抓,8月11日刑侦队办公室有第一次讯问笔录,且不供认犯罪,第二次笔录供认犯罪;8月12日看守所讯问,庞某祥不供认犯罪;8月14日庞某祥在刑侦队办公室供认犯罪;8月15日看守所讯问,庞某祥供认犯罪;9月15日看守所讯问,庞某祥拒不供认犯罪;此后,再无庞某祥供认犯罪记录,且当庭拒不供认犯罪。通过以上总结,结合庞某祥所讲受刑讯逼供,有理由相信庞某祥受到刑讯逼供,其有罪供述应当按非法证据排除。

3. 王某供述

讯问时间	讯问地点	讯问人	讯问人单位	被讯问人	认罪情况
20070614—15:34—18:05	看守所	曹顺龙、莫君武	海刑侦队	A王某	检举二十二
20070622—9:20—10:20	看守所	莫君武、李注明	某城刑侦队	B王某	供认参与

从王某供述情况来看,先是检举揭发,后又供认自己参与犯罪。此时,应当

引起辩护律师注意,一定要分析判断被告人为什么举报,目的是什么,后来又为什么供述参与犯罪。从这样的统计结果,可以分析该被告人极可能受到刑讯逼供,其有罪供述应当按非法证据排除。

4. 香某武的供述

讯问时间	讯问地点	讯问人	讯问人单位	被讯问人	认罪情况
20111213—21:30—00:30	刑侦队	李某军、孙某龙	城西刑侦队	A香某武	投案未认罪
20111214—15:30—15:55	看守所	李某军、陆某	城西刑侦队	B香某武	逮捕未认罪
20111215—17:05—19:15	看守所	黄某尼、曹某龙	海城分局	C香某武	供认犯罪
20111228—16:05—16:58	二看	曹某龙、张德某	海城分局	D香某武	供认犯罪
20111230—16:20—17:50	二看	孙某龙、曹某龙	海城分局	E香某武	供认犯罪
20120118—10:05—12:30	二看	曹某龙、张德某	海城分局	F香某武	供认犯罪
20120319—10:20—11:22	二看	周某霞、张某	市检察院	G香某武	供认犯罪
20120411—15:50—16:40	二看	曹某龙、陆某	海城分局	H香某武	供认犯罪
20120423—16:10—17:05	二看	曹某龙、陆某	海城分局	I香某武	供认犯罪
20120620—16:30—17:10	二看	曹某龙、陆某	海城分局	J香某武	不供认犯罪

从上表的统计情况来看,2011年12月13日至2012年1月18日,侦查机关共计讯问被告香某武6次。其中,从第一次讯问可以看出,被告香某武主动到公安机关投案自首,不如说是质问公安机关为何将其列为网上逃犯;第二次讯问,系对被告香某武宣布逮捕,但其仍未认罪;第三、四、五、六次讯问被告香某武供述西藏路和火车站抢劫2起案件;对投案,供认的2起犯罪事实,其以时间长了记不清细节未做详细供述。但2012年6月20日起,香某武推翻自己的有罪供述,陈述其未参与犯罪事实。

通过对4名被告人供述情况分析,被告人陈某、庞某祥、香某武供述反复,最后一次不供认犯罪后,未再有有罪供述,尤其是陈某、庞某祥自第一次庭审以来,一直未做过有罪供述。2010年7月1日起开始施行的最高人民法院、最高人民检察院、公安部、国家安全部、司法部《关于办理死刑案件审查判断证据若干问题的规定》第22条规定:"对被告人供述和辩解的审查,应当结合控辩双方提供的所有证据以及被告人本人的全部供述和辩解进行。被告人庭前供述一致,庭审中翻供,但被告人不能合理说明翻供理由或者其辩解与全案证据相矛盾,而庭前供述与其他证据能够相互印证的,可以采信被告人庭前供述。被告人庭前供述和辩解出现反复,但庭审中供认的,且庭审中的供述与其他证据能够印证的,可以采信庭审中的供述;被告人庭前供述和辩解出现反复,庭审中不供认,且无其他证据与庭前供述印证的,不能采信庭前供述。"《刑诉解释》第83条规定:"审查被告人供述和辩解,应当结合控辩双方提供的所有证据以及被告人的全部供述和辩解进行。被告人庭审中翻供,但不能合理说明翻供原因或者其辩解与全案证据矛盾,而其庭前供述与其他证据相互印证的,可以采信其庭前供述。被告人庭前供述和辩解存在反复,但庭审中供认,且与其他证据相互印证的,可以采信其庭审供述;被告人庭前供述和辩解存在反复,庭审中不供认,且无其他证据与庭前供述印证的,不得采信其庭前供述。"依据上述规定,结合被告人供述情况,被告人陈某、庞某祥、香某武有罪供述,因未有其他证据相互印证,不能作为定案依据,也就是说不能作为认定被告庞某祥有罪的证据。

二、被告人供述同案犯情况不一致,相互之间无法印证,同样被告人的有罪供述不能作为定案依据

(1) 被告人对同案犯绰号、姓名、住址等供述无法相互印证,不能作为定案的依据。

供述人	供述同案人情况				
	绰号	姓名	住址	特征	B卷
陈某绰号:二十二	乌二	姓许	博白县菱角镇盐圩村人	三年前在北海认识的;	P44
	光头佬	姓庞	博白县菱角镇朱湖村人	25岁,166cm,中等身材,前额光,家里排十六	P44
	年轻人			27岁,167cm,身材较瘦,讲博白客家话	P44
	十二	王某	博白县菱角镇柱石村委牛坝队		P44
	王某栋	乌痣佬	浦北县石场乌村 浦北县石土镇长山村委乌泥冲村	23岁,160cm,较胖,左下巴有一颗痣,痣上有几根毛,两年前认识;P86还有一个外号老二	P45
	老鸡			陈某、乌二、老鸡三人在火车站站前转弯处抢劫	P60
	二十六	姓庞	菱角人,		P86

(续表)

供述人	供述同案人情况			
庞某祥 庞六、废六	老孔二	博白县菱角镇石榴村附近人	白话	
	大颠	博白县菱角镇石榴村附近人	也叫大颠佬、大废佬；通过博白石柳村委大屋村的乌八认识；客家话	
	二十二	浦北石涌外公人	去博白石柳玩，有人叫二十二为乌痣九；白话	
王某	二十二 陈某肆 陈某	博白县菱角镇压柱石村委大角队人	父亲陈某珍，花面十五，27岁 听光头佬叫大颠、废佬、颠佬；	P144 P158 P182
	光头佬	什么地方不清楚，	30岁,168cm,最明显特征此人前额发少,显向秃头,身材偏瘦,张黄口音客家话 28岁,170cm,前额光,偏瘦 27岁,170cm,圆脸,发型总是向后梳,前额光,浦北口音	P144 P158 P181
	乌痣九	石冲坡子坪村人	25岁,170cm,最明显特征左边颈部有明显黑痣,且长有长出来,浦北石涌客家话 170cm,留中分发型,脸型偏瘦,左颈部下下巴交界处有颗很明显的黑痣,从正面看不到,浦北口音	P144 P158 P181
			26岁,167cm,平头,廉州话	
			24岁,165cm,菱角口音客家话	
香某武	陈某、细佬哥、光头佬有没有称呼其为乌痣九或王某栋的？陈某一直叫我为坏佬，没有叫我为乌痣九或王某栋，至于细佬哥、光头佬怎么称呼我，不记得了。			
	细佬哥	是博白菱角人		

从上表的统计情况来看，存在以下几个问题：一是同一被告人在不同供述笔录中，对同案犯情况供述不一致；二是不同被告人对同案犯情况供述不一致，典型的陈某与庞某祥供述根本找不到相同点；三是供述中参与作案人数不相同；四是被告人供述的同案犯情况与指控被告情况不相符。

（2）被告人对同一案件作案时间、地点、作案过程等供述不一致，无法相互印证，同样不能作为定案依据。具体情况在个案分析中阐述。

（3）被告人与被害人陈述、证人证言之间存在矛盾，且被害人陈述、证人证言不能直接指向被告人,相互之间不能印证,同样各被告人的有罪供述也不能作为定案依据。具体情况在个案分析中阐述。

(4)被告人对起诉指控的绰号不予认可,案卷证据材料也未有证据证实,在日常生活中有人用指控的绰号称呼被告人。除能够证实二十二为陈某绰号外,其他绰号均无法与被告人对号入座。

通过上述分析,可以确认被告人有罪供述存在相互矛盾,无法相互印证。同样,各被告有罪供述不能作为定案的依据。

三、被告人庞某祥供述与辨认笔录存在重要矛盾点,完全可以推翻被告人的有罪供述

被告人陈某供认参与作案人数为5人,后改为4人,被告人庞某祥、王某、香某武供认参与作案人数为4人,辨认笔录认定的也是4人。这里有一个致命的问题,就是按庞某祥有罪供述确认的作案人员与辨认笔录确认的作案人员不一致。庞某祥供认参与作案的4个人是:二十二、老孔二、大颠佬加庞某祥;抢劫卷B卷(P232)庞某祥辨认笔录确认:09号老孔二、10号大颠佬、大费佬,姓名住址不详。抢劫卷补充材料第一卷(P1):2009年11月28日,北海市公安局刑侦支队城西责任区大队出具说明,确认庞某祥是9号照片老孔二、10号照片的大费佬、大颠佬是陈某。在本案起诉书指控及原一审、二审中均认定二十二为陈某,此处又认定大颠佬为陈某。即指控4人抢劫,按绰号统计确认陈某两个绰号,按绰号抢劫应为3人,但起诉指控的是4个人。

四、辨认所选取照片不符合辨认要求,被告人辨认照片认定同案犯不具有证明力,辨认笔录不能作为定案依据

辨认笔录所选取照片不符合辨认要求。从辨认笔录附带照片可以看出,选取照片在胖瘦、脸形、五官、发型方面有明显区别,不符合辨认要求。在司法实践中,辨认照片或辨认具体的人,应当选取总体上胖瘦、脸形、五官、发型趋于一致,不能有明显差异的人,也就是说照片人物特征应当基本一致。而本案却能够看出照片中每个人明显不同的特征。(辨认笔录照片及其他略)

第三节　法庭发表辩论注意事项

法庭辩论是辩护律师的一项基本功。法庭辩论能否成功与辩护律师的案件熟悉程度、语言表达能力、现场发挥能力等均有关。人的思维只有通过良好的语言表达,才能更好地影响他人。语言表达,不仅应当注重表达的内容和逻辑,还应当尽可能表达得准确、简洁且生动。

一、文字表达技巧

熟悉案情,理顺辩论思路,准备辩护提纲,是辩护律师庭前必做的一项基本工作。准备得越充分,法庭发挥得越好。文字表达应做到:

1. 字斟句酌,用词准确

词语是表达的组成部分,辩护律师在法庭上发表辩论意见,一定要准确使用词语,防止产生歧义。

2. 语句通顺,布局合理

在发表辩论观点时,一定要做到语句通顺,说起来朗朗上口,通篇布局合理。

3. 观点衔接,层次分明

阐述观点明确具体,前后观点互相衔接,环环相扣,做到层次分明,步步为营。

4. 结构严谨,条理清楚

辩论意见应当做到通篇结构严谨,条理清楚,没有重复观点,每一个观点、每一个论据都用得恰到好处。

5. 重点突出,详略结合

辩论观点一定要做到重点突出,哪些细节是辩论的重点,哪些细节可以忽略不计,不过多纠缠每一个细节,详略恰当,有的放矢。

二、语言表达技巧

辩护律师应当具有驾驭、支配辩论形势的能力。在庭审辩论中,应当做到:

1. 脱稿

辩护律师在法庭上发表辩论意见,犹如一个演讲者发表演讲,所以在说话语气和发表言词时必须达到的效果是:

(1) 抓住整个法庭的注意力,包括被告人、法官、公诉人,甚至旁听人员,但重点向法官、公诉人发表辩论观点。

(2) 传达案件的严重性或表现出对本案的最大疑点。

(3) 表明对本案的熟知程度,对案件证据可以娓娓道来。

2. 控制语速,吐字清晰

好的辩论内容,需有好的表达方式。在法庭发表辩论意见时,应做到口齿清楚,发音准确,语速适当,抑扬顿挫,力争铿锵有力、底气十足,以提高论辩感染效果。

3. 入情入理,层次分明

语言可以伤人,也可以感人。用辩论语言伤人有违律师职业道德。辩论语言要以情感人,但不能哗众取宠。使用情感语言时,必须注意以下几个问题:一是具体案件的辩论语言感情色彩,要有与案情相适应的基调;二是绝不能带有当事人的感情色彩,辩护律师的情感就是经过理智语言处理过的辩论情感、法律语言情感;情感措辞应是发而不露、放而不纵、委婉、含蓄的中性语言。

三、形象技巧

除了文字表达技巧、语言表达技巧外,律师还应具有良好的形体语言表达技巧,做到有声与无声、语言与体态的完美融合。语言与形体统一,才能体现辩护律师精湛的表达能力。

1. 要柔中有刚,举止大方

辩护律师在庭审辩论中要有风度,有气魄,不卑不亢,不趾高气扬。在辩论得势时,不忘乎所以、轻视对方;在失利时,不惊慌失措、手忙脚乱。发言时必须权衡,切不可轻率发表无准备、无水平的言辞。在任何情形下,都应举止大方、沉稳有序、言而有据。辩护律师应具有这种刚柔并济、以静制动、以稳求成的形象。

2. 要善于控制情绪

在庭审中可能遇到事先没有预料到或已预料到的非正常的阻碍、干扰、发难等情况。这就要求律师控制自己的情绪,怒而不暴跳如雷、惊却能声色不露,及时采取有效措施,冷静、安稳、平和,做到应变自如,稳中求胜。

四、法庭辩论的注意事项

公诉人在法庭上通过法庭调查和辩论后,可能因为对起诉书所指控被告人的行为性质有了新的认识,提出追加、减少或变更起诉罪名以及其他情节的情况。对此,应当从维护被告人的诉讼权利出发慎重对待:

(1) 指控被告人的犯罪事实没有变化,但公诉机关当庭改变起诉罪名的,一般可以同意;若辩护律师认为需要作抗辩准备的,可以申请法庭延期审理。

(2) 因指控被告人的犯罪事实发生变化而要求减少罪名的,可以同意,建议辩护律师不再提出延期审理等诉求。

(3) 因指控被告人的犯罪事实发生变化而要求追加罪名的,辩护律师应当表示不同意。辩护律师可以要求公诉人书面补充起诉,并给其准备答辩的时间,但被告人表示同意追加罪名的除外,辩护律师此时应当向被告人示明法律后果。

(4) 因指控被告人的犯罪事实发生变化而要求将重罪名变更为轻罪名的,可以同意;将轻罪名变更为重罪名的,辩护律师应当不能同意,申请延期审理。

(5) 起诉书认定被告人有自首、立功等情节,公诉人在法庭上口头要求撤销的,一般不能同意。若辩护律师认为需要作抗辩准备的,可以申请延期审理。

(6) 起诉书未认定被告人有自首、立功等情节,公诉人口头提出予以认定的,辩护律师应当同意并提示法庭。

五、法庭辩论应遵循下列规则

1. 紧扣焦点的辩论规则

控辩双方展开的辩论应当围绕争议的焦点进行,对于离开争议焦点偏离案件定性量刑的辩论,审判长有权予以制止。

2. 禁止强加于人的规则

控辩双方都有权发表各自与对方相反的意见,并且可以论证自己的观点。

3. 禁止人身攻击性言论的规则

控辩双方在辩论中,难免发生一方论证举例不当,对此,审判长有权及时予以制止,并且予以必要的批评;对于情节较严重的,有权敲击法槌予以警告。

4. 禁止设问而无答案的规则

控辩任何一方有这种表现,审判长都有权予以制止,并明确要求其直截了当地提出肯定性的意见。

第四节 撰写辩护词

辩护律师为了维护刑事被告人的合法权益,根据事实和法律,提出证明被告人无罪、罪轻,或者减轻、免除刑事责任的证据和意见,即为辩护词。撰写高质量的辩护词是辩护律师的一项基本功。撰写辩护词的前提是充分熟悉案件事实、案件证据及涉及的法律法规。

一、辩护词的撰写方法

辩护词一般包括题目、首部、正文及结论、署名、附件等五部分。具体撰写方法如下:

1. 题目

辩护词题目,笔者一般这样撰写:第一行居中写"关于某某市某某区袁某欣故意杀人、强奸、抢劫案";第二行居中写"一审辩护词";第三行为案号,如"(201×)京二刑初字第01××号"。

2. 首部

首部包括称呼和辩护律师委托情况说明等。

(1) 称呼。称呼一般写"审判长、人民陪审员"或"审判长、审判员、人民陪审员"或者是"审判长、审判员",该部分单独一行,顶格书写。具体要根据合议庭组成人员情况确定。

(2) 辩护律师委托情况说明。笔者一般这样撰写:"依据《中华人民共和国刑事诉讼法》第32条、第33条之规定,北京广森律师事务所接受被告人委托,指派我担任其_____案一审的辩护人,出庭为其辩护。在开庭审理前,我共×次会见了被告人,查阅了案卷证据材料,参加法庭审理,现依据在案证据及法庭调查事实,提出如下辩护意见。"若是法律援助案件,则书写为:"依据《中华人民共和国刑事诉讼法》第32条、第34条之规定,经_____法律援助中心指定,并征得本案被告人_____的同意,担任其一审辩护人,出庭为其辩护。"这就表明了自己担任辩护人的合法身份,是受被告人委托的,还是法律援助中心指定的;说明了自己的任务是为某某被告人辩护;说明了自己辩护的依据。

3. 正文部分

正文包括辩护主要观点、具体事实与理由及证据情况等内容。

(1) 首先阐明辩护观点。辩护观点主要是针对起诉书指控的事实和认定罪名、适用的法律进行总体的概括。笔者一般这样撰写:"本辩护人对检察机关指控的罪名认可,但对指控的事实_____部分持有异议,具体理由……"或"本辩护人对检察机关指控的罪名不认可,对指控的事实也有异议"等。总之,在正文开头需要提出辩护律师的主要观点,以便法庭归纳控辩双方争议的主要焦点。基于命案存在被害人死亡这一特定事实,被害人家属在法庭上容易情绪激动,建议辩护律师在发表正式辩护词之前加入"首先对被害人的家属表示同情。本辩护人基于《刑事诉讼法》的规定,为保障被告人的合法权益,有利于法庭查清事实正确适用法律,保证审判质量,防止冤假错案的发生"的语句,这样有利于降低被害人家属激动情绪。

(2) 其次阐述事实与理由。根据不同的案件,事实与理由也不会完全相同。基于辩护可能涉及的范围,笔者认为主要应从四方面发表辩护意见:一是从程序方面论述,即证据合法性辩护,包括非法证据排除的内容,主要围绕证据合法性展开,阐明证据的证明力大小。二是从认定事实方面论述,即事实认定方面的辩护,主要有这样几种可能:① 提出事实不清、证据不足,否定被指控的全部或部分犯罪事实;② 有相反的证据可以证明指控的事实全部或部分不能成立;③ 指控的事实清楚,证据确实充分。三是从指控的罪名方面论述,即法律适用方面的辩护,也可以说是轻罪辩护、无罪辩护,重点论述法律规定、法律适用等。四是从量刑情节方面论述,即量刑辩护,主要针对被告人具有哪些从轻、减轻或者免除处罚的法定或酌定情节辩护,如:可从自首、立功、重大立功、正当防卫、紧急避险、从犯、未遂、未成年、因果关系、认罪态度等多个方面提出辩护意见,争取实现从宽从轻判处。

4. 结论部分

对辩护观点作出总结,引出结论。结论一般要对法庭提出明确、具体的要求,与前面辩护观点做到首尾呼应。即要求法庭宣告被告人无罪或免除刑罚处罚或者是对被告人从轻、减轻处罚。

5. 署名

书面辩护词的最后,在尾部靠中处书写律师事务所名称、辩护律师签名,写明年月日。此三部分内容分成三行书写。

6. 附件

在签名下面靠左处书写联系方式,书写辩护律师姓名、电话、通讯地址、邮政编码、电子信箱等基本信息,方便承办法官与辩护律师联系、邮寄法律文书等。

二、辩护词撰写的基本要求

1. 正确掌握辩论的方法

(1) 拟定准确的辩论题目。主要从论点、论据、论证三个方面,逐渐深入论述,找出突破口,反驳控方指控。突破口一定要选择准确,要做到论点集中、理由充分,力求说服法官,让公诉人推不翻、驳不倒。

(2) 要善于运用驳论方法。驳论有三种方法,即反驳论点、反驳论据、反驳论证。由于议论文是由论点、论据、论证三部分有机构成的,因此驳倒了论据或论证,也就否定了论点,与直接反驳论点具有同等效果。反驳论点,即直接反驳对方论点本身的片面、虚假或谬误,这是驳论中最常用的方法。反驳论据,即揭示对方论据的错误,以达到推倒对方论点的目的,因为错误的论据必然得出错误的论点。反驳论证,即揭露对方在论证过程中的逻辑错误,如大前提、小前提与结论的矛盾,对方各论点之间的矛盾,论点与论据之间的矛盾等。

(3) 具体问题具体分析,采用不同的辩论方式。针对不同的案件,不同的证据形式,辩护律师要采取不同的辩论方式,但必须做到:一是辩点有依据的要直接辩驳。对于控方明显站不住脚的问题,而辩护方又有充分的事实、证据和法律依据,足以将其驳倒时,就直接提出反驳,据理力争。二是肯定与否定要相结合。控方所指控的某些事实有一定的道理,但是不足以作为法定从重或加重处罚情节,宜采取先肯定、后否定的方法,从多方面分析证明控方观点不足以作为从重或加重处罚的理由。三是柔中有刚与刚柔并用相结合。"柔"就是在辩论中使用的语言要柔和,不能趾高气扬。"刚"就是在原则问题、法律规定上,要坚持争辩,力争制胜。在辩护中坚持刚柔结合,要以实现辩护目的为准则。四是沉着冷静应对,稳扎稳打。辩护律师在辩护过程中,针对控方的观点,必须坚持沉着冷静,静观其变,时刻冷静地思考控方观点,不说没有把握的辩点,不说没有法律依据的观点,时刻要以事实为依据、以法律为准绳,不能为表演而表演,防止情绪激动、自乱阵脚,影响律师形象。

2. 辩护词用语规范,符合文体要求

论点既要符合法律规定,又要为具体事实和证据材料所证明,不能脱离案件的具体事实、证据材料和法律依据而发表空洞的论述。

3. 说理充分,用词准确

辩护律师发表辩护词要做到不夸大事实,也不片面陈述事实,要准确概括事实,不能强词夺理。用语准确就是要求使用法言法语,词语使用得当,禁止使用产生歧义的词语和形容性词语。

4. 准确引用法律条文

法律条文都具有准确的含义。辩护律师不能因辩护而牵强附会地引用法律条文,更不能对法律条文加以曲解,要充分体现法律专业辩护水准。

5. 禁止夸夸其谈

对于刑事法庭,公诉人、法官、辩护律师都是法律专业人士,辩护律师的职责是说服法庭采纳自己的辩护观点,为被告人争取更多的利益。夸夸其谈只能引起法庭上不懂法的人的兴趣,法律人士更想听到专业的辩护。为逞一时之快而夸夸其谈,只能适得其反,不会获得有效的辩护结果。

6. 辩护词篇幅适中

辩护词在用语规范、文字适当的前提下,应力求言简意赅,篇幅适中,直接点题,防止题目篇幅太长,说得太久。我国法官审判任务繁重,法庭审理期间,根本没有太多时间听取辩护律师事无巨细的辩护观点。

7. 重点问题特殊标注

基于案件不同,辩护词长短不一,对于重要的辩护观点和题目,相应文字应当以加深加粗等方式进行特殊标注。这样可以使承办法官在阅读辩护词时,明确辩护律师的主要观点,吸引法官的注意力,使其最大限度地采纳辩护律师的意见。

三、辩护词定稿校对

辩护提纲一般情况下是在庭前完成的,而辩护词则是在庭审结束之后撰写的。对辩护律师来说,时间非常有限,难免发生这样或那样的错误。因此,辩护律师在撰写完成辩护词后,一定要进行校对,防止发生法律常识性错误,防止发生文字性错误。建议有条件的辩护律师采取双人交叉校对方法,尽可能减少错误,尤其是法律常识性错误。

四、提交辩护词

辩护律师撰写完成辩护词后,需要提交承办法官,供法官裁判时参考。实践当中,有的律师是在开庭审理前即撰写完成辩护词,在开庭审理后直接交给承办法官,这样做可以及时将自己的辩护观点呈现给法官,也省去再次前去法院递交或邮寄;但是,法庭没有开庭审理时,辩护人并不知道公诉人认定事实的理由、如何采用证据等情况,开庭审理期间,发生新情况如何操作等无法在辩护词中体现。笔者一贯的做法是在开庭审理前,拟定辩护提纲,力争做到辩点全覆盖;在法庭审理期间,抓住庭审的有利时机,将辩点全部提出、阐明事实与理由;在开庭审理后,根据法庭审理情况,再进行适当调整,庭后完成辩护词的修改,打印提交法庭。结合当前司法实践,笔者建议,辩护词应当在开庭审理完毕之日起5个工作日内通过邮寄方式送达承办法官。这样做的好处:一是庭审刚刚完成,辩护律师对庭审情况仍然记忆犹新;二是体现辩护律师工作严谨,工作不拖沓;三是可以给承办法官预留出更多时间审阅辩护词,审视辩护观点。

示例8-6

吉林省某县王某禹故意杀人案一审辩护词

审判长、审判员:

依据《中华人民共和国刑事诉讼法》第32条、第33条之规定,北京广森律师事务所接受被告人的委托,指定律师杨汉卿担任王某禹一审辩护人。接受委托后,本辩护人详细阅读了本案全部材料,依法会见了被告人,结合法庭调查,发表辩护意见如下:

本辩护人认为:被告人的行为不构成故意杀人,应当按正当防卫不负刑事责任。

第一部分　定罪辩护意见

一、《刑法》关于正当防卫的法律规定

第20条第1款规定:"为了使国家、公共利益、本人或者他人的人身、财产和其他权利免受正在进行的不法侵害,而采取的制止不法侵害的行为,对不法侵害人造成损害的,属于正当防卫,不负刑事责任。"

同时该条第3款规定:"对正在进行行凶、杀人、抢劫、强奸、绑架以及其他严重危及人身安全的暴力犯罪,采取防卫行为,造成不法侵害人伤亡的,不属于防卫过当,不负刑事责任。"

二、被告人的行为构成正当防卫的关键细节

1. 从案件起因来看,被害人有不法侵害行为的发生并有暴力殴打行为,这可以从在场的王某义证言和被告人的供述中得以印证。

证人王某义证言:

第39页:"我爷爷在他家园子里站着骂我妈妈不要脸,并说一会儿我过去。"第40页:"我爷拿着板锹直接上我家东屋,用右手举起板锹,左手抓住我妈头发,用板锹打我妈,并一边打一边骂我妈不要脸,看见我妈从后面拿出刀来。"

被告人供述:

第16页:"用单刃尖刀扎的被害人,是背对着扎的王某奇";第17页:"被害人首先骂被告人;被告人持刀是想吓唬王某奇";第18页:"王某奇拽着我头发把我按倒在地上了,刀正好压在我胸口下边了";第19页:"我脸朝下趴在地上,王某奇的脸朝南骑在我后腰部。"

依据上述证据,可以确认的事实:被害人首先挑起事端,并且持铁锹至被告人家里殴打被告人,在此情况下,针对被告人的不法侵害行为已经发生,符合正当防卫不法侵害行为已发生的构成要件。

2. 从案件发生的过程来看,正当防卫的时间是不法侵害正在进行时,同样可以从在场的王某义证言和被告人的供述中得以印证。

证人王某义证实:被害人铁锹殴打被告人。

被告人供述:被害人骑在其身上殴打,被告人持刀背对着被害人时,用刀扎向被害人。

被告人与被害人血衣上的血迹,可以佐证被告人供述是客观真实的,即在被害人骑在其身上,背对着被害人扎的。

法医学尸体检验鉴定书记载的致命伤口位置,与被告人供述、血衣上的血迹等特征相吻合。

现场勘验笔录记载的事实与被告人供述也是相互吻合的。

依据上述证据可以确认的事实:被告人用刀扎被害人时,不法侵害正在发生之时,符合正当防卫不法侵害正在进行时的构成要件。

3. 从正当防卫对象来看,被告人针对不法侵害者本人,即被害人。

从证人王某义证言、被告人供述,可以确认:不法侵害人为王某奇,即持铁锹前去被告人家里的人。被告人在防卫时,针对的也是不法侵害作案人王某奇,符合正当防卫针对不法侵害者本人的构成要件。

4. 从被告人刀扎行为来看,采取的应当是制止不法侵害的行为。

从被告人的供述可知,用刀扎被害人时,系王某奇骑在其身上殴打被告人时,被告人背对着,向后用刀扎向被害人,这应当是制止不法侵害之时。否则,被告人会遭遇什么样的后果,这是任何人无法预料的,即被告人不采取任何措施,任由王某奇殴打下去,其结果可能是造成被告人死亡或伤残。

5. 从被告人终止扎被害人时间节点来看,符合应当控制正当防卫的限度,没有超过必要的防卫限度。

被告人供述,在其发现被害人无动静时,即停止再扎向被害人,起身后发现被害人身上出血,即让其儿子去找其父亲王某庆,将王某奇送医院救治。这一点说明,在被害人停止不法侵害后,被告人也停止了针对不法侵害者刀扎的行为,由此可以证明被告人在确保自身安全的情况下,不再对被害人进行防卫。这说明被告人在控制自己的防卫限度,没有超过必要的防卫限度。

6. 被害人持铁锹殴打被告人的行为应当视为正进行的行凶,适用无限防卫权。

证人王某义证言、被告人供述可以证明被害人系持铁锹进入到被告人家里,进入后直接持铁锹殴打被告人并将被告人骑在身下殴打,这一行为应当认定为被害人对被告人正在进行的行凶行为。

三、关于被告人准备刀具行为的定性问题

1. 从本案证据来看,被告人事先购买尖刀,事前与自己亲属讲想要杀死被害人、被害人与被告人存在家庭矛盾等情节,这些情节不是否认正当防卫的必要

条件。本案可以确认以下基本事实:家庭矛盾很深,被告人在一定程度上受到被害人的压制、欺压或者威压,否则被告人作为一个弱女子,不会准备刀或有杀人的想法。

2. 准备刀具与正当防卫不发生矛盾,不能以准备刀具即认定其构成故意杀人。

在家庭矛盾很深、随时都有可能发生冲突的情况下,作为一个弱女子,准备一把刀并且还是家庭生活中可以使用的刀,这与准备枪、炸药等凶器有所区别。本辩护人认为,这是一种防卫的心态,如同不能认为警察携带枪支执行职务时,打死人即是故意杀人一样。

3. 不能以被告人讲述过其想杀害被害人即认定为故意杀人。

证人谢某权证实:在案发前一个多月,被告人与其讲过想要杀死被害人,并且证人也劝其不要杀人,杀人要偿命等。

从这份证据应当看出的问题:这只是被告人的想法,从这个想法可以看出,是想主动杀人,而不是被动杀人。

从准备刀具情况看,即使认定其处于作案准备阶段,基于其未主动实施杀人行为,依据《刑法》第22条规定,应当免除处罚。

从本案事实情况来看,被告人用刀扎向被害人不是双方发生冲突的开始,被告人就拿刀扎向被害人,而是在被害人将其骑在身下,继续殴打的情况下才扎向被害人的,对这一行为应当认定为防卫性质,而不应当认定为主观故意杀人。

综上,本辩护人认为:被告人王某禹不构成故意杀人罪。依据案件发生起因、刀扎被害人时间、被告人受到殴打等情况综合判断该案产生的后果,应当认定被告人的行为构成正当防卫,不负刑事责任。

第二部分　量刑辩护意见

基于当前司法实践,在法庭认定被告人有罪的情况下,建议法庭充分考虑以下量刑情节:

1. 被害人有重大过错,案发当天系被害人主动挑起事端;

2. 被害人持铁锹进入被告人家里殴打被告人,被告人的行为至少应当符合防卫过当的构成要件;

3. 被告人在终止刀扎的行为后,主动让其儿子找丈夫王某庆对被害人进行

救治,应当认定有犯罪中止情形;

4. 被告人在第一次讯问时,即如实供述全部事实;

5. 被告人无前科劣迹,现实表现良好;

6. 该案系家庭矛盾引起,对社会危害性小;

7. 被害人亲属向法庭出具刑事谅解书,请求从轻判处;

8. 被告人所在地村民请求从轻判处,证明被告人现实表现良好。

以上辩护意见,请合议庭充分考虑。

北京广森律师事务所
辩护律师:杨汉卿
2015年12月1日

附杨汉卿律师联系方式:

电话:010-5848××××、1861133××××

地址:北京市朝阳区慧忠里×号洛克时代中心×室

邮编:100101

信箱:××××@126.com

第 9 章

命案证据吻合性辩护重点

第一节 作案时间的吻合性

作案时间就是作案人实施犯罪的时段,具体是指作案人到作案现场开始实施作案的时间点起至逃离现场时间点止。一个人是否具有作案时间,是认定其是否实际作案人的关键性问题。侦查机关抓获嫌疑人时,也是首先排查其是否具有作案时间,有作案时间才能继续侦查其是否是作案人。从侦查角度而言,一般通过下文几种途径确定是否具备作案时间;从辩护角度而言,重点从以下证据入手,判断犯罪嫌疑人、被告人是否具备作案时间。

一、犯罪嫌疑人供述确定作案时间

犯罪嫌疑人的供述与辩解是《刑事诉讼法》规定的证据种类之一,也是认定有罪或无罪的关键证据。犯罪嫌疑人被抓获后,侦查机关一般会立即对犯罪嫌疑人进行讯问,从而掌握其犯罪过程。首先讯问的内容就是核实嫌疑人在案发时,其活动范围、经过地点、时间及有什么人可以证明嫌疑人不在案发现场,同时围绕其供述情况立即开展调查取证,以确定其供述是否真实。犯罪嫌疑人供述其不具备作案时间,但又具有非常大的作案嫌疑时,侦查人员一定会沿着其供述情况,重点排查,从而为审讯提供依据。通过排查,确认其供述是真实的,确实不具备作案时间,则应当终止审讯,结合具体情况予以释放。

从侦查角度来看,审讯嫌疑人或排查其是否具有作案时间,侦查人员都应当制作讯问或询问笔录,作为侦查的证据予以保存;从辩护角度来看,辩护律师则应当重点审查犯罪嫌疑人的供述与辩解,在侦查人员制作的多份笔录之中,查找破绽、查找矛盾点,从供述笔录或会见了解的案件情况中找到犯罪嫌疑人是否具备作案时间的依据。

二、证人证言确定时间

依据《刑事诉讼法》的规定,凡是知道案件情况的人,都有作证的义务,但生理上、精神上有缺陷或者年幼,不能辨别是非、不能正确表达的人,不能做证人。基于证人与被害人都是通过言词来证明案件事实,笔者在这里将被害人的陈述也归于证人证言。证人分为两种情况,一种情况是直接听到或看到案件发生、发展、结果的人,这类证人主要是证明什么时间、在什么地点、发生了什么样的案件、引起什么结果以及作案人是什么时间进入现场、什么时间逃离现场等,这类证人证明的是案件发生情况;另一种情况就是证明嫌疑人是否具备作案时间的证人,此类证人是不知道在什么时间、什么地点、发生了什么案件,但他能证明在案发时间段内,侦查机关抓获的嫌疑人在什么地方出现,该时间段内嫌疑人是否有作案机会或可能等。

从侦查角度来看,前一类证人是侦查破案时,主要是命案发生后现场访问的证人;后一类证人则是在抓获嫌疑人后,在初步审讯后,为查明嫌疑人是否有作案嫌疑时调查的证人。

从辩护角度来看,辩护律师在复制案件卷宗后,需要通过详细阅卷,从证人证言中分析证人是前一类还是后一类。对于前一类证人,一定要从审查证人证言的客观性入手,分析判断证言是否具有真实性,然后再分析是否具有关联性、证言收集是否具有合法性,从而确定证言的证明力。对于后一类证人,若证明其具有作案时间,且与犯罪嫌疑人供述相互吻合,则一般应当认定证言具有证明力;反之,证人证明嫌疑人不具有作案时间,辩护律师则应当重点审查该证言的客观性及是否符合常理、是否有亲属关系或利害关系等,从中发现证言是否具有客观真实性,若具有客观真实性,则应当查找犯罪嫌疑人无罪的证据,考虑作无罪辩护。

三、其他证据确定作案时间

案件发生一定有现场、命案还有尸体。现场和尸体可以确定案发时间或者案发时间段。但是,此类证据不能证明嫌疑人是否具备作案时间。从侦查角度来看,现场和尸体是判断案件发生时间的关键因素,现场勘查笔录和尸体检验鉴定意见均会分析或记载案发时间。站在辩护律师的角度,应当从现场勘查笔录和尸体检验鉴定意见中查找案发时间,并与其他证据进行比对,以分析判断犯罪嫌疑人是否具备作案时间,从而为有效辩护提供依据。

作案时间是判断嫌疑人是否为实际作案人的关键,无论侦查人员还是辩护律师都应当高度重视。排查嫌疑人是否具备作案时间是在抓获嫌疑人后,侦查人员必须及时进行的侦查工作。毕竟每个人的记忆力和记忆准确程度是有限的,时间越长,记忆准确度越差。

例如,在聂某故意杀人、强奸案中,聂某被抓获并作出有罪供述后,在没有其他证据指向聂某系作案人的情况下,侦查机关应当迅速对其案发时的活动范围、接触人员、行走路线等进行调查取证,以确认其供述是否有证人证实或其供述是否客观真实。但遗憾的是,侦查机关却并没有及时进行调查取证,从而导致错案的发生。

第二节 作案因素的吻合性

作案因素其实就是嫌疑人与被害人之间具有的某种关联性。俗话说凡事必有因。无论何种类型的命案,偶然发生还是必然发生,都离不开因果关系。从侦查角度来看,查明因果关系,可以迅速破案,有效维护社会稳定;从辩护角度来看,查明因果关系,可以确认犯罪嫌疑人是否是作案人,辩护律师采取有罪辩护还是无罪辩护的辩护策略。

一、通过犯罪嫌疑人供述确定作案因素

侦查人员在审讯犯罪嫌疑人时,除讯问作案时间外,还必须讯问嫌疑人是否具备作案因素,是什么原因促使嫌疑人作案。犯罪嫌疑人也可能会在供述中对

此作出解释。从侦查角度来看,侦查人员一定会讯问嫌疑人的作案动机,并分析这种动机是否符合常理或客观实际,从而最终确定作案人。站在辩护律师的角度,在审阅案卷和会见犯罪嫌疑人时,也一定要查找犯罪嫌疑人的作案动机,并从中分析其供述或向律师叙述的事实是否符合客观实际或常理,从而分析判断其是否是作案人。命案中,由于被害人已死亡,因此更多是从犯罪嫌疑人身上查找作案因素,并辅之侦查其他证据。

二、通过证人证言确定作案因素

命案中由于被害人死亡,除犯罪嫌疑人供述作案因素外,侦查机关还会从现场访问的证人中查找作案因素,这也可为尽快找到破案突破口或者查获犯罪嫌疑人提供更加有利的条件。现场走访的对象,包括被害人亲友、同事、最后接触的人员等。通过对这些人的调查走访,基本可以发现案件发生的原因或起因,从中分析出作案人的特征或范围,从而为侦查破案提供依据。

三、其他证据

除了证人证言、犯罪嫌疑人的供述与辩解外,还可以通过现场勘验、尸体检验、视听资料等发现作案人的作案因素。有的人可能要问了,现场怎么能看出作案因素,尸体检验怎么能看出作案因素?视听资料可能直观探知到作案的因素,现场和尸体怎么能体现呢?举例来说:在勘验命案现场时,如果女被害人衣着不完整,尤其下衣有撕破、脱下等情况,可以考虑是否为强奸杀人;如果衣服完整,但现场留有被害人的包,但包内物品已散落在地或已被掏空,则可考虑是否为侵财杀人;但若尸体刀伤众多,刀刀致命,则应当考虑是否为仇杀。

综上所述,犯罪分子作案永远不会毫无理由。只要侦查机关认真并实事求是地侦查,一定能找到案件发生的原因,查到犯罪分子的作案因素,这是侦查机关侦查破案的最佳途径。找到原因,离破案就很近了。那么,从辩护角度来看,辩护律师如何通过侦查机关的破案过程分析判断作案因素呢?这就需要辩护律师认真审阅案卷,重点查看侦查机关的破案经过或破案报告,被害人亲友证言,知情人员的证言以及犯罪嫌疑人、被告人的供述和辩解,现场勘查笔录,尸体检验鉴定意见,甚至相关的司法鉴定文书。这些证据都是辩护律师查找作案因素的来源。查明犯罪嫌疑人、被告人的作案因素,对分析判断侦查机关抓获的嫌疑人是否为实际作案人具有非常重要的意义。对作案因素吻合性的辩护也应当成为辩护律师一项重要的辩护内容。

第三节　作案工具的吻合性

作案工具是指犯罪分子进行犯罪活动时所用的一切物品，包括各种武器或工具。例如：刀、枪、棍棒、易燃易爆物、开锁工具、交通工具、绳索、斧头、镰刀等。作案工具是犯罪分子行凶作案的工具。查明作案工具的来源、去向，对认定犯罪嫌疑人是否为实际作案人至关重要。

一、作案工具的来源与去向

作案人从事违法犯罪活动，尤其是命案，多数情况下，都会使用作案工具。有作案工具，也就存在作案工具来自何处，案发后作案工具去往何方的问题，这是侦查机关必须调查的关键事项。从侦查之初，侦查机关就要确认是什么作案工具，什么范围内的人能接触此类作案工具，在什么范围内可以找到此类作案工具，这也是确定侦查方向的关键要素。犯罪嫌疑人被抓获后，侦查机关则需要查明作案工具的去向，查找作案工具是侦查机关的重中之重，也是确认犯罪嫌疑人是否是作案人的重要证据。

从辩护角度来看，辩护律师通过审阅案卷，一定要从证人证言或现场勘查、尸体检验中查找并分析确认是什么作案工具或作案工具的种类，同时从犯罪嫌疑人、被告人的供述中查找作案工具的去向，这是确认犯罪嫌疑人、被告人是否为实际作案人的标志性判断。

二、作案工具与现场分析是否吻合

命案发生后，侦查人员在现场勘查的基础之上，分析判断作案工具，目的是确定侦查范围，通过作案工具来查找作案人。在作案人被抓获后，根据其供述的作案工具情况，与现场勘查结论或现场分析结论进行分析。作案工具是否吻合也是验证抓获的嫌疑人是否实际作案人的关键因素之一。

从侦查角度来看，侦查机关的侦查方案或侦查分析判断会议记录等文件一般不会装入侦查卷宗中,而是装入侦查副卷之中,这是辩护律师所看不到的内容。辩护律师如何分析判断侦查机关在案发之初是如何分析判断的呢?笔者凭借多年的侦查预审经验认为,辩护律师应当多从案卷之中查找案件侦查之初,侦查人员是如何分析判断作案工具的材料。主要从以下四个方面查找:

一是从破案经过或破案报告、破案说明中查找;

二是从案发之初现场访问人员中查找;

三是从案发之初查找的证人证言中查找;

四是从现场勘查笔录中查找。

三、作案工具与尸体检验是否吻合

尸体伤痕最能反映死亡原因,死亡原因也能直接反映作案工具是什么或是何种类。尸体伤痕所反映出来的特征,能直接体现作案工具的种类。嫌疑人被抓获后,侦查机关通过审讯获取其供述,从而印证嫌疑人是否为实际作案人。

从侦查角度来看,要确定作案工具,仅限于从尸体检验鉴定意见之中寻找答案。法医会提出分析判断作案工具的意见,这是辩护律师在案卷之中能够审阅到的直接证据。嫌疑人的供述与尸体检验鉴定意见是否吻合,也可以直接从犯罪嫌疑人供述与辩解之中得出结论。从辩护角度来看,辩护律师可以从尸体检验鉴定意见和犯罪嫌疑人、被告人供述辩解中发现作案工具是否吻合。

第四节 作案现场的吻合性

任何犯罪活动都离不开一定的时间和空间,并会引起客观环境发生变化,这种客观环境称为犯罪现场,也就是作案现场。作案现场是犯罪分子直接行凶的场所,是其本人亲身去过的地方,犯罪嫌疑人、被告人对现场的描述也是认定其是否是实际作案人的关键所在。一个人完全记住所经历的现场是不现实的,但现场的关键部位、物品摆放、特殊特征等应当与其供述相互吻合。

一、供述现场情况是否符合实际情况

犯罪嫌疑人、被告人可能初次到案发现场,对于犯罪嫌疑人、被告人来说是一个未曾来过的陌生环境。凭笔者从事18年的公安侦查经历,每年接触几百名犯罪嫌疑人之经验来判断,任何一个犯罪分子,即使到达一个完全陌生、从未涉足的场所,一般他都会有所观察。其主要目的是谋划如何实施作案,如何实现自己的目的,如何逃离现场等。从这个角度来看,排除犯罪分子逃离现场后,现场发生变动的情况,犯罪嫌疑人供述的现场情况,与实际现场情况是否吻合,尤其是关键物品、现场位置、现场的特征,都可以使侦查人员形成内心确信,判断该案是否是犯罪嫌疑人所为。所以说,判断犯罪嫌疑人是否为实际作案人的关键是看供述现场情况与实际现场情况是否吻合。

在侦查人员对犯罪嫌疑人进行讯问,并已制作讯问笔录后,表面上看犯罪嫌疑人的供述与现场基本情况相符的情况下,辩护律师又应该怎么发现这其中的破绽呢?凭笔者的经验,关键是认真阅卷,如详细查阅现场勘查笔录中的现场照片、尸体检验照片,从中发现现场有什么物品;在犯罪分子作案后,发生过哪些变动,这种变动是否正常,是否属于犯罪分子逃离现场之后变动的;以这些变动为依据,展开对犯罪嫌疑人、被告人的发问,发现其是否到过现场,这样可以增加辩护律师对犯罪嫌疑人、被告人是否为作案人的内心确信。因此,核实犯罪嫌疑人、被告人供述与现场情况是否吻合应当是辩护律师的重要工作。

二、现场情况是否泄密

当刑事案件发生后,公安机关到达案发现场所做的第一件事,就是拉起警戒线,对现场进行封闭,阻止任何无关人员进入案发现场。侦查机关这样做的目的是防止现场信息泄露,防止抓获嫌疑人后,无法判断其供述是否真实,无法判断其是否到过现场。犯罪嫌疑人、被告人在供述犯罪后,又翻供否认其是作案人,此时现场情况是否泄密则成为认定其是否是作案人的关键。犯罪嫌疑人、被告人在法庭翻供,称自己未到过现场,是通过其他方式了解到现场情况,其在侦查人员的高压态势下才承认作案,并且提出在什么地方或什么媒体上看到过有关案件现场情况的介绍;同时,根据陈述很容易找到其所说的内容。这时辩护律师就应当考虑到现场泄密的情形,对于犯罪嫌疑人、被告人之前的供述和翻供应当考虑其合理性,有合理的理由怀疑其供述的真实性。

知之非难,行之不易。那么,辩护律师如何在审查案卷时,发现这些蛛丝马迹呢?笔者认为关键是通过与犯罪嫌疑人、被告人的会见交流发现问题。在谈话过程中,通过提出现场的一些细节或特殊的标志物等,让犯罪嫌疑人、被告人来回答是什么情况,同时关注其说话的表情、姿势、动作、说话语气等来印证其是否到过案发现场或者其是否为实际作案人。

曾有这样一个案件:案发现场留下一枚血指印,非常清晰,具备鉴定条件。在案件持续无进展的情况下,破案小组想出了一个笨方法,就是针对案发现场所在的村屯所有成年人进行指纹排查,每个人都要到专案组来按指印,看看是否有没来的,是否有指印对上的。没有来的人可疑点上升,指印对上的,应当是作案人。通过这种方法,很快就找到了在命案现场留有指印的人。被害人的邻居,对被害人的情况非常熟悉,但没有任何矛盾,专案组侦查人员无论如何审讯,其拒不供认该案是其所为,后来承认到过案发现场,进入室内后,发现被害人全家人被害,匆忙离开之中可能留下了指印。至此,该案除指印外,没有任何指认其犯罪的证据。幸运的是,在比对完指印后,发现该村有一个人自始至终没有来按指印,进一步调查,发现其与被害人一家多年前有矛盾,且最近几年双方没有任何来往。再查,发现案发当天仅其一个人在家,并发现其常穿的衣物消失。抓获审讯后,他很快交代了作案经过,与现场情况完全吻合。基于现场保密工作做得好,至此可以认定该人的供述是真实的,未到现场是供不出现场情况的。

举此意在说明,只要辩护律师认真审查卷宗,一定能够发现蛛丝马迹,查找到辩护的突破口。

三、现场关键细节是否主动供述

犯罪现场是侦查破案的第一手资料,也是侦查破案的基础。现场永远存在常人难以发现或想象的一些细节。唯有到达过现场并亲自实施犯罪的人,才能够关注现场细节。侦查人员在审讯时,非常关注嫌疑人在到案后、审讯中自己主动说出来的一些犯罪现场的细节,如物品摆放、尸体位置、伤口位置、门与锁情况等。这些细节,有的是侦查人员注意不到的,有的是表面与犯罪无关紧要的,有的是非自己行为造成而不清楚的。这些细节是犯罪嫌疑人、被告人自己主动供述出来的,认定其是实际作案人基本没有任何问题。辩护律师如何在辩护过程中,辨别犯罪嫌疑人、被告人在侦查阶段讯问笔录中供述的一些细节是其主动供述的呢?

详细审阅案件卷宗,是辩护律师的基本功,能够发现问题也是辩护律师应当具备的基本业务能力。这就要求辩护律师注意从案件卷宗中发现一些侦查人员没有发现的细节、现场图片所展示的一些细节。通过这些细节与犯罪嫌疑人、被告人进行核实。在核实时,一定要注意其眼神、表情、动作、说话语气等,再结合其回答问题的反应等分析判断其回答的可信度。对认定犯罪有足够影响的一些关键性案件细节,建议在法庭审理调查阶段详细认真发问,理由:一是在会见时,依据目前律师会见的情况,无法实现同步录音,不可能将会见犯罪嫌疑人、被告人全部的情况,包括回答问题的态度、语气、表情等,全面呈现给法庭;二是在法庭上问话,可以将被告人表情、语气、动作等展现在法官、公诉人、辩护律师面前,可以增加各方对其辩解的认知程度,或者说内心确信。仅辩护律师形成内心确信,不足以影响案件定罪量刑。唯有通过发现问题,让法官、检察官相信其辩解,辩护目的才能实现。

第五节 鉴定意见的吻合性

为了规范司法鉴定机构和司法鉴定人的司法鉴定活动,保障司法鉴定质量,保障诉讼活动的顺利进行,司法部根据《全国人民代表大会常务委员会关于司法鉴定管理问题的决定》和有关法律、法规的规定,制定了《司法鉴定程序通则》,自2007年10月1日起施行。

鉴定意见是指各行业的专家对案件中的专门性问题所出具的专业意见。从法理角度来看,可理解为鉴定意见即是专家证言。

一、鉴定程序是否合法

司法鉴定程序是指司法鉴定机构和司法鉴定人进行司法鉴定活动应当遵循的方式、方法、步骤以及相关的规则和标准。司法鉴定机构和司法鉴定人进行司法鉴定活动,应当遵守法律、法规、规章,遵守职业道德和职业纪律,尊重科学,遵守技术操作规范。

1. 司法鉴定委托

司法鉴定机构应当统一受理司法鉴定的委托。司法鉴定机构接受鉴定委托,应当要求委托人出具鉴定委托书,提供委托人的身份证明,并提供委托鉴定事项所需的鉴定材料。委托人委托他人代理的,应当要求其出具委托书。

2. 司法鉴定委托书

鉴定委托书应当载明委托人的名称或者姓名、拟委托的司法鉴定机构的名称、委托鉴定的事项、鉴定事项的用途以及鉴定要求等内容。委托鉴定事项属于重新鉴定的,应当在委托书中注明。

3. 委托人的责任

委托人应当向司法鉴定机构提供真实、完整、充分的鉴定材料,并对鉴定材料的真实性、合法性负责。委托人不得要求或者暗示司法鉴定机构和司法鉴定人按其意图或者特定目的提供鉴定意见。

4. 鉴定机构的受理条件

司法鉴定机构收到委托,应当对委托的鉴定事项进行审查。对属于本机构司法鉴定业务范围,委托鉴定事项的用途及鉴定要求合法,提供的鉴定材料真实、完整、充分的鉴定委托,应当予以受理。对提供的鉴定材料不完整、不充分的,司法鉴定机构可以要求委托人补充;委托人补充齐全的,可以受理。

5. 鉴定机构的受理期限规定

司法鉴定机构对符合受理条件的鉴定委托,应当即时作出受理的决定;不能即时决定受理的,应当在7个工作日内作出是否受理的决定,并通知委托人;对通过信函提出鉴定委托的,应当在10个工作日内作出是否受理的决定,并通知委托人;对疑难、复杂或者特殊鉴定事项的委托,可以与委托人协商确定受理的时间。司法鉴定机构应当在与委托人签订司法鉴定协议书之日起30个工作日内完成委托事项的鉴定。鉴定事项涉及复杂、疑难、特殊的技术问题或者检验过程需要较长时间的,经本机构负责人批准,完成鉴定的时间可以延长,延长时间一般不得超过30个工作日。

6. 鉴定机构的强制性规定

具有下列情形之一的鉴定委托,司法鉴定机构不得受理:① 委托事项超出本机构司法鉴定业务范围的;② 鉴定材料不真实、不完整、不充分或者取得方式不合法的;③ 鉴定事项的用途不合法或者违背社会公德的;④ 鉴定要求不符合司法鉴定执业规则或者相关鉴定技术规范的;⑤ 鉴定要求超出本机构技术条件和鉴定能力的;⑥ 不符合《司法鉴定程序规则》第29条规定的;⑦ 其他不符合法律、法规、规章规定情形的。

7. 司法鉴定协议书

司法鉴定机构决定受理鉴定委托的,应当与委托人在协商一致的基础上签订司法鉴定协议书。司法鉴定协议书应当载明下列事项:① 委托人和司法鉴定机构的基本情况;② 委托鉴定的事项及用途;③ 委托鉴定的要求;④ 委托鉴定事项涉及的案件的简要情况;⑤ 委托人提供的鉴定材料的目录和数量;⑥ 鉴定过程中双方的权利、义务;⑦ 鉴定费用及收取方式;⑧ 其他需要载明的事项。因鉴定需要耗尽或者可能损坏检材的,或者在鉴定完成后无法完整退还检材的,应当事先向委托人讲明,征得其同意或者认可,并在协议书中载明。在进行司法鉴定过程中需要变更协议书内容的,应当由协议双方协商确定。

辩护律师在审查鉴定意见时,一定要首先关注鉴定意见程序是否合法。该程序包括鉴定检材的收集、提取、保管、送检等各个环节。重点关注是否存在间断、不连续等问题,防止检材在收集、提取、保管、送检等环节发生变质、损坏等情形。

二、司法鉴定人是否合法

为了加强对司法鉴定人的管理,规范司法鉴定活动,建立统一的司法鉴定管理体制,适应司法机关和公民、组织的诉讼需要,保障当事人的诉讼权利,促进司法公正和效率,司法部根据《全国人民代表大会常务委员会关于司法鉴定管理问题的决定》和其他相关法律、法规,制定了《司法鉴定人登记管理办法》,自2005年9月30日起公布施行。该办法规定,司法鉴定人是指运用科学技术或者专门知识对诉讼涉及的专门性问题进行鉴别和判断并提出鉴定意见的人员。司法鉴定人应当具备本办法规定的条件,经省级司法行政机关审核登记,取得《司法鉴定人执业证》,按照登记的司法鉴定执业类别,从事司法鉴定业务。

辩护律师需要审查司法鉴定人是否符合法律法规的规定。

三、鉴定意见是否符合法定形式

司法鉴定机构和司法鉴定人在完成委托的鉴定事项后,应当向委托人出具司法鉴定文书。司法鉴定文书包括司法鉴定意见书和司法鉴定检验报告书。司法鉴定文书的制作应当符合统一规定的司法鉴定文书格式。司法鉴定文书应当由司法鉴定人签名或者盖章。多人参加司法鉴定,对鉴定意见有不同意见的,应当注明。司法鉴定文书应当加盖司法鉴定机构的司法鉴定专用章。

辩护律师应当审查出具司法鉴定意见的鉴定机构及其司法鉴定人是否具有司法鉴定资格、鉴定文书是否符合法律法规规定的形式,内容是否合法等。

四、鉴定结论是否与供述吻合

在命案中,常见的鉴定意见就是尸体检验鉴定意见。尸体检验鉴定意见是侦查机关的法医,通过对尸体表面检验、解剖检验,经过科学分析,判断被害人死亡的原因。其实质是通过尸体检验确认犯罪分子作案时所用的作案工具,在被害人什么部位、产生了什么样的后果。通过对尸体的客观描述,分析判断作案工具。被害人所受到的伤害是客观存在的,可以通过客观形式展示在侦查人员、法医、被告人、辩护律师面前。此类证据,在侦查人员审讯期间,一般是不会让被告人看到的,尤其是尸体检验照片。被害人受到什么样的伤害,结果是什么样,是由犯罪嫌疑人自己供述的,因此可以通过其供述来印证是否与鉴定结论一致。

辩护律师在辩护期间通过审阅案卷与被告人谈话来确认其侦查阶段的供述是否客观真实。犯罪嫌疑人、被告人在与辩护律师的谈话中,推翻了原来在侦查机关的供述,此时辩护律师应当警觉起来,考虑其是否是真实的作案人,其翻供理由是否符合常理、是否有证据支持等。鉴定意见分析认定的事实,与犯罪嫌疑人、被告人供述是否一致,是检验其是否是实际作案人非常重要的根据之一。

第六节 犯罪嫌疑人供述的吻合性

侦查人员在侦查阶段,通过多次讯问,核实犯罪事实。正常情况下,对犯罪嫌疑人的每一次供述,侦查人员都应该制作讯问笔录,并作为证据装入案卷。犯罪嫌疑人在侦查阶段的历次供述也就成了指控其犯罪的证据之一。

一、犯罪嫌疑人、被告人的有罪供述是否具有客观性

目前在司法实践中,犯罪嫌疑人在侦查阶段的供述,是认定其犯罪的重要证据,甚至是唯一的犯罪证据。其供述有罪是否稳定,是否有矛盾则成为考察其供述是否具有客观性的重要标志。依据现行有效的司法解释的规定,犯罪嫌疑人、被告人的供述出现反复,即有时供认犯罪,有时拒不供认犯罪,在没有其他证据印证其有罪供述时,其有罪供述不能作为认定其犯罪的证据。这既是体现刑法中有利于被告的原则,又是充分保障犯罪嫌疑人、被告人人权的重要体现。辩护律师在审阅案卷时,一定要重点审查犯罪嫌疑人在侦查阶段的供述情况。笔者的做法是对犯罪嫌疑人的供述制作图表,记录每次讯问的时间,供述有罪、无罪的情况,从中分析判断其供述是否应当作为认定犯罪的依据。

示例 9-1

庞某祥在抢劫五起致二人死亡案件中的供述情况

110	20070811—10:05—11:50	北海刑侦队	A 庞某祥	不供认犯罪
113	20070811—14:58—17:35	北海刑侦队	B 庞某祥	供认犯罪
122	20070812—16:50—18:10	北海二看	C 庞某祥	不供认犯罪
124	20070814—13:05—18:05	北海刑侦队	D 庞某祥	供认犯罪
133	20070815—9:40—11:45	北海二看	E 庞某祥	不供认犯罪
138	20070915—12:05—12:38	北海二看	F 庞某祥	不供认犯罪

通过对庞某祥的供述统计,可以看出其在侦查机关审讯时供述有罪,在看守所审讯时,拒不供认有罪,其在法庭审理期间,也是拒不承认参与抢劫事实。这时,辩护律师就有理由怀疑,庞某祥在侦查机关审讯时有可能遭到刑讯逼供,其有罪供述可能不具有客观真实性。通过这样一个表格也能充分直观体现辩护律师的辩护观点,更能促使法官采纳辩护律师的观点。

二、犯罪嫌疑人、被告人的辩解是否有证据支持

犯罪嫌疑人、被告人的辩解主要是两个方面的内容:一是无罪辩解,二是罪轻辩解。罪轻辩解包括事实上的辩解和轻罪名的辩解。无论犯罪嫌疑人、被告人具有什么层次的知识文化、身份地位、参与犯罪程度等,都不同程度的存在辩解。这种辩解关键是对认定犯罪是否有影响,对案件定性是否影响,对量刑是否有影响。如果对这三方面都不影响,其辩解对整个案件来说,可以完全不考虑。

从辩护角度来看,辩护律师对犯罪嫌疑人、被告人的辩解必须引起足够的重视,在会见期间必须认真听取其辩解的事实、理由,以及是否有证据支持等。在

会见了解情况的基础上,再进一步详细审查案件证据材料是否有证据支持。如果有,则辩护律师应当高度重视,这也是辩点所在。如果没有,应当继续通过会见被告人来了解案件证据材料的情况,要求其提供支持其辩解的证据在何处、怎么样能够取得的线索等,从而为有效辩护提供证据支持。

三、犯罪嫌疑人、被告人的供述是否与其他证据相符合

犯罪嫌疑人、被告人供述是否与其他证据相吻合,是认定抓获的犯罪嫌疑人、被告人是否为实际作案人的重要考证。犯罪嫌疑人、被告人作为案件的实际实施人,对案件情况是非常清楚的。在完全合法审讯的情况下,其供述作案过程对认定犯罪具有非常重要的作用。尤其是供述的现场情况、被害人情况、作案行为的先后顺序、使用作案工具等,是否与现场勘查笔录、尸体检验鉴定意见、证人证言等证据材料相吻合;一些非亲身经历的人不会关注的细节问题对认定犯罪,审查判断犯罪嫌疑人、被告人的供述是否真实具有非常重要的作用。是否如实供述,是否隐瞒则是侦查人员判断是否为实际作案人的关键,这同样也应当成为辩护律师关注的重点。这就要求辩护律师认真审阅现场勘查笔录、尸体检验鉴定意见等证据,从中找出案件疑点,为有效辩护奠定基础。

第 10 章

程序性辩护重点

第一节 侦查程序辩护

侦查程序是指侦查机关在侦破刑事案件时,依据国家刑事诉讼法律及相关司法解释、办案程序等规定,有序进行侦查破案的程序。

侦查程序辩护是指辩护律师围绕侦查机关侦查时间顺序,进行审查判断,从而通过审阅案件卷宗,审查案件侦查程序性法律文书和案件证据,判断侦查行为是否合法,查找侦查机关侦查行为的违法性,进而发现证据的矛盾点,达到有利于被告人的辩护结果。

一、侦查程序是否合法

《刑事诉讼法》和《公安机关办理刑事案件程序规定》是公安机关侦破刑事案件的法律依据。侦查机关的侦查行为必须符合法律规定,其侦查行为才能被确认为合法。刑事案件发生后,侦查机关应当遵循现场勘验与现场访问同步进行的规定,在现场勘验、尸体检验、现场访问的基础上,进行分析判断,确定侦查方向,查找作案人,抓获嫌疑人,审讯嫌疑人,获取有罪供述,再核实有关证据,最终确定破案。这是侦查破案的基本程序。

二、侦查主体是否合法

依据《刑事诉讼法》与《公安机关办理刑事案件程序规定》的规定,刑事案件除部分职务犯罪案件外,一般情况下由公安机关负责立案、侦查、预审。具体在公安机关内部,按业务分工,由公安机关的刑事侦查部门负责,即刑事侦查人员负责。同时,在侦查部门内设或外设技术部门,包括法医。

对于刑事案件的侦查,笔者认为至少有三类侦查主体:

1. 侦查人员,包括指挥人员

侦查人员是刑事案件侦查的主体,承担指挥现场勘查、组织现场分析、部署并执行侦查措施、抓获嫌疑人、制定审讯方案、审讯嫌疑人、收集有罪证据或无罪证据等职责。

2. 现场技术人员

现场技术人员主要是指对现场进行勘验的技术人员,如痕迹专家、拍照人员、摄像人员、绘图人员等。其主职责是对现场进行勘验,发现并收集、提取现场痕迹物证,绘制现场方位图、现场物品结构图、痕迹物证位置,对现场进行拍照摄像,对作案先后顺序、案发时间等进行分析判断,为侦查破案提供依据。

3. 法医

广义上讲,法医也属于技术人员范畴,主要负责对刑事案件现场尸体进行检验,以确定被害人是否死亡,并对死亡原因、作案工具、作案过程等进行分析判断,为侦查破案提供依据。

侦查人员、技术人员、法医是刑事案件侦查破案的主力军,三者互相支持,互相配合,是快速有效破案的必要条件。侦查人员的工作更多体现在询(讯)问笔录、辨认笔录之中,技术人员的工作则主要体现在现场勘查笔录、现场提取笔录之中,法医的工作则主要体现在尸体检验鉴定意见之中。

此外,还有一类人员会出现在现场勘查笔录中,这就是勘查现场的见证人。按照法律规定,见证人至少有 2 名,且不能是侦查人员,不能与案件有任何关联关系。法律设置见证人目的是确保侦查机关现场勘查是在客观、公正的前提下进行的,以此证明侦查人员执法行为的合法性。

三、查获作案人程序是否合理

命案侦查破案的关键环节是抓获犯罪嫌疑人。而犯罪嫌疑人是怎么到案的,是否是根据侦查线索被查获的,则直接影响到查获的作案人是否是实际作案人。一般情况下,刑事案件发生后,侦查人员通过现场勘验、现场访问、法医尸体检验、调查证人证言等侦查措施,通过现场分析,确定初步嫌疑人的基本情况或基本排查特征、条件,然后按现场分析确定的条件进行排查,发现嫌疑人。抓获嫌疑人后,结合案件具体情况、嫌疑人具备可能作案的条件,确定审讯方案,同时排查嫌疑人是否具备作案时间、作案因素,进而获得嫌疑人口供,以确定其是否为实际作案人。从确定嫌疑人到抓获嫌疑人,再到获得嫌疑人有罪口供,这是侦查机关侦查破案中查获犯罪嫌疑人的基本程序。通常情况下,侦查机关抓获嫌疑人前,应当有一定的嫌疑证据指向需要抓获的嫌疑人,即嫌疑人不能无理由地被查获。

例如:聂某故意杀人案。聂某被抓获前,没有任何证据可以证明其有杀人作案的嫌疑。聂某被抓获只是因为其骑一辆山地自行车,打听案件情况,并有窥视女厕所的嫌疑,但是否具备杀害康某条件、是否具备动机,则在被抓获之前没有任何证据指向聂某。聂某是否具备作案时间,在抓获后,也没有进行排查。从公开的证据材料来看,排查聂某的作案时间是在一个月之后进行的,这是非常违反常理和侦查程序的。按照侦查破案程序,抓获犯罪嫌疑人后,首先应当排查是否具备作案时间,若不具备,则表明其一定不是作案人,若无其他违法行为,必须立即释放。反之,即使具备作案时间,还须调查是否具备作案因素,是否具备作案动机等情况。从侦查机关侦办聂某案件来看,严重违反侦查程序和常理。

第二节 庭前会议辩护重点

2012年修正的《刑事诉讼法》第182条规定:"在开庭以前,审判人员可以召集公诉人、当事人和辩护人、诉讼代理人,对回避、出庭证人名单、非法证据排除等与审判相关的问题,了解情况,听取意见。"2012年12月20日,《刑诉解释》第183条规定:"案件具有下列情形之一的,审判人员可以召开庭前会议:(一)当事人及其辩护人、诉讼代理人申请排除非法证据的;(二) 证据材料较多、案情重大复杂的;(三) 社会影响重大的;(四) 需要召开庭前会议的其他情形。召开庭前会议,根据案件情况,可以通知被告人参加。"第184条规定:"召开庭前会议,审判人员可以就下列问题向控辩双方了解情况,听取意见:(一) 是否对案件管辖有异议;(二) 是否申请有关人员回避;(三) 是否申请调取在侦查、审查起诉期间公安机关、人民检察院收集但未随案移送的证明被告人无罪或者罪轻的证据材料;(四) 是否提供新的证据;(五) 是否对出庭证人、鉴定人、有专门知识的人的名单有异议;(六) 是否申请排除非法证据;(七) 是否申请不公开审理;(八) 与审判相关的其他问题。审判人员可以询问控辩双方对证据材料有无异议,对有异议的证据,应当在庭审时重点调查;无异议的,庭审时举证、质证可以简化。被害人或者其法定代理人、近亲属提起附带民事诉讼的,可以调解。庭前会议情况应当制作笔录。"

一、庭前会议非公开性

从法律和司法解释的规定来看,庭前会议不是法庭审理前的必经程序,而是人民法院在法庭审理前根据公诉案件的复杂程度或者其他需要召集相关人员了解事实与证据情况,听取控辩双方的意见,整理争议焦点,为庭审顺利进行的准备活动。在庭前会议中,主要解决案件管辖,公诉、审判、鉴定等人员回避,确定出庭证人名单,是否启动非法证据排除程序,是否需要调取新的证据及其他事项,从而确定庭审的重点,这是庭前会议程序的主要内容。依据司法解释的规定,庭前会议主要解决的是与审判相关的问题,该问题是程序性问题,而不是对案件的实质审查,也不是对证据的质证。会议主要是了解情况,听取意见,为庭审的顺利进行打下基础,而不是查明控辩双方对实体问题争议的焦点。从立法精神来看,庭前会议程序是一个准备性程序,解决的是与审判相关的一些程序性问题。但在当前司法实践中,由于庭前会议是2012年《刑事诉讼法》修正作出的新规定,各地各级人民法院在执行庭前会议程序时,侧重点各有不同。有的法院在执行过程中,利用"审判人员可以询问控辩双方对证据材料有无异议,对有异议的证据,应当在庭审时重点调查"的规定,在庭前会议中,基本以庭审程序进行庭前会议,在询问对证据材料有无异议时,采用法庭审理的方法:宣读证据名称、证据内容、证明事项,然后由被告人、辩护人予以质证。在法庭审理过程中,则不再出示全部证据,仅是针对被告人、辩护人有异议的证据材料,有选择地宣读证据名称、证明目的等,由被告人、辩护人质证。笔者认为,法庭采取此种方式召开庭前会议审查证据材料,违背了公开审理原则。庭前会议虽然是审判前的一个不必然启动的程序,但不是公开进行的。依法应当公开审判的刑事案件应将所有证据材料展示在法庭上,让旁听人员、被告人等所有参加法庭审理的人员都能知道有何证据,证据能够证明的是什么样的事实,认定被告人有罪的证据是否充分等。如果在庭前会议程序中,针对证据材料进行举证质证,对于已经达成共识的证据,在法庭审理期间不再公开,与公开审理原则相违背。

二、庭前会议的功能

从立法定位上看,庭前会议是庭审的准备程序,但不是必经程序。庭前会议制度的宗旨是确保法庭的集中审理,提高庭审的质量及效率,保障控辩双方诉权的行使。庭前会议的重点在于解决那些可能导致庭审中断、影响庭审顺利进行,制约庭审效率的一些突出问题。如回避、出庭证人名单、非法证据排除、管辖权异议、申请重新鉴定、调取证据、非法证据排除、变更强制措施、证人保护等。

三、庭前会议的适用范围

《刑事诉讼法》并未明确庭前会议的适用范围。庭前会议并非所有案件的必经程序,应当在必要时才启动,并主要针对程序性争议较大的案件。如当事人提出非法证据排除申请的案件,以及一些案情重大复杂、证据材料较多的案件。在这些案件中,通过庭前会议解决可能导致庭审中断的程序性事项,进行证据展示、争点整理等,可以确保庭审的质量和效率。

四、庭前会议的主持人

《刑事诉讼法》规定由审判人员召集庭前会议。司法实践中,庭前会议主要由主审案件的法官召集。主审法官主持庭前会议有利于其对案件争议焦点的了解,便于其在庭审中更加准确地把握案件的关键,提高庭审的质量与效率。

五、庭前会议被告人的参与权

依据《刑事诉讼法》的规定,审判人员可以召集公诉人、当事人和辩护人、诉讼代理人,对回避、出庭证人名单、非法证据排除等与审判相关的问题,了解情况,听取意见。《刑诉解释》第183条规定:"召开庭前会议,根据案件情况,可以通知被告人参加。"从司法解释的规定可以看出,被告人不是必须参与庭前会议的人员。那么没有被告人在场的情况下,如何处理和保障被告人权利?法律没有作出明确规定。笔者认为,庭前会议涉及被告人的实体及程序性权利,尤其是回避、诉讼权利等,是被告人的重要权利。因此,召开庭前会议,辩护律师应当申请被告人参加庭前会议。

六、庭前会议解决事项的范围

依据《刑事诉讼法》和《刑诉解释》的规定,庭前会议应当以解决程序性问题为主,解决实体问题为辅。程序性问题主要包括案件管辖,回避,调取公安机关、人民检察院收集但未随案移送的证明被告人无罪或者罪轻的证据、新的证据,证人、鉴定人、有专门知识的人出庭名单,排除非法证据,不公开审理等。对于实体问题具体解决哪一步,《刑事诉讼法》并未作出明确规定。《刑诉解释》则规定了审判人员可以询问控辩双方对证据材料有无异议,对有异议的证据,应当在庭审时重点调查;无异议的,庭审时举证、质证可以简化。依据《刑诉解释》的规定,等同于将实体问题纳入庭前会议。如若将实体问题纳入庭前会议,势必会导致庭前会议功能的扩大,甚至降低庭审的功能。为此,明确庭前会议是为庭审作准备的地位,才能实现刑事审判以法庭审判为中心。

七、庭前会议的效力

庭前会议应当重点解决刑事审判的程序性问题,如案件管辖、回避等问题。在庭前会议中控辩审三方达成共识的问题,可以在庭前会议中解决。难点是非法证据排除。如果非法证据排除申请在庭前会议中被驳回,在庭审中被告人或辩护人是否还可以再次提出申请非法证据排除?《刑事诉讼法》和《刑诉解释》没有明确规定。司法实践中,法院一般不会再次启动非法证据排除程序。笔者认为,应当从充分保障被告人权利的角度出发,辩护律师或被告人在庭审中可以再次申请启动非法证据排除审查程序。

八、非法证据排除权利

庭前会议的一项重要内容就是启动非法证据排除程序。通过庭前会议,将非法证据排除在庭审之外,在庭前解决当事人对证据合法性存在的争议,可以保证庭审的顺利进行。但是,非法证据排除涉及的问题非常复杂,控辩双方之间一定存在重大争议,在庭前会议中很难彻底解决。因此,非法证据排除不能局限于庭前会议,应当充分利用整个审判阶段,保证被告人和辩护人申请非法证据排除的权利。

综上,辩护律师在刑事辩护过程中,应当充分利用庭前会议程序,甚至主动申请启动庭前会议程序,积极辩护。除案件管辖、回避等问题外,应当将非法证据排除作为庭前会议的重中之重。辩护律师在庭前会议提出非法证据排除,一定要提交排除非法证据的证据或线索,否则,非法证据排除程序将无法启动。具体如何启动非法证据排除,请看下一节内容。

第三节 非法证据排除的辩护重点

《刑事诉讼法》第54条第1款规定:"采用刑讯逼供等非法方法收集的犯罪嫌疑人、被告人供述和采用暴力、威胁等非法方法收集的证人证言、被害人陈述,应当予以排除。"如何启动非法证据排除以及非法证据排除的条件、责任及法律依据等前文已叙述。下面重点谈一下非法证据排除程序中的辩护方法。

辩护律师充分行使《刑事诉讼法》赋予的为犯罪嫌疑人、被告人进行非法证据排除辩护的辩护权利,是充分维护犯罪嫌疑人、被告人合法权利的体现,也是依法履行职责的重要体现。辩护律师为犯罪嫌疑人、被告人申请启动非法证据排除程序,主要在审判阶段。辩护律师及时申请非法证据排除,这也是辩护律师实现有效辩护的重要辩护方法。辩护律师仅提出非法证据排除申请的初步证据即可以启动非法证据排除程序。本节重点谈刑讯逼供方面非法证据的排除。

一、审判阶段辩护律师应当及时申请非法排除证据

《刑诉解释》第97条规定:"人民法院向被告人及其辩护人送达起诉书副本

时,应当告知其申请排除非法证据的,应当在开庭审理前提出,但在庭审期间才发现相关线索或者材料的除外。"第98条规定:"开庭审理前,当事人及其辩护人、诉讼代理人申请人民法院排除非法证据的,人民法院应当在开庭前及时将申请书或者申请笔录及相关线索、材料的复制件送交人民检察院。"

依据上述司法解释的规定,辩护律师为犯罪嫌疑人、被告人进行非法证据排除的辩护,主要是在审判阶段。在审判阶段,辩护律师借助法庭审理时,案卷全部对辩护律师公开,合议庭法官居中裁判,法庭公开进行调查,被告人当庭陈述等多方有利条件,申请对非法证据的排除更有利于实现有效辩护目的。因此,辩护律师应当在审判阶段及时提出非法证据排除的申请。

辩护律师应当在开庭审理前,向法庭提交非法证据排除申请书。申请书中应当写明申请非法证据排除的理由及支持申请非法证据排除的证据线索或证据材料等,完成辩护人的初步证明责任。申请非法证据排除时,一定要注意申请排除的证据不能过多、笼统,需要具体明确,直接指明排除的具体是哪份证据。

二、从讯问笔录中发现刑讯逼供的线索

辩护律师必须认真审阅被告人在侦查阶段的所有讯问笔录,特别是有罪供述的讯问笔录。这是辩护律师发现刑讯逼供最直接的、最容易被法庭支持的来源和依据。重点是讯问笔录的内容和讯问笔录的形式。

研究讯问笔录的内容,就是研究被告人的供述是否前后矛盾,供述犯罪的时间、地点、同案人员、犯罪经过等有无重要矛盾。人的记忆规律是距离案件发生的时间越近,对犯罪的各个细节记忆得也就越清楚。被告人的供述违反一般人的记忆规律,辩护律师就要注意是否存在侦查人员通过刑讯逼供或诱导性讯问获得被告人有罪供述的情形。

研究讯问笔录的形式,就是研究罪嫌疑人作出有罪供述的时间和地点。从当前的司法实践来看,一般情况下,刑讯逼供多发生在看守所之外,看守所内发生刑讯逼供的情况相对较少。所以,辩护律师一定要对讯问笔录进行统计,从讯问的时间、地点发现刑讯逼供的线索和证据。如果全部的有罪供述都是在看守所之外形成的,辩护律师就应格外关注。

三、法庭审理期间详细询问被告人刑讯逼供的具体情况

犯罪嫌疑人、被告人的有罪供述是在什么情况下形成的,作为侦查人员是非常清楚的,检察人员、审判人员也能够在案件卷宗、私下沟通中发现。但在法庭上,任何一个执法人员、司法人员都非常不愿意公开犯罪嫌疑人、被告人遭到刑讯逼供这一严重违法事实。即使辩护律师会见时,获取了刑讯逼供的证据或线索,也不敢过多地向外界透露,唯恐遭到报复或被以各种理由追究责任。在法庭上,面对法官,面对公诉人,面对旁听人员,由被告人自己陈述遭受刑讯逼供的相关细节,可能风险最小,排除掉非法证据的可能性也最大。

法庭上,被告人当庭陈述遭受刑讯逼供的细节会更加形象具体,会让法官和所有的诉讼参与人更加确信被告人受到了刑讯逼供。此时,需要辩护律师对有关情况进行详细询问、核实,应当通过对被告人的发问,查明遭到刑讯逼供的时间、地点、刑讯逼供的人员和方式,认真听取、记录,并发现关键线索。此外,辩护律师还需要针对被告人有罪供述中的前后矛盾、记忆模糊和其他证据存在的差异之处进行发问,核实与其在侦查阶段作出的有罪供述的不同之处。

四、从入所体检表当中发现刑讯逼供的线索

犯罪嫌疑人被送交看守所羁押时,看守所会进行体检。入所体检表记录了犯罪嫌疑人入所时的身体状况,是证明犯罪嫌疑人在侦查机关接受讯问时有无遭受刑讯逼供的非常重要的证据。因此,如果犯罪嫌疑人、被告人提出受到刑讯逼供,辩护律师又发现犯罪嫌疑人、被告人遭受刑讯逼供,则应该向法庭申请调取犯罪嫌疑人、被告人入所体检表,以证明其受到刑讯逼供的事实。

五、收集被告人无罪辩解的证据证实其有罪供述属于非法证据

犯罪嫌疑人、被告人是否具有作案时间,是认定其是否是作案人的关键证据。犯罪嫌疑人、被告人在律师会见时,拒不供认犯罪事实,并提出非常合理的无罪辩解,辩护律师应当详细询问是否具有作案时间、在案发时间段其在何处、有何证据可以证明等,详细了解证据的线索。随后,要展开认真详细的调查。

六、申请侦查人员、看守所管教人员出庭作证

犯罪嫌疑人、被告人受到刑讯逼供,通常或多或少会遗留下一定的证据。此时,为证明侦查人员没有采取刑讯逼供的方式取得有罪供述,侦查机关往往会出具一个情况说明,说明根本不存在刑讯逼供和非法取证的情形;或提供审讯录像,证实是被告人的自愿供述,没有刑讯逼供的行为。这只能说是侦查机关的自我辩解或自我辩护,其证明力很低。因此,辩护律师应当重视申请侦查人员、看守所管教人员出庭作证,由被告人指认和质证,由辩护人、公诉人、审判长交叉询问,从中发现刑讯逼供的证据或证据线索。

七、收集看守所共同羁押人员的证词

犯罪嫌疑人、被告人在侦查羁押期间,一定有共同羁押在同一监室的犯罪嫌疑人、被告人,这是收集自己的当事人是否受到刑讯逼供的证据的一个重要渠道,但是在审判期间,仍然在羁押的人员,辩护律师是不能接触到的,只能通过会见被告人,了解并查找已从看守所释放或转入监狱的在押人员进行调查取证,向其收集自己的当事人是否向其透露过遭到刑讯逼供及其相关细节的信息,对于重要证人可以申请其出庭作证,印证被告人的有罪供述是在刑讯逼供的情况下作出的。

八、审查同案犯讯问笔录并利用庭审发问机会发现刑讯逼供线索

同一个案件有两名以上犯罪嫌疑人、被告人的,辩护律师应当抓住案卷中被告人讯问笔录中有罪供述的差异、矛盾,结合法庭审理,抓住发问的时机,适时展开刑讯逼供线索发问,发现刑讯逼供的线索。这也是辩护律师申请启动非法证据排除程序的重要途径。

第四节 刑事诉讼阶段辩护重点

2012 年《刑事诉讼法》修正后,律师的辩护提前至自犯罪嫌疑人被第一次讯问或采取强制措施之日。按照刑事诉讼程序辩护阶段可分为侦查阶段辩护、审

查起诉阶段辩护、审判阶段辩护、执行阶段辩护(即申诉阶段辩护)。尽管许多犯罪嫌疑人、被告人及其家属均不清楚每个阶段辩护律师能够起到什么样的作用,但部分家属还是愿意聘请律师为犯罪嫌疑人、被告人进行辩护,毕竟辩护律师可以直接会见在押的犯罪嫌疑人、被告人,并进行沟通,了解一下案件情况。有些人认为侦查阶段聘请律师仅是去见见人,用处不大;也有些人认为37天批准逮捕以后再看情况是否聘请律师,一旦检察机关作出不批准逮捕的决定,人就可以释放出来,可以省去一笔开支;更有人认为与其请律师不如搞关系,采取"捞人"方式解救亲人。笔者认为律师的作用不仅体现在法庭上的辩护,更体现在认真阅卷,更体现在侦查阶段、审查起诉阶段对案件进行有效辩护,提前实现辩护目的。

一、侦查阶段辩护重点

依据《刑事诉讼法》的规定,辩护律师在侦查阶段就可介入辩护。通过近两年侦查阶段辩护,笔者认为可以在以下几个方面发挥律师的辩护作用。

1. 通过会见犯罪嫌疑人稳定其情绪

当犯罪嫌疑人被羁押后,完全处在看守所这一陌生环境中,与外界的联系突然断绝,面临人身自由受限、接触人员有限,更面临漫长的刑事诉讼程序,其难免会产生焦虑、不安、烦躁的情绪,从而影响侦查人员讯问时对涉案问题的回答与陈述。此时,辩护律师会见可以尽最大努力安抚犯罪嫌疑人的情绪,传达亲属对该事件的关注、支持,能够稳定犯罪嫌疑人的精神状态,更好地在后续诉讼程序中维护自己的合法权益。

2. 告知诉讼程序、犯罪嫌疑人权利并解释法律规定

《刑事诉讼法》第36条规定:"辩护律师在侦查期间可以为犯罪嫌疑人提供法律帮助;代理申诉、控告;申请变更强制措施;向侦查机关了解犯罪嫌疑人涉嫌的罪名和案件有关情况,提出意见。辩护律师在侦查期间可以向侦查机关了解犯罪嫌疑人涉嫌的罪名和案件有关情况。"基于该法律规定,辩护律师在首次会见犯罪嫌疑人时,应当告知其刑事诉讼的基本程序规定,告知其在整个刑事诉讼过程中具有哪些权利,如何行使自己的权利,以及相关法律是如何规定的,如何定罪量刑,从重从轻情节又是如何规定的等,让其对自己所涉及之案件有一个初步了解,清楚自己行为的法律后果,以及接下来应当如何面对。

3. 了解案件事实，拟定辩护策略

《刑事诉讼法》第35条规定："辩护人的责任是根据事实和法律，提出犯罪嫌疑人、被告人无罪、罪轻或者减轻、免除其刑事责任的材料和意见，维护犯罪嫌疑人、被告人的诉讼权利和其他合法权益。"第37条规定："辩护律师会见在押的犯罪嫌疑人、被告人，可以了解案件有关情况，提供法律咨询等。"

全面了解犯罪嫌疑人涉案事实，是辩护律师实现辩护目的的基础条件。案件发生后，家属对整个事件往往一知半解，甚至根本不相信、不清楚，即便从侦查机关了解到的案件情况可能也只是片面的、残缺的。此时从犯罪嫌疑人口中获得案件的真实情况就显得尤为重要，在侦查阶段可以说是非常关键的工作。同样的案件事实，在不同的人的眼中会有不同的看法。有的人认为是犯罪行为，有的人认为不是犯罪行为。因此，辩护律师在侦查阶段了解案件事实，可以帮助犯罪嫌疑人分析该事实行为是否违法，是否构成犯罪，及早制定辩护策略，实现辩护目的。

例如：北京王某欢因涉嫌合同诈骗1 600万元，被某公安分局抓获并刑事拘留。笔者会见后，了解系其所属公司总经理对外签订购销合同，收取1 600万元后，未按合同约定支付货物。对方多次索要货款，其中王某欢仅参与一次同对方协商确定如何偿还货款，并无其他任何行为。通过会见了解的情况，及时向侦查机关出具王某欢不具有违法犯罪行为的法律意见书，最终实现无罪释放的目的。

4. 进行羁押必要性审查，为犯罪嫌疑人申请变更强制措施

依据《刑事诉讼法》第36条的规定，辩护律师在侦查期间可以为犯罪嫌疑人申请变更强制措施。同时，《刑事诉讼法》规定："可能判处管制、拘役或者独立适用附加刑的；可能判处有期徒刑以上刑罚，采取取保候审、监视居住不致发生社会危险性的；以及应当逮捕但患有严重疾病的，或者是正在怀孕、哺乳自己婴儿的妇女可以申请取保候审。"犯罪嫌疑人对自己涉及的违法犯罪行为是否严重，往往没有清楚的认识，辩护律师可根据其所涉及的罪名、法律规定、实务经验等，对犯罪嫌疑人最终可能被判处的刑罚作出初步判断，及时申请对犯罪嫌疑人采取取保候审等变更强制措施，不致发生社会危险性的意见，实现变更犯罪嫌疑人的强制措施，即从羁押变成非羁押状态的目的，使犯罪嫌疑人先行走出看守所。

5. 向侦查机关出具法律意见

依据《刑事诉讼法》第36条的规定，辩护律师在侦查期间可以向侦查机关提

出意见。辩护律师接受委托后,通过会见了解案件事实,可以根据法律、事实向侦查机关出具法律意见,实现侦查阶段无罪辩护。

6. 向检察机关提出不予批准逮捕的建议

《刑事诉讼法》第86条第2款规定:"人民检察院审查批准逮捕,可以询问证人等诉讼参与人,听取辩护律师的意见;辩护律师提出要求的,应当听取辩护律师的意见。"

犯罪嫌疑人是否应当逮捕,是由检察机关作出决定,而不是侦查机关。若检察机关决定不予批准逮捕,侦查机关只能将强制措施由刑事拘留变更为取保候审或监视居住,尽管不排除犯罪嫌疑人仍然可能面临接下来的刑事诉讼程序,但毕竟犯罪嫌疑人已从看守所走出来了。检察机关决定是否批准逮捕犯罪嫌疑人,是依据侦查机关提供的案件材料、证据材料。此时辩护律师无法审阅卷宗,但通过会见也了解了一定的案情。辩护律师应当根据自己掌握的信息,及时向检察机关提出羁押必要性审查申请,变更刑事强制措施。若检察机关听取并采纳辩护律师的意见,可能获得意想不到的效果。

7. 代理申诉或控告

依据《刑事诉讼法》第36条的规定,辩护律师在侦查期间可以为犯罪嫌疑人代理申诉、控告。

为犯罪嫌疑人提供法律帮助既包括提出辩护意见,还包括维护犯罪嫌疑人的各种合法权益。辩护律师接受犯罪嫌疑人的委托,代理申诉控告,也是辩护律师的一项重要职责。

8. 收集犯罪嫌疑人无罪证据

依据《刑事诉讼法》第40条的规定,辩护人收集的有关犯罪嫌疑人不在犯罪现场、未达到刑事责任年龄、属于依法不负刑事责任的精神病人的证据,应当及时告知公安机关。

依据此规定,辩护律师在侦查阶段可以依法进行调查取证。发现犯罪嫌疑人无罪或不应当承担刑事责任的证据,应当及时告知侦查机关,从而实现犯罪嫌疑人提前释放。

二、审查起诉阶段辩护重点

《刑事诉讼法》规定:"律师从案件移送审查起诉之日起,可查阅和摘抄、复制本案所指控犯罪事实的材料。受委托的律师根据需要,可以申请人民检察院、人民法院收集、调取证据或者申请人民法通知证人出庭作证。"在审查起诉阶段,辩护律师的工作内容有以下几个方面。

1. 查阅、摘抄、复制本案的全部案件材料

《刑事诉讼法》第38条规定:"辩护律师自人民检察院对案件审查起诉之日起,可以查阅、摘抄、复制本案的案卷材料……"在审查起诉阶段,辩护律师应当尽快到检察机关阅卷,迅速了解案件的全部信息,掌握案件全部证据材料、制作阅卷提纲,发现案件疑点等。在阅卷时,辩护律师一定要复制案卷的全部内容,千万不能有任何遗漏。无论律师水平有多高,都不可能在很短的阅卷时间内,发现案件疑点问题。

2. 会见被告人,核实案件证据

《刑事诉讼法》第37条规定:"……自案件移送审查起诉之日起,可以向犯罪嫌疑人、被告人核实有关证据……"辩护律师在阅卷的基础上,通过会见被告人,核实案件证据的真实性,交流辩护观点。

3. 收集、调查无罪、罪轻证据或证据线索

《刑事诉讼法》第41条第1款规定:"辩护律师经证人或者其他有关单位和个人同意,可以向他们收集与本案有关的材料,也可以申请人民检察院、人民法院收集、调取证据,或者申请人民法院通知证人出庭作证。"辩护律师通过阅卷和会见,寻找和发现无罪或罪轻的证据或证据线索,进行必要的收集、调查取证。在此基础上,可向检察机关提出申请,请求检察公诉部门核实、收集有关的证人证言、新的物证、书证等。

4. 及时向检察机关提出辩护意见

《刑事诉讼法》第170条规定:"人民检察院审查案件,应当讯问犯罪嫌疑人,听取辩护人、被害人及其诉讼代理人的意见,并记录在案。辩护人、被害人及其诉讼代理人提出书面意见的,应当附卷。"辩护律师在阅卷、会见被告人和收集、调查取证的基础上,应当及时提出审查起诉阶段的辩护意见。在审查起诉阶段,辩护律师工作也应当提前完成,审查起诉最长期限只有1个半月,辩护律师提交审查起诉阶段辩护意见至少应当提前7个工作日或更早一些,必须赶在检察机关作出决定前提交。以便检察机关在讨论案件时,能够充分考虑辩护律师的意见。

5. 向检察机关提出变更犯罪嫌疑人的强制措施的意见

依据《刑事诉讼法》第73条取保候审和第75条监视居住的规定,辩护律师在审查起诉阶段如发现公安机关、检察院机关对犯罪嫌疑人采取的强制措施超过法定期限的,可以向公诉机关提出解除、撤销、变更犯罪嫌疑人的强制措施的意见。

6. 控告办案机关、看守所违法行为

被告人的人身权利受到侵害或者人格受到侮辱的,辩护律师有权为其提出控告,纠正办案机关或看守所民警的违法行为。笔者在办理辩护案件期间,曾多次致函有关看守所,要求为在押的犯罪嫌疑人、被告人提供纸、笔等,保障犯罪嫌疑人、被告人的诉讼权利。

7. 帮助对不起诉决定不服的被不起诉人提出申诉

基于不起诉的决定,是以犯罪情节轻微为前提,即以被不起诉人已触犯刑法规定为前提。如果被不起诉的人认为自己没有犯罪情节,则可以在接到不起诉决定书后7日内向人民检察院提出申诉,辩护律师可以帮助被不起诉人提出申诉。

三、一审阶段辩护重点

人民检察院将案件起诉至人民法院后,辩护律师可以接受被告人或者亲友的委托,担任被告人的辩护人。这个阶段辩护律师的任务最重,也最为关键,辩护效果直接通过审判结果体现出来。因此,辩护律师应当做好以下几方面工作。

1. 查阅、摘抄、复制本案的全部案件材料

辩护律师的阅卷方法已在前面叙述。辩护律师在开庭审理前,通过制作阅卷提纲、绘制阅卷图表等形式,必须了解并掌握以下内容:① 被告人的自然情况;② 指控被告人犯罪的时间、地点、过程、目的、手段、后果及其他可能影响定罪量刑的法定、酌定情节等;③ 被告人无罪、罪轻的事实和材料;④ 证人、鉴定人、勘验检查笔录制作人的自然情况;⑤ 被害人的自然情况;⑥ 侦查、审查起诉阶段的法律手续和诉讼文书的合法性、完备性;⑦ 技术性鉴定材料的来源、鉴定人的资格、鉴定过程与方式以及鉴定结论和理由等;⑧ 同案被告人的有关情况;⑨ 有关证据的客观性、关联性、合法性及证据本身及证据之间的矛盾与疑点;⑩ 证明起诉书所指控的犯罪事实及有关情况的证据有无矛盾与疑点;⑪ 其他

与案件有关的材料等。

2. 会见被告人,告知法庭审理程序、注意事项

在审判阶段,辩护律师会见被告人时,应当告知法庭审理案件的基本程序,法庭调查期间发问的方式,被告问答问题的方式及注意事项,如何质证、辩论,如何最后陈述等一系列工作。必要时,辩护律师应当与被告人进行法庭审理的模拟演练。

3. 辩护律师在会见时应当重点掌握的案件信息

辩护律师通过会见,应当掌握被告人的供述和辩解,发现、核实案件事实和证据材料中的矛盾和疑点,并重点了解以下情况:① 被告人的身份及其收到起诉书的时间;② 被告人是否承认起诉书所指控的罪名;③ 指控的事实、情节、动机、目的是否清楚、准确;④ 起诉书指控的从重情节是否存在;⑤ 被告人的辩解理由及有无证据支持;⑥ 有无从轻、减轻、免于处罚的事实、情节和线索;⑦ 有无立功表现;⑧ 有无超期羁押及合法权益是否受到侵害等情况。

4. 为被告人申请变更强制措施

依据《刑事诉讼法》的规定,辩护律师在侦查期间可以为犯罪嫌疑人申请变更强制措施。在审判阶段,辩护律师认为符合取保候审或监视居住条件的,可以申请变更强制措施。

5. 代理申诉和控告

依据《刑事诉讼法》的规定,辩护律师在侦查期间可以为犯罪嫌疑人代理申诉、控告。

6. 调查和收集无罪或罪轻的证据或证据线索

依据《刑事诉讼法》的规定,辩护人收集的有关犯罪嫌疑人不在犯罪现场、未达到刑事责任年龄、属于依法不负刑事责任的精神病人的证据,应当及时告知公安机关、人民检察院。同时,又规定辩护律师经证人或者其他有关单位和个人同意,可以向他们收集与本案有关的材料。因此,辩护律师有权调查和收集无罪或罪轻的证据或证据线索。

7. 作好出庭准备

在法庭通知开庭时,辩护律师应向法庭了解通知证人、鉴定人、现场勘验检查笔录制作人出庭作证的情况。如发现应当通知而未通知或未通知到的情况,及时与法庭协商解决。律师应了解公诉人、法庭组成人员的情况,协助被告人确

定有无申请回避的情形。2012年《刑事诉讼法》修正后规定,从2013年起,法庭应将检察院的起诉书副本至迟在开庭前10日内送达辩护律师和被告人。

8. 参加法庭调查

开庭审理后,法庭对被告人的年龄、身份、有无前科劣迹等情况核实后,公诉人宣读起诉书、调查事实,辩护双方和法官发问、控辩双方举证质证都属于法庭调查阶段。该阶段对认定被告人犯罪和量刑,具有重大影响。辩护律师发问与质证已在前文叙述,在此不再重复。

9. 法庭辩论

在法庭调查结束后,控辩双方发表控辩意见。首先是由控方发表公诉意见,被告人自我辩护,然后辩护律师发表辩护意见。一般情况下双方进行两轮辩论。辩护律师可以针对控方的指控事实是否清楚、证据是否确实充分、适用法律是否准确、诉讼程序是否合法等方面进行分析论证,并提出关于案件定罪量刑的意见和理由。

10. 庭审记录

法庭在审理阶段,辩护律师应当认真做好庭审记录,重点记录公诉人发问重点内容、重点公诉意见,为自己有针对性的发表辩论意见提供依据。

四、二审阶段辩护重点

在当前司法实践中,受我国现有审判制度限制,刑事案件二审改判成功率极低,结合笔者的实际经验重点谈一下二审阶段辩护律师应当如何做好辩护工作。若辩护律师没有参加被告人的一审工作,阅卷、会见的基本内容可参阅本书相关部分。

1. 认真撰写刑事上诉状,争取二审开庭审理

《刑事诉讼法》第223条第1款规定:"第二审人民法院对于下列案件,应当组成合议庭,开庭审理:(一)被告人、自诉人及其法定代理人对第一审认定的事实、证据提出异议,可能影响定罪量刑的上诉案件;(二)被告人被判处死刑的上诉案件;(三)人民检察院抗诉的案件;(四)其他应当开庭审理的案件。"

依据上述规定,辩护律师在帮助被告人制作刑事上诉状时,一定要充分考虑二审开庭审理这个重要环节。只有开庭审理,辩护律师才能在法庭展示其水平、能力等,辩护律师的工作量也只有通过开庭审理才能体现出来。因此,辩护律师

在制作上诉状时,一定要考虑二审开庭审理的法定条件,积极提交《开庭审理申请书》,强调开庭审理的必要性。

2. 通过会见被告人,告知开庭时如何陈述上诉意见

二审开庭前,辩护律师一定要尽可能多地会见被告人,沟通案件情况、上诉意见、陈述方式等重要内容。

3. 充分利用开庭审理发问环节,获取有用信息

二审开庭审理,与一审审理一样,都存在对被告人发问程序。二审辩护律师在对自己的当事人发问前,一定要仔细研读一审辩护律师和一审公诉人、一审法官对当事人的一审庭审问话笔录。拟定二审发问提纲,制定二审发问策略,原则上一审已经问过的内容二审不再发问,但是对于回答不清楚或需要进一步确认的问题,仍然可以再次发问。辩护律师针对被告人的问话都要在开庭前与被告人沟通好,一般不建议向当事人突然发问没有沟通过的内容。

4. 二审辩护律师质证应当注意的问题

基于二审的庭审时间一般远远少于一审开庭审理时间,在二审法庭质证阶段,合议庭不可能像一审阶段要求详细举证质证,因此二审辩护律师对案件证据质证时,一定要言简意赅,不拖泥带水,直接点出关键问题。

5. 二审辩护时,律师应当注意的事项

二审辩护的一般原则是不要轻易进行无罪辩护,可以更多考虑进行罪轻或者从轻辩护,并且紧紧抓住以下几个问题:

(1) 一审已经被判死刑或死缓等重刑的情况下,要抓能影响量刑的重大问题;

(2) 查找各方可以接受的、合理的、合法的辩护观点;

(3) 对于一审被判重刑甚至极刑而又存在证据不足或程序违法的案件,可以作对抗的方式作无罪辩护;

(4) 二审辩护时,仍然应当重视程序辩护,如"非法证据排除""一审审判程序违法"等;

(5) 二审辩护重点在证据、事实、法律,要讲证据、讲事实、讲法律。

五、再审阶段辩护重点

再审阶段辩护包括申请阶段和再审阶段。该阶段的辩护内容与二审阶段类似,在此不再重复叙述。

第 11 章

命案无罪辩护重点

第一节 正当防卫辩护重点

一、正当防卫概述

《刑法》第 20 条第 1 款规定:"为了使国家、公共利益、本人或者他人的人身、财产和其他权利免受正在进行的不法侵害,而采取的制止不法侵害的行为,对不法侵害人造成损害的,属于正当防卫,不负刑事责任。"依据该款规定,正当防卫是指对正在进行不法侵害行为的人,而采取的制止不法侵害的行为,对不法侵害人造成损害的,属于正当防卫,依法不负刑事责任。因此,正当防卫必须满足 5 个条件:① 正当防卫所针对的行为必须是不法侵害行为;② 必须是不法侵害正在进行时;③ 正当防卫所针对的对象必须是不法侵害人本人;④ 正当防卫不能超过必要的限度;⑤ 针对不法侵害作案人,在采取的制止不法侵害的行为时,所造成损害的行为。

同时,《刑法》第 20 条第 3 款规定:"对正在进行行凶、杀人、抢劫、强奸、绑架以及其他严重危及人身安全的暴力犯罪,采取防卫行为,造成不法侵害人伤亡的,不属于防卫过当,不负刑事责任。"依据该款规定,针对正在进行行凶、杀人、抢劫、强奸、绑架以及其他严重危及人身安全的暴力犯罪,而采取防卫行为,造成不法侵害人伤亡的,不属于防卫过当,仍然属于正当防卫,不负刑事责任。这就是刑法规定的无限防卫权。

二、正当防卫的特征

刑法规定的正当防卫的本质在于制止不法侵害,保护合法权益。因此,正当防卫具有以下基本特征。

1. 正当防卫是行为人目的正当性和行为防卫性的有机统一

正当防卫行为人的目的正当性是指正当防卫的目的是为了保护国家、公共利益、本人或者他人的人身、财产和其他权利免受正在进行的不法侵害。正当防卫行为人的行为防卫性是指正当防卫是在合法权益受到不法侵害的时候,同不法侵害作斗争的行为。《刑法》规定正当防卫不负刑事责任,既是法律赋予公民的权利,也是公民维持社会正义应尽的义务,理应受到法律的保护。目的正当性与行为防卫性具有密切的联系,有机统一。

2. 正当防卫是主观和客观的有机统一

主观防卫是指行为人认识到不法侵害正在进行,为了保护国家、公共利益、本人或者他人的人身、财产等合法权利,而决意制止正在进行的不法侵害的心理状态。客观防卫是指行为人为实施防卫行为而采取的一系列客观行为及其后果,具体就是正当防卫在客观上对不法侵害人造成了一定的人身或者财产的损害,具有犯罪的客观表现。由于正当防卫与犯罪具有本质的区别,只有弄清正当防卫制止不法侵害、保护国家和其他合法权益的本质,才能真正把握住正当防卫不负刑事责任的依据。

3. 正当防卫是社会评价和法律评价的有机统一

正当防卫的目的是为了使国家、公共利益、本人或者他人的人身、财产和其他权利免受正在进行的不法侵害,而且客观上具有制止不法侵害、保护合法权益的性质。正当防卫所造成的侵害仅仅是针对不法侵害人,没有对社会造成损害,这是刑法对正当防卫的肯定性社会评价;正当防卫不具备犯罪构成,没有刑事违法性,不负刑事责任,这是刑法对正当防卫的法律评价。从这个意义上说,正当防卫应当是排除社会危害性与阻止刑事违法性的有机统一。因此,正当防卫立法存在重大意义:一是保障社会合法权益免受不法侵害;二是震慑犯罪分子使之不敢轻举妄动;三是鼓励公民与正在进行的不法侵害作斗争。

三、认定正当防卫的条件

1. 起因条件必须是不法侵害行为现实存在

正当防卫的起因必须是具有客观存在的不法侵害行为。"不法"指法律所不允许的、禁止的,其侵害行为构成犯罪。对于精神病人所为的侵害行为,一般情况认为可对其实施正当防卫。

2. 时间条件必须是不法侵害正在进行

不法侵害必须是正在进行的,对合法权益造成威胁性和紧迫性危险,才可以行使防卫权。

3. 主观条件必须是具有防卫意识

正当防卫要求行为人必须具有防卫认知和防卫意志。前者是指行为人认知到不法侵害正在进行;后者是指行为人出于保护自身或他人合法权益的动机。

4. 对象条件必须是针对侵害人本人

正当防卫只能针对不法侵害人本人。由于不法侵害行为是由不法侵害人造成的,因此只有针对其本身进行防卫,才能保护合法权益。即使在共同犯罪的情况下,也只能对正在进行不法侵害者进行防卫,而不能对没有实行不法侵害行为的同伙进行防卫。

5. 限度条件必须是没有明显超过必要限度

防卫行为必须在必要合理的限度内进行,否则就构成防卫过当。对正当防卫限度的把握应当注意以下几点:

(1) 不法侵害的强度。所谓不法侵害的强度,是指行为的性质、行为对客体已经造成的损害结果的轻重以及造成这种损害结果的手段、工具的性质和打击部位等因素的可能产生的结果。对于不法侵害实行正当防卫,如果轻于或相当于不法侵害的防卫强度不足以有效地制止不法侵害的,可以采取大于不法侵害的防卫强度。当然,如果大于不法侵害的防卫强度不是为制止不法侵害所必需,那就超过了正当防卫的必要限度。

(2) 不法侵害的紧迫性。不法侵害行为的紧迫性,即不法侵害对国家、社会公共利益、本人或者他人的人身、财产等合法权利造成的危险程度。不法侵害的紧迫性对于认定防卫限度具有重要意义,尤其是在防卫强度大于不法侵害强度的情况下。确定该防卫行为大于不法侵害的强度以制止不法侵害行为为限,更要以不法侵害的紧迫情形等因素为标准。

(3) 不法侵害的权益。不法侵害的权益,就是正当防卫保护的权益,它是决定必要限度的因素之一。为保护重大的权益而将不法侵害人杀死,可以认为是为制止不法侵害所必需的,可以认为没有超过正当防卫的必要限度。但为了保护轻微的权益,即使非此不能保护,造成了不法侵害人的重大伤亡,也应当认为超过了必要限度。

四、无限防卫权

依据《刑法》的规定,对正在进行行凶、杀人、抢劫、强奸、绑架以及其他严重危及人身安全的暴力犯罪,采取防卫行为,造成不法侵害人伤亡的,属于正当防卫,不负刑事责任。这是《刑法》对无限防卫权的规定。根据这一规定,无限防卫权的行使必须具备三个条件:一是客观上必须存在严重危及人身安全的暴力犯罪,这是行使无限防卫权的前提条件;二是严重的暴力犯罪正在进行中,这是行使无限防卫权的时间条件;三是防卫行为只能是针对不法侵害者本人实施的,这是行使无限防卫权的对象条件。只有在符合上述三个条件的情况下,行为人因防卫行为造成不法侵害者伤亡等重大后果的,才能认定为正当防卫,而不是防卫过当。这主要考虑行凶、杀人、抢劫、强奸、绑架以及其他严重危及人身安全的行为属于暴力犯罪,对社会的危害非常严重的,而且制止此类犯罪的难度也非常大,刑法如此规定,有利于鼓励公民同那些暴力犯罪分子作斗争,促使广大公民强化保护自己合法权益的意识。

五、不能认定正当防卫的情形

认定正当防卫必须符合法定条件,下列行为不属于正当防卫:

(1) 打架斗殴中,任何一方对他人实施的暴力侵害行为都不属于正当防卫。

(2) 对假想中的不法侵害实施的防卫行为不能认定为正当防卫。

(3) 对尚未开始不法侵害行为的人实施的防卫行为不能认定为正当防卫。

(4) 对自动停止侵害,或者已经实施终了的不法侵害的人实施的防卫行为不能认定为正当防卫。

(5) 不是针对正在进行的不法侵害者本人,而是对无关的第三者采取防卫行为则不能认定为正当防卫。

（6）不法侵害人已被制伏，或者已经丧失继续侵害能力情况下的防卫行为不能认定为正当防卫。

（7）具有挑拨式的防卫行为不能认定为正当防卫。即故意挑逗对方向自己进攻，然后以正当防卫为借口，加害对方的行为。

（8）对合法行为采取的防卫行为不能认定为正当防卫。

（9）明显超过必要限度造成重大损害的行为不能认定为正当防卫。

六、正当防卫辩护提出阶段

刑事诉讼分为侦查阶段、审查起诉阶段、审判阶段，辩护律师在任何一个阶段发现犯罪嫌疑人、被告人符合正当防卫的法定条件，都可以提出正当防卫无罪辩护。尤其，在审查起诉阶段，在阅卷基础之上，发现当事人明显符合正当防卫的条件，辩护律师一定要坚持据理力争，坚持正当防卫无罪辩护，绝对不应以降低刑罚换取有罪判决。

案例 11-1

查明案件发生过程是实现正当防卫有效辩护的条件

山东聊城"辱母杀人"案。山东聊城中级人民法院判决认定，被告人于某因面对众多讨债人的长时间纠缠，不能正确处理冲突，持尖刀捅刺多人，造成一名被害人死亡，两名被害人重伤，一名被害人轻伤，构成故意伤害罪。鉴于本案系在被害人一方纠集多人，采取影响企业正常经营秩序，限制他人人身自由、侮辱谩骂他人的不当方式讨债引发，被害人有过错，且被告人归案后能如实供述自己的罪行，可从轻处罚。依据《刑法》的规定，判处被告人于某犯故意伤害罪，判处无期徒刑。山东省高级人民法院二审最终改判认定构成防卫过当，判处有期徒刑5年。笔者认为，认定防卫过当符合立法本意和法律规定。

从不法侵害角度来看，被害人一方上门讨债，限制于某母子人身自由，采取语言侮辱、谩骂、露出下身等侮辱行为，已涉嫌非法拘禁和侮辱等违法犯罪行为，被害人的行为明显具有违法性，已经侵害到于某母子的合法权益，应当认定被害人的行为属于不法侵害行为。

从于某的伤害行为时机与防卫对象来看，在警察到达现场后，在室内简单询问后,留下讨债不能打人之话即转身出屋,在此情况下,于某拟走出室内仍未得到准许,然后发生持刀扎人行为。被害人在警察到来后仍未解除对于某母子的人身自由限制,应当认定不法侵害正在进行。于某持刀扎伤阻拦之人,也即侵害其合法权益之人,应当认定为针对不法侵害者本人。

从防卫限度讲,被害人采取的限制人身自由、语言侮辱、漫骂、露出下身等侮辱行为,并未危及于某母子二人的生命安全。在此情况下,于某持刀扎伤被害人一方多人,显然是超过必要限度,造成重大损害结果,应当认定为防卫过当。

因此,笔者认为,该案二审认定防卫过当,依法减轻处罚,是正确适用法律的做法,辩护人从防卫过当角度进行辩护更为符合客观实际和法律规定。

第二节 绝对无罪辩护

绝对无罪是指犯罪嫌疑人、被告人的行为不符合刑法规定的定罪标准或者没有任何证据证明犯罪嫌疑人、被告人已构成犯罪,包括犯罪嫌疑人即使是实际作案人,但因为没有证据证明也不能认定犯罪的情形。

一、法定不予以追究刑事责任的情形

《刑事诉讼法》第15条规定:"有下列情形之一的,不追究刑事责任,已经追究的,应当撤销案件,或者不起诉,或者终止审理,或者宣告无罪:(一)情节显著轻微、危害不大,不认为是犯罪的;(二)犯罪已过追诉时效期限的;(三)经特赦令免除刑罚的;(四)依照刑法告诉才处理的犯罪,没有告诉或者撤回告诉的;(五)犯罪嫌疑人、被告人死亡的;(六)其他法律规定免予追究刑事责任的。"

1. 法定不予以追究刑事责任的情形

依据上述规定,法定不予以追究刑事责任情形包括六种法定情形:

(1)情节显著轻微、危害不大,不认为是犯罪的。

(2)犯罪已过追诉时效期限的。依据《刑法》的规定,犯罪经过下列期限不再追诉:法定最高刑为不满5年有期徒刑的,经过5年;法定最高刑为5年以上

不满10年有期徒刑的,经过10年;法定最高刑为10年以上有期徒刑的,经过15年;法定最高刑为无期徒刑、死刑的,经过20年。如果20年以后认为必须追诉的,须报请最高人民检察院核准。但在人民检察院、公安机关、国家安全机关立案侦查或者在人民法院受理案件以后,逃避侦查或者审判的,或者被害人在追诉期限内提出控告,人民法院、人民检察院、公安机关应当立案而不予立案的,不受追诉期限的限制。

(3) 经特赦令免除刑罚的。依据《宪法》第67条的规定,全国人民代表大会常务委员会有权决定特赦。

(4) 依照《刑法》的规定告诉才处理的犯罪,没有告诉或者撤回告诉的。依据《刑诉解释》的规定,告诉才处理案件是指人民法院直接受理的自诉案件,包括:《刑法》第246条规定的侮辱、诽谤案,但严重危害社会秩序和国家利益的除外;《刑法》第257条第1款规定的暴力干涉婚姻自由案;《刑法》第260条第1款规定的虐待案;《刑法》第270条规定的侵占案。

(5) 犯罪嫌疑人、被告人死亡的。

(6) 其他法律规定免予追究刑事责任的。

2. 不予追究刑事责任的处理方式

(1) 不立案或不予受理。对于公诉案件,如果在侦查阶段立案前,就已经发现具有上述六种法定情形之一的,公安机关或检察机关应当决定不立案;如果法院对于检察院已经提起公诉的案件,在庭前审查阶段发现具有上述五种情形之一的,法院应当决定不予受理。

(2) 撤销案件。如果在侦查阶段发现案件具有上述情形之一的,公安机关或人民检察院应当撤销案件。

(3) 不起诉。如果在审查起诉阶段发现案件具有上述情形之一的,人民检察院应当作出不起诉决定。应当特别注意的是,人民检察院对于公安机关移送审查起诉的案件应当按下列情形处理:一是发现犯罪分子没有违法犯罪行为的,应当书面说明理由并将案卷退回公安机关处理;二是发现犯罪事实并非犯罪嫌疑人所为的,应当书面说明理由将案卷退回公安机关并建议公安机关重新侦查;三是人民检察院审查起诉部门对于本院侦查部门移送审查起诉的案件,发现具有上述情形之一的,应当退回本院侦查部门作出建议撤销案件的处理。

(4) 终止审理。如果在审判阶段发现案件属于《刑事诉讼法》第 15 条规定的第(二)项至第(六)项这五种情形,人民法院应当裁定终止审理。

(5) 宣告无罪。如果在审判阶段发现案件具有《刑事诉讼法》第 15 条规定的第一种情形,即情节显著轻微、危害不大,不认为是犯罪的,或者第五种情形,即被告人死亡的,但根据已经查明的案件事实和认定的证据材料,能够确认被告人无罪的,应当判决宣告被告人无罪。

3. 辩护方法

辩护律师遇到此类案件,关键是严格依据法律规定,认真收集、调查取证,发现有利证据,并应当依据《刑事诉讼法》第 40 条的规定,及时告知公安机关、人民检察院。

二、没有证据证明有犯罪事实发生的无罪辩护

1. 公安机关侦查的案件

依据《公安机关办理刑事案件程序规定》第 183 条的规定,经过侦查,发现没有犯罪事实的,应当撤销案件。

2. 检察机关自侦的案件

根据《人民检察院刑事诉讼规则》第 176 条第 2 款的规定,对"认为没有犯罪事实的"或"事实或者证据尚不符合立案条件的"的情形,应提请批准不予立案。

3. 公安机关移送审查起诉的案件

《刑事诉讼法》第 173 条规定:"犯罪嫌疑人没有犯罪事实,或者有本法第十五条规定的情形之一的,人民检察院应当作出不起诉决定。"《人民检察院刑事诉讼规则》第 401 条规定:"人民检察院对于公安机关移送审查起诉的案件,发现犯罪嫌疑人没有犯罪事实,或者符合刑事诉讼法第十五条规定的情形之一的,经检察长或者检察委员会决定,应当作出不起诉决定。对于犯罪事实并非犯罪嫌疑人所为,需要重新侦查的,应当在作出不起诉决定后书面说明理由,将案卷材料退回公安机关并建议公安机关重新侦查。"依据上述规定,对于公安机关侦查的案件已移送审查起诉的,发现没有证据证明有犯罪事实发生的,检察机关应当作出不起诉决定;对于有证据证明违法犯罪事实非犯罪嫌疑人所为的,由检察机关作出不起诉决定后,将案卷退回公安机关处理。

4. 辩护方法

辩护律师遇到此类案件,同前文一样,关键是严格依据法律规定,认真收集、调查取证,审阅案卷,发现有利证据,并应当依据《刑事诉讼法》第 40 条的规定,及时告知公安机关、人民检察院。

案例 11-2

发现控方证据漏洞有助于实现有效辩护

广西北海庞某祥抢劫案。两次一审判决均认定庞某祥构成抢劫罪,并且因致二人死亡,判处死缓。两次二审法院均以认定事实不清为由,发回重审。第三次一审期间,笔者介入辩护,在会见被告人庞某祥和阅卷的基础上,发现该案认定庞某祥参与抢劫的事实没有证据支持,且认定庞某祥有罪的在案证据存在重大瑕疵,不能自圆其说,提出了绝对无罪辩护的辩护观点。在辩护过程中,笔者仅依靠侦查机关收集的证据,没有自己进行调查取证,通过详细审查控方证据,制作各种表格,逐一对每个事实进行证据比对,发现问题,寻找到辩护突破点,最终成功实现无罪辩护。

第三节 相对无罪辩护

《刑事诉讼法》第 195 条规定:"在被告人最后陈述后,审判长宣布休庭,合议庭进行评议,根据已经查明的事实、证据和有关的法律规定,分别作出以下判决:……(三)证据不足,不能认定被告人有罪的,应当作出证据不足、指控的犯罪不能成立的无罪判决。"该条规定的疑罪从无原则,即相对无罪判决,并不是绝对的无罪判决。若日后发现新的证据可以认定犯罪,仍然可以审判并处以刑罚。疑罪从无原则,又可称有利于被告原则,是指由于现有证据既不能证明被追诉的被告人的犯罪事实,也不能完全排除被追诉的被告人实施了被追诉犯罪事实的嫌疑,根据无罪推定原则,从诉讼程序和法律上推定被追诉的被告人无罪,从而终结诉讼。

一、疑罪从无案件处理方式

依据《刑事诉讼法》的规定,刑事诉讼程序分为侦查、审查起诉、审判三个阶段。刑事诉讼法对疑罪从无原则在这三个阶段的适用分别规定了不同的处理方式。

1. 审判阶段的处理方式

依据《刑事诉讼法》的规定,公诉案件证据不足,不能认定被告人有罪的,应当作出证据不足,指控罪名不能成立的无罪判决。刑事自诉案件缺乏罪证,如果自诉人提不出补充证据,应当说服自诉人撤回自诉或裁定驳回。之所以作出这样的规定,是在审判阶段充分贯彻疑罪从无原则的具体体现。从无即是推定无罪。

2. 审查起诉的处理方式

《刑事诉讼法》第171条第4款规定:"对于二次补充侦查的案件,人民检察院仍然认为证据不足,不符合起诉条件的,应当作出不起诉的决定。"依据该条规定,检察机关享有无罪不起诉权,该不起诉称为相对不起诉。赋予检察机关行使这项权利同样是充分将疑罪从无原则贯穿于整个诉讼阶段。

3. 侦查阶段的处理方式

《刑事诉讼法》及相关法律法规没有明确规定侦查机关如何适用疑罪从无原则,但依据《刑事诉讼法》第160条、第161条的规定,公安机关侦查终结的案件,应当做到犯罪事实清楚、证据确实充分,并且在侦查过程中发现不应对犯罪嫌疑人追究刑事责任的应当撤销案件等。上述条文虽然没有明确侦查机关具有对证据不足的疑罪案件可以直接适用疑罪从无原则的权力,但从要求侦查终结的案件应当做到"犯罪事实清楚,证据确实充分"这一规定来看,可以推理出适用疑罪从无原则的可行性和必要性,证据不足就不能侦查终结,不得移送检察机关审查起诉。因此,应当说在事实上规定了疑罪从无原则。

二、疑罪从无案件辩护重点

伴随社会科技的发展,侦查机关收集、调查证据的手段也在提升,疑罪从无的案件也将越来越少,但这不代表不会再出现疑罪从无案件。辩护律师在接受辩护案件时,应当首先构建犯罪嫌疑人、被告人无罪的观念,尽量发现无罪证据。

著名的辛普森杀妻案是典型的疑罪从无案件。国内纠正的聂某故意杀人、强奸案,也是疑罪从无案件,最终改判聂某无罪。为此,应当重点从以下几个方面分析审查疑罪从无案件。

(1) 全面审查有罪证据和无罪证据,重点审查无罪证据是否足以推翻有罪证据。

(2) 依据全案证据,制作详细指控犯罪事实证据比对表,从中发现证据漏洞。

(3) 认真审查收集、调查证据时间,从客观真实性角度对证据提出质疑。

(4) 排查犯罪嫌疑人是否有作案时间,收集不具有作案时间的证据。

(5) 认真分析推敲有罪证据,从中发现漏洞,阻断犯罪证据链条。

辩护律师最重要的工作不是在法庭上发表辩护意见,而是通过阅卷发现案件的疑点。相对无罪辩护,最关键的是通过阅卷,查找证据漏洞,阻断已形成的证据链条,从而发现可以证明事实不清,证据不足的依据,达到相对无罪辩护的目的。具体如何发现疑点和阻断证据链条,前而已讲过,此处不再重复叙述。

第 ⑫ 章

罪轻辩护重点

第一节 自首、立功情节辩护

一、自首情节认定条件

《刑法》第 67 条规定:"犯罪以后自动投案,如实供述自己的罪行的,是自首。对于自首的犯罪分子,可以从轻或者减轻处罚。其中,犯罪较轻的,可以免除处罚。被采取强制措施的犯罪嫌疑人、被告人和正在服刑的罪犯,如实供述司法机关还未掌握的本人其他罪行的,以自首论。犯罪嫌疑人虽不具有前两款规定的自首情节,但是如实供述自己罪行的,可以从轻处罚;因其如实供述自己罪行,避免特别严重后果发生的,可以减轻处罚。"

1. 自首条件

依据上述规定,自首是指犯罪后自动投案,向公安、司法机关或其他有关机关如实供述自己罪行的行为。这里包括三个条件:一是自动投案,二是如实供述犯罪事实,三是愿意接受处罚。三者缺一不可。

(1) 自动投案。自动投案从两个方面来审查认定:一是时间,二是方式和动机。自动投案的时间可以是在犯罪事实被发现以前,也可以在犯罪事实被发现之后,关键在于犯罪嫌疑人自动投案。自首投案的动机必须是出于真诚悔罪。自首的投案方式,可以是犯罪嫌疑人自己去投案,也可以委托他人或电话投案,等待警察前来抓获。

(2) 如实供述犯罪事实。犯罪嫌疑人投案后必须如实供述自己的罪行,这是自首的根本性的特征。犯罪嫌疑人供述的必须是自己实施并由自己承担刑事责任的犯罪事实。共同犯罪案件中的犯罪分子自首时,不仅要供述自己的犯罪事实,而且要交代其所知的共同犯罪,如果是主犯必须揭发同案犯的罪行,否则不构成自首。如果犯罪嫌疑人交代的是自己耳闻目睹的他人的罪行,是检举揭发,而不是自首。犯罪嫌疑人如犯数罪,投案时只交代一罪的,可视为这一罪有自首情节。如果数罪中的一罪已被发觉,犯罪人在侦查、起诉、审判过程中或被判决以后,又将尚未被司法机关发现的其他罪行供述出来,对其交代的部分罪行可以视为自首。犯罪分子如果只交代次要罪行,隐瞒主要罪行,或者以虚假情况掩盖其真实罪行的,不能认定为自首。

(3) 犯罪嫌疑人愿意接受处罚。犯罪嫌疑人主动服从司法机关的侦查、起诉、审判活动是衡量其是否具有悔改意愿的重要表现之一。如果投案后,又逃脱司法机关对其采取的强制措施,或不肯交代自己的真实身份等都是不愿接受国家的制裁的表现,不能以自首论。

只有同时具备自首的三个条件,才能认定为自首。只有这样认知自首,才是完整的、系统化的。

2. 接受犯罪嫌疑人的投案机关

依据《刑事诉讼法》和司法解释的规定,犯罪嫌疑人可以至下列机关投案:

(1) 公安机关、人民检察院或者人民法院。

(2) 其所在单位。

(3) 城乡基层组织。

(4) 以上单位的有关负责人员。

3. 视同自首情形

除符合上述条件认定自首外,符合下列情形之一的,到案后如实供述犯罪事实,接受国家司法机关制裁,可以按自首论:

(1) 并非出于犯罪嫌疑人主动,而是经亲友规劝、陪同投案的。

(2) 公安机关通知犯罪嫌疑人的亲友,或者亲友主动报案后,将犯罪嫌疑人送去投案的。

(3) 被采取强制措施的犯罪嫌疑人、被告人和已宣判的罪犯,如实供述司法机关还未掌握的本人其他罪行的。所谓还未掌握犯罪事实是指司法机关尚不知道犯罪发生,或者虽然知道犯罪发生,但不知道是谁以及虽有个别线索或证据使司法机关对某人产生怀疑,但还不足以据此将其确定为犯罪嫌疑人的情况。所谓其他罪行是指"与司法机关已掌握的或者判决确定的罪行属不同种的罪行"。

(4) 单位犯罪案件中,单位集体决定或者单位负责人决定而自动投案,如实交代单位犯罪事实的;或者单位直接负责的主管人员自动投案,如实交代单位犯罪事实的,应当认定为单位自首。单位自首的,直接负责的主管人员和直接责任人员未自动投案,但如实交代自己知道的犯罪事实的,可以视为自首;拒不交代自己知道的犯罪事实或者逃避法律追究的,不应当认定为自首。单位没有自首,直接责任人员自动投案并如实交代自己知道的犯罪事实的,对该直接责任人员应当认定为自首。

(5) 罪行尚未被司法机关发觉,仅因形迹可疑,被有关部门组织或者司法机关盘问、教育后,主动交代自己犯罪事实应当视为自动投案。

(6) 作案后未逃离而是滞留在作案现场,由此被公安机关抓捕到案后亦如实交代了犯罪事实的,也可以视自首。

(7) 在纪检监察机关采取调查措施后如实交代自身问题的,司法实践中大多都认定为自首。

4. 自首与狭义的坦白的区别与联系

广义的坦白包括自首。狭义的坦白是指犯罪分子被动归案后,如实供述自己被司法机关指控的犯罪事实,并接受国家审查和制裁的行为。

(1) 自首与狭义的坦白之间的相同之处是:① 二者都以犯罪嫌疑人实施了犯罪行为为前提;② 二者在犯罪嫌疑人归案之后都能如实交代自己的犯罪事实;③ 二者的犯罪嫌疑人都具有接受国家审查和制裁的意愿;④ 二者的犯罪嫌疑人都可以得到适当的从宽处罚;⑤ 二者都是法定从轻处罚情节

(2) 自首与狭义的坦白之间的区别是:① 自首是犯罪嫌疑人自动投案之后主动如实供述自己的犯罪事实的行为,坦白是犯罪嫌疑人被动归案后如实供述被指控的犯罪事实的行为;② 自首的犯罪嫌疑人悔罪表现较好,其人身危险性相对较小;坦白的犯罪嫌疑人往往是在一定的条件下被迫认罪的,其人身危险性相对较大。

二、立功情节认定条件

《刑法》第68条规定:"犯罪分子有揭发他人犯罪行为,查证属实的,或者提供重要线索,从而得以侦破其他案件等立功表现的,可以从轻或者减轻处罚;有重大立功表现的,可以减轻或者免除处罚。"依据该条规定,犯罪嫌疑人到案后有检举、揭发他人犯罪行为,包括共同犯罪案件中的犯罪分子揭发同案犯共同犯罪以外的其他犯罪,经查证属实;提供侦破其他案件的重要线索,经查证属实;阻止他人犯罪活动;协助司法机关抓捕其他犯罪嫌疑人(包括同案犯);具有其他有利于国家和社会的突出表现的,应当认定为有立功表现。

1. 立功的认定条件

立功是指犯罪分子揭发他人的犯罪行为,查证属实的;或者提供重要线索,从而得以侦破其他案件;或者协助司法机关抓获其他犯罪嫌疑人。因此,构成立功必须符合以下条件:

(1) 立功时间。立功的时间是指揭发或提供线索的时间。作为从轻、减轻处罚情节的立功行为应当发生在刑事诉讼过程中,犯罪嫌疑人揭发检举他人的犯罪行为,应当发生在其归案以前。

(2) 表现。立功表现为以下两种情形:① 揭发他人的犯罪行为。犯罪嫌疑人之间往往互相了解各自的犯罪行为,犯罪嫌疑人在归案以后,不仅交代自己的罪行,而且揭发检举他人的犯罪行为,这是一种立功表现。② 提供重要线索,指犯罪人提供未被司法机关掌握的各种犯罪线索,例如提供重要线索抓获重大犯罪分子,证明犯罪行为的重要事实或有关证人等,这是另一种立功表现。

(3) 效果。立功不仅是一种行为,而且必须要有一定的实际效果。立功行为形式不同,其立功效果亦有所不同。揭发他人犯罪行为的立功行为,须经查证属实才能成立。查证属实是指经过司法机关查证以后,证明犯罪嫌疑人揭发的犯罪行为确实属实。如果经过查证,犯罪人揭发的情况不是犯罪事实或者无法证明,则不属于立功。提供重要线索的立功行为,须使犯罪案件得以侦破或重大犯罪分子被抓获。使犯罪案件得以侦破是指司法机关根据犯罪嫌疑人提供的重要线索,查清了犯罪事实,破获了犯罪案件。其他立功行为,同样也要具有这种立功效果。

(4) 处罚。对于有立功表现的,可以从轻或者减轻处罚;有重大立功表现的,可以减轻或者免除处罚。

2. 视为立功情节

除上述《刑法》列举的两种立功表现以外,下述情形也应视为立功:

(1) 协助司法机关缉捕其他罪犯。犯罪嫌疑人协助司法机关缉捕在逃的罪犯,可以节省司法成本。因此,这种行为应视为立功表现。应当指出,犯罪人协助司法机关缉捕的其他罪犯,既可以是与其无关的,也可以是其同案犯。只要确实协助司法机关捕获罪犯,就应视为立功表现。

(2) 犯罪人在羁押期间,遇有其他在押犯自杀、脱逃或者其他严重破坏监视行为时,及时向看守人员报告的。

(3) 遇有自然灾害、意外事故奋不顾身加以排除等行为。

3. 不能认定立功的情形

司法实践中,犯罪分子为获得从宽处罚,有时会以贿买、暴力、胁迫、引诱犯罪等非法手段,或者通过违反监管规定获取他人犯罪线索,对上述情形不应当认定为立功,否则违背了设立立功制度的初衷。因此,通过以下途径获取的他人犯罪线索并予以检举揭发的,均不能认定为立功:

(1) 通过贿买、暴力、胁迫等非法手段获取的线索。
(2) 被羁押后与律师、亲友会见过程中违反监管规定获取的线索。
(3) 本人以往查办犯罪职务活动中掌握的线索。
(4) 从负有查办犯罪、监管职责的国家工作人员处获取的线索。

第二节 从犯辩护

《刑法》第 27 条规定:"在共同犯罪中起次要或者辅助作用的,是从犯。对于从犯,应当从轻、减轻处罚或者免除处罚"。这是我国《刑法》关于从犯的规定。从犯是以其在共同犯罪中所处的地位,从属于主犯;从其在共同犯罪中所起的作用来看,起次要或辅助作用。

一、从犯分类

根据我国《刑法》的这一规定,从犯可以分为以下两种情况:

1. 在共同犯罪中起次要作用的犯罪分子,是指起次要作用的正犯

所谓起次要作用的正犯是相对于起主要作用的正犯而言的,是指虽然直接参加实施了犯罪构成客观要件的行为,但衡量其所起的作用仍属于次要的犯罪分子。在共同犯罪中起次要作用,通常是指直接参加了实施犯罪行为,但在整个犯罪活动中起次要作用。比如,在犯罪集团中,听命于首要分子,参与了某些犯罪活动;或者在一般共同犯罪中,参与实施了一部分犯罪活动。一般来说,起次要作用的正犯具体罪行较轻、情节不严重,没有直接造成严重后果。

2. 在共同犯罪中起辅助作用的犯罪分子,这是指帮助犯

所谓帮助犯是相对于正犯而言的,是指没有直接参加犯罪的实行,但为正犯的犯罪创造便利条件的犯罪分子。在共同犯罪中起辅助作用,一般是指为实施共同犯罪提供方便、创造有利条件、排除障碍等。例如,提供犯罪工具,窥探被害人行踪,指点犯罪地点和路线,提出犯罪时间和方法的建议,事前应允帮助窝藏其他共同犯罪人以及窝赃、销赃等。

二、从犯处罚

依据《刑法》的规定,对于从犯,应当从轻、减轻处罚或者免除处罚。《刑法》之所如此规定,是因为从犯与主犯相比,无论是主观恶性还是客观危害性,都要轻一些。从犯的刑事责任是同主犯应负的刑事责任相比较而言,比主犯应受到的刑罚处罚要轻,但从犯实际受到的处罚不一定比主犯轻。因为主犯可能具有从轻或者减轻甚至免除处罚的情节(例如自首、立功),当从犯没有这样的情节时,当然不应随主犯的从轻、减轻或免除处罚而从轻、减轻或免除处罚。

三、从犯认定

从犯是相对于主犯而言的。认定从犯,要从犯罪分子在共同犯罪活动中所处的地位、参与程度、具体罪行的大小、对危害结果所起的作用等方面去分析判断,看其在共同犯罪中是否起次要作用或者辅助作用。

第三节　犯罪的预备、未遂和中止辩护

一、犯罪预备的认定

《刑法》第22条规定:"为了犯罪,准备工具、制造条件的,是犯罪预备。对于预备犯,可以比照既遂犯从轻、减轻处罚或者免除处罚。"因此,犯罪预备是指直接故意犯罪的作案人为了实施某种能够引起预定危害结果的犯罪实行行为,而准备犯罪工具、制造犯罪条件的状态。

1. 犯罪预备特征

(1) 犯罪预备形态的客观特征包括两个方面:① 作案人已经开始实施犯罪的预备行为,即为犯罪的实行和完成创造便利条件的行为;② 作案人尚未着手犯罪的实行行为,即犯罪活动在具体犯罪实行行为着手前停止下来。以上两个特征说明了犯罪预备形态可能发生在一定时空范围内,即开始实施犯罪的预备行为起直至犯罪实行行为着手之前。

(2) 犯罪预备形态的主观特征也包括两个方面:① 作案人进行犯罪预备活动的意图和目的,是为了顺利着手实施和完成犯罪;② 犯罪在实行行为尚未着手时停止下来,是由于作案人意志以外的原因所致,即是被迫而非自愿在着手实行行为前停止犯罪。所谓意志以外的原因,是指足以阻碍作案人着手实行和完成犯罪的因素。如果该因素不足以阻碍作案人继续着手实行犯罪的,作案人也认识到这一点的,应认定为犯罪预备阶段中止。

2. 犯罪预备的成立条件

(1) 作案人主观上具有犯罪的故意。犯罪预备的目的,是为了顺利地进行犯罪活动,实现犯罪意图,体现了预备犯的主观恶性,这是追究其刑事责任的主观依据。

(2) 作案人已经为实施犯罪进行了准备活动。这种准备活动在法律上主要规定为两种情况:一是为实施犯罪准备工具和物品的行为。准备的工具和物品包括用以杀伤、威胁被害人的各类凶器物品;用以伪造货币、票证、文印的各类器具材料;用以掩护犯罪活动、排除障碍物、销毁罪证的各类工具物品等。准备工

具和物品的手段、方法也各不相同,主要有制造、修理、改装、购买、借用、骗取、窃取等。二是为达到犯罪目的创造条件的行为,主要指准备工具以外的其他创造条件的行为。如为实施犯罪,事先察看犯罪现场、选择犯罪时机、探听被害人行踪、演习犯罪手段和技巧、拟定犯罪实施计划、寻找犯罪同伙等。为实施犯罪制造条件的行为可以概括为:① 为实施犯罪事先踩点犯罪场所、选择时机和调查被害人行踪;② 准备实施犯罪的手段,例如为实施入户盗窃而事先练习爬楼入窗技术;③ 排除实施犯罪的障碍;④ 跟踪被害人、守候被害人的到来或者进行其他接近被害人、接近犯罪对象物品的行为;⑤ 出发前往犯罪场所或者诱骗被害人赶赴预定犯罪地点;⑥ 勾引、集结共同犯罪人,进行犯罪预谋;⑦ 拟定实施犯罪和犯罪后逃避侦查追踪的计划等。

从准备工具、制造条件对实施犯罪所起的作用来看,都是着手实施犯罪之前准备犯罪的行为,都是具有社会危害性的行为,这是追究其刑事责任的客观依据。如果行为人仅仅将犯罪意图表露出来,而未进行犯罪的准备活动,那就不应当认定为犯罪预备。

3. 犯罪预备处罚原则

犯罪预备行为是为犯罪准备工具、制造条件的行为。犯罪预备形态则是犯罪行为由于作案人意志以外的原因而停留在预备阶段的停止形态。《刑法》规定对于预备犯可以比照既遂犯从轻、减轻处罚或者免除处罚。

4. 犯罪预备认定

在司法实践中如何认定犯罪预备,仍然存在一些问题。重点区分以下三种情形:

(1) 犯罪预备与犯罪预备阶段的区分。在认定犯罪预备时,必须把犯罪预备与犯罪的预备阶段区别开来。犯罪预备是作案人所实施的行为的一种停顿状态,而犯罪的预备阶段是行为发展的一个过程。

(2) 犯罪预备与犯罪意图表示的区分。在认定犯罪预备时,必须把犯罪预备与犯罪意图表示区别开来。犯罪意图表示是在实施犯罪活动以前,把自己的意图通过口头或者书面的形式流露出来。犯罪意图表示不等于为犯罪制造条件的行为。犯罪意图表示和犯罪预备具有本质的区别:犯罪意图表示不可能对社会造成实际危害,也不具有对社会的现实危害性。而犯罪预备是为着手实行犯罪而制造条件,对社会存在着实际威胁,具有社会危害性。

(3）犯罪的预备行为与实行行为的区分。在认定犯罪预备时,还必须把犯罪的预备行为与实行行为区别开来。犯罪的实行行为主要是《刑法》分则所规定的行为。在一般情况下,预备行为与实行行为不难区分,但也有少数情况,预备行为与实行行为的区分存在一定难度。例如杀人、抢劫、强奸等暴力犯罪中的尾随行为、守候行为或寻找被害人的行为等,到底是预备行为还是实行行为要依据具体问题具体分析。是为实行犯罪制造条件,还是已经着手实行犯罪,应当严格区分。

二、犯罪未遂的认定

《刑法》第23条规定:"已经着手实行犯罪,由于犯罪分子意志以外的原因而未得逞的,是犯罪未遂。对于未遂犯,可以比照既遂犯从轻或者减轻处罚。"

1. 犯罪未遂的特征

（1）作案人已经着手实行犯罪。是指作案人开始实施《刑法》分则规定的某种具体犯罪构成要件的行为。着手是实行行为的起点。作案人主观上实行犯罪的想法,已通过其客观的实行行为表现出来,作案人客观上已经开始直接实施具体犯罪。

（2）犯罪没有得逞。指作案人的犯罪目的没有完全实现,没有完成某一犯罪的全部构成要件。结果犯以法定的犯罪结果是否发生,作为犯罪是否得逞的标志。行为犯以法定的犯罪行为是否完成,作为犯罪是否得逞的标志。危险犯以是否达到了某种危险状态,作为犯罪是否得逞的标志。

（3）犯罪未得逞是由于作案人意志以外的原因。作案人意志以外的原因是指作案人没有预料到或不能控制的主客观原因。犯罪分子意志以外的原因,应当具备两方面的特征:① 必须是违背犯罪分子本意的原因;② 违背犯罪分子本意的原因必须达到足以阻止犯罪分子继续实行犯罪的程度。犯罪分子意志以外的原因包括:① 犯罪分子自身方面的原因,如能力不足、主观认识错误;② 犯罪分子以外的原因,如被害人的反抗、第三者的出现、客观不能等。

犯罪未遂的三个特征是一个有机整体,已经着手实行犯罪是犯罪未遂的前提条件;犯罪未得逞是犯罪未遂的形态条件;犯罪未得逞是由于犯罪分子意志以外的原因,是犯罪未遂的主客观条件。在这三个特征中,前两个侧重于揭示犯罪未遂的客观特征,第三个侧重于揭示犯罪未遂的主观特征,这三个特征以主观和客观的统一揭示犯罪未遂的本质。

2. 处罚原则

依据《刑法》的规定,对于未遂犯,可以比照既遂犯从轻或者减轻处罚。首先,犯罪未遂应当负刑事责任;其次,《刑法》规定的是可以从轻或者减轻处罚,是否从轻或者减轻处罚依据具体案件适用;再次,在确定可以从轻或者减轻处罚的前提下才能确定从轻处罚或减轻处罚的幅度。

3. 关于"着手"的认定

依据《刑法》的规定,犯罪未遂是指已经着手实行犯罪,由于犯罪分子意志以外的原因而没有完成犯罪的行为状态。所谓"着手"是指犯罪分子开始实行《刑法》分则规定的某一具体犯罪行为。在司法实践中,衡量犯罪分子是否已经"着手"实行犯罪,一般是从四个方面考虑:

(1) 实行行为必须实际接触或者接近犯罪对象。

(2) 实行行为必须对犯罪的直接客体造成了直接威胁,否则,即使已经接触或者接近犯罪对象,也不能认为是犯罪着手。

(3) 实行行为必须能够直接引起危害后果的发生。

(4) 实行行为必须能表现其犯罪的意图。

三、犯罪中止的认定

《刑法》第 24 条规定:"在犯罪过程中,自动放弃犯罪或者自动有效地防止犯罪结果发生的,是犯罪中止。对于中止犯,没有造成损害的,应当免除处罚;造成损害的,应当减轻处罚。"犯罪中止存在两种情形:一是在犯罪预备阶段或者在实行行为还没有实行终了的情况下,自动放弃犯罪;二是在实行行为实行终了的情况下,自动有效地防止犯罪结果的发生。

1. 犯罪中止的特征

(1) 作案人主观上具有中止犯罪的故意。作案人在客观上能够继续犯罪和实现犯罪结果的情况下,自动作出的不继续犯罪或不追求犯罪结果的选择。首先,作案人明确认识到自己能够继续犯罪或实现犯罪结果;其次,中止行为的实施是作案人自动作出的选择;最后,中止犯罪的决定必须是完全的、无条件的、彻底的,不是部分的、有条件的或暂时的。

(2) 作案人客观上实施了中止犯罪的行为。① 中止行为是停止犯罪的行为,是使正在进行的犯罪中断的行为。② 中止行为既可是作为的形式实施,也可是不作为的形式实施。③ 中止行为以不发生犯罪结果为成立条件,但这种结果,应是作案人主观追求的和行为所必然导致的结果。

(3) 犯罪中止必须发生在实施犯罪过程中。犯罪过程包括预备犯罪的过程、实行犯罪的过程与犯罪结果发生的过程。

(4) 犯罪中止必须是有效地停止了犯罪行为或者有效地避免了危害结果。

2. 犯罪中止的分类

(1) 预备中止和实行中止。作案人在犯罪预备的过程中,着手实行犯罪之前而停止实施犯罪行为的,属于预备形态的中止。当作案人已经着手实行犯罪,在实行犯罪的过程中中止犯罪行为的,是犯罪实行形态的中止。

(2) 终了中止和未终了中止。实行终了的中止是指作案人已经实施完毕犯罪行为,但在犯罪结果出现以前,作案人自动有效地避免犯罪结果发生的行为。未实行终了的中止,是指作案人在犯罪的实行行为尚未实施完毕时中止了犯罪行为的实行,当然也包括防止犯罪结果的发生。

3. 犯罪过程认定

《刑法》规定的"在犯罪过程中",是指从犯罪预备起到犯罪既遂前的全过程,包括犯罪的预备、着手、实行和行为实施完毕之后追求的结果发生之前。

4. 犯罪放弃认定

在犯罪过程中,自动放弃犯罪。所谓自动放弃,是指作案人出于自己的意志停止可以进行下去的犯罪活动。它表现为作案人认为自己有可能完成犯罪的情况下,自行停止犯罪行为。如果作案人在自己认为不能将犯罪进行到底的情况下而放弃犯罪,则不是犯罪中止,而是犯罪未遂。

5. 犯罪防止的认定

"自动有效地防止犯罪结果发生",是指在犯罪行为实施完毕之后犯罪结果发生之前,犯罪分子主动采取措施,成功地阻止了犯罪结果的发生。

6. 共同犯罪中中止的认定

共犯中止是指在共同犯罪中,部分犯罪人自动中止犯罪的行为。视情况区别对待:

(1) 在简单共同犯罪中,共犯都是实行犯。共犯中有一人决定中止后,然后极力劝说其他人放弃犯罪,如果其他人接受了劝告,放弃本来可以继续下去的犯罪,全案都是犯罪中止。但是,如果一人中止后,其他共犯不愿意中止,但中止者采取了有效措施防止危害结果的发生,中止者成立犯罪中止,其他不成立;如果一人中止,虽然采取了措施,却未能阻止危害结果发生,司法实践中一般不认定为中止。

(2) 在复杂共同犯罪中,实行犯中止犯罪,教唆犯应认定为未遂的教唆;帮助犯有一定的从属性,实行犯中止犯罪,帮助犯不知道,对其应按照犯罪预备认定。反过来,教唆犯、帮助犯要中止犯罪,对教唆犯来讲,必须阻止实行犯实施犯罪,使实行犯打消犯罪的念头,才构成中止;而帮助犯应采取有效措施,抵消自己的帮助行为对共同犯罪所起的作用。

(3) 中止犯如果向有关机关报告,司法机关采取了有效措施制止了犯罪,应认定为中止。

第四节 其他常见罪轻辩护

一、刑事责任能力辩护

刑事责任能力是指作案人构成犯罪和承担刑事责任所必须具备的辨认和控制自己行为的能力。不具备刑事责任能力者即使客观上实施了危害社会的行为,也不能成为犯罪主体,不能被追究刑事责任。刑事责任能力减弱者,其刑事责任相应地适当减轻。

1. 刑事责任年龄的辩护

依据《刑法》的规定,已满 16 周岁的人犯罪,应当负刑事责任,即为完全负刑事责任年龄。已满 14 周岁不满 16 周岁的人,犯故意杀人、故意伤害致人重伤或者死亡、强奸、抢劫、贩卖毒品、放火、爆炸、投毒罪的,应当负刑事责任,即为相对负刑事责任年龄。不满 14 周岁的人,不管实施何种危害社会的行为,都不负刑事责任,即为完全不负刑事责任年龄。已满 14 周岁不满 18 周岁的人犯罪,应当从轻或者减轻处罚。犯罪时不满 18 周岁的人和审判时怀孕的妇女,不适用死刑,包括死缓。已满 75 周岁故意犯罪的,可以从轻或减轻处罚;过失犯罪的,应当从轻或者减轻处罚。审判的时候已满 75 周岁的人,不适用死刑,但以特别残忍手段致人死亡的除外。

刑事责任年龄是以实际年龄为准,具体确定依据是:

(1) 实施犯罪时的年龄,一律按照公历的年、月、日计算。过了周岁生日,从第二天起,为已满周岁。

(2) 确定年龄的书证包括户籍证明、出生证、防疫保健卡、学籍卡等,这些可以作为认定被告人年龄的依据。

(3) 证人证言。在书证无法取得或书证存在瑕疵时,被告人的年龄可以依靠被告人供述及证人证言认定。

(4) 鉴定结论。随着现代先进科学技术的进步,根据一个人生长发育的特定规律,对一个人的年龄作出准确认定成为可能。常见的鉴定有骨龄的鉴定、牙齿的鉴定等。鉴定结论能否确定刑事责任年龄,最高人民检察院《关于"骨龄鉴定"能否作为确定刑事责任年龄证据使用的批复》作了如下规定:犯罪嫌疑人不讲真实姓名、住址,年龄不明的,可以委托进行骨龄鉴定或其他科学鉴定,经审查,鉴定结论能够准确确定犯罪嫌疑人实施犯罪行为时的年龄,可以作为判断犯罪嫌疑人年龄的证据使用,如果鉴定结论不能准确确定犯罪嫌疑人实施犯罪行为时的年龄,而且鉴定结论又表明犯罪嫌疑人年龄在刑法规定的应负刑事责任年龄上下的,应当慎重处理。

2. 精神病人刑事责任能力的辩护

按精神原因导致刑事责任能力的不同分为三种情形:完全无刑事责任能力的精神病人、完全有刑事责任能力的精神病人和限制刑事责任能力的精神病人。我国刑法对这三种刑事责任能力规定了不同的责任承担。其中限制刑事责任能力的精神病人,是指尚未完全丧失辨认或者控制自己行为能力的精神病人,即轻度精神病人,包括那些患有轻度精神病、精神发育不全、神经官能症及病态人格的精神障碍者。《刑法》第18条规定:"精神病人在不能辨认或者不能控制自己行为的时候造成危害结果,经法定程序鉴定确认的,不负刑事责任,但是应当责令他的家属或者监护人严加看管和医疗;在必要的时候,由政府强制医疗。间歇性的精神病人在精神正常的时候犯罪,应当负刑事责任。尚未完全丧失辨认或者控制自己行为能力的精神病人犯罪的,应当负刑事责任,但是可以从轻或者减轻处罚。"从上述刑法规定可以看出,对限制责任能力的精神病人犯罪进行刑事处罚,既不同于完全刑事责任能力的犯罪人,又不同于完全没有刑事责任能力的精神病人。

3. 又聋又哑的人和盲人的刑事责任能力

又聋又哑的人,又称聋哑人,是指丧失听觉能力和口头语言表达能力的人。盲人是指丧失视觉能力的人。依据《刑法》第19条的规定,又聋又哑的人或者盲人犯罪,负刑事责任,但是可以从轻、减轻或者免除处罚。又聋又哑的人或者盲人虽然生理上出现残疾,但其精神或智力是健全的。尤其是当前,根据他们的经济条件和所处环境的不同,所受教育程度的不同,有的可能受到良好的教育,并不会因为身体的残疾而完全丧失辨认是非和控制自己行为的能力。因此,又聋又哑的人或者盲人犯罪,应当与正常人一样负刑事责任。但是,考虑到盲人或者聋哑人毕竟有生理缺陷,对他们的处罚可以轻于正常人。因此,《刑法》规定,对"又聋又哑或者盲人犯罪,可以从轻、减轻或者免除处罚"。

二、主观恶性辩护

被告人犯罪时的主观方面既是犯罪成立的重要因素,也是裁判者量刑时要考虑的重要因素,对于有些犯罪,尤其是对命案的定罪量刑可能是非常关键的原因。因此,主观恶性的辩护一般主要从以下几个方面辩护:

(1) 防卫过当、假想防卫或避险过当。

(2) 出于义愤惩治严重违法者的犯罪。

(3) 犯罪预备、犯罪未遂或犯罪中止。

(4) 初犯,平常学习、工作表现良好。

(5) 因民事纠纷等偶发事件刺激下的激情犯罪或突发性犯罪。

(6) 被教唆犯罪。

三、过失犯罪辩护

过失犯罪指在过失心理支配之下实施的,依据《刑法》的规定已经构成犯罪的行为。犯罪过失是指作案人应当预见自己的行为可能发生危害社会的结果,因为疏忽大意而没有预见,或者已经预见但轻信能够避免的心理态度。犯罪过失包括疏忽大意的过失和过于自信的过失两种类型。《刑法》第15条规定:"应当预见自己的行为可能发生危害社会的结果,因为疏忽大意而没有预见,或者已经预见而轻信能够避免,以致发生这种结果的,是过失犯罪。过失犯罪,法律有规定的才负刑事责任。"过失犯罪的处罚应轻于故意犯罪的处罚。以过失犯罪的理由为被告人进行辩护,是对被告人犯罪行为发生时主观状态的分析。在主张是过失犯罪而不是公诉方指控的故意犯罪时,辩护律师要承担证明被告人有过失的证明责任,其证明标准要达到使他人合理地相信被告人确实是基于过失而犯罪的程度。

四、单位犯罪辩护

单位犯罪是公司、企事业单位、机关团体为本单位谋取非法利益,经单位集体研究决定或者由有关负责人员决定实施的危害社会的行为。《刑法》第30条规定:"公司、企业、事业单位、机关、团体实施的危害社会的行为,法律规定为单位犯罪的,应当负刑事责任。"第31条规定:"单位犯罪的,对单位判处罚金,并对其直接负责的主管人员和其他直接责任人员判处刑罚。本法分则和其他法律另有规定的,依照规定。"根据单位犯罪的处罚规定和一般的司法实务,对单位适用财产刑,对自然人则从轻处罚,特别是没有死刑规定。因此,律师办理这类案件,可通过分析证据材料,提出单位犯罪的辩点,从而实现直接责任人从轻处罚。

五、罪名辩护

罪名辩护,是指被告人虽然实施了所指控的犯罪行为,但辩护律师认为该行为所触犯的罪名不是公诉方指控的刑罚较重的罪名,而是一个刑罚相对较轻的罪名。罪名辩护也是常见的辩护方式,目的是请求人民法院作出从轻的判决。

六、因果关系辩护

刑事案件一般不是偶然发生的,必然存在各种各样的因果关系,或者说犯罪结果的发生是多种因素的集合促成的。刑事案件需要辩护律师详细分析犯罪行为和犯罪后果之间的关系,以及是否有案外因素介入。这些介入因素是否可能改变犯罪行为和犯罪结果之间确定的因果联系,从而为实现有效辩护提供依据。

七、犯罪作用与地位辩护

在为共同犯罪或者集团犯罪中某一个被告人辩护时,辩护律师应该考虑自己所辩护的被告人在被指控犯罪中的地位以及所起的作用,查找是否有可能将被告人作为从犯或者受胁迫犯罪的辩点。即便是主犯,也可考虑其作用是否低于本案其他被告人,是否可在其他被告人所受刑罚之下量刑。

八、受害人过错辩护

在一些刑事案件中,往往受害人存在一定过错,有时受害人的过错甚至是案件发生的直接诱因。辩护律师可有理有据地阐述被害人过错的事实,以争取到法院酌情从轻处罚的判决结果。但辩护一定要就事论事,掌握分寸,不能夸大受害人的过错,特别是不要有攻击已经死亡的受害人的语言,否则可能招致法庭或被害人家属的反感或攻击,结果适得其反。

九、认真悔罪态度辩护

在司法实践中,法庭在量刑裁判时一般会酌情考虑被告人事后的主观态度和采取的救济途径等。基于这样的情形,在被告人经济条件许可的情况下,律师可考虑与法院、受害人家属协调,争取通过支付一定补偿款的方式来降低刑期。

十、防卫过当辩护

《刑法》第20条第2款规定:"正当防卫明显超过必要限度造成重大损害的,应当负刑事责任,但是应当减轻或者免除处罚。"防卫过当是指防卫明显超过必要限度造成重大的损害应当负刑事责任的犯罪行为。

1. 防卫过当具有以下特征

(1) 防卫过当的犯罪行为只能是其行为构成的具体犯罪。对于防卫过当,应当依据其罪过形式和客观行为,依据《刑法》分则的有关条文定罪量刑。

(2) 防卫过当在客观上表现为正当防卫明显超过必要限度造成重大损害,但具有防卫目的且不具有社会危害性,应当减轻或者免除处罚。

(3) 防卫过当构成犯罪的,作案人主观上必然有罪过。这种罪过表现为作案人对自己的防卫行为是否会明显超过必要限度有主观认知。

2. 防卫过当的罪过形式

(1) 间接故意防卫过当,是指防卫人明显认知自己的防卫行为超过正当防卫的必要限度而造成重大损害,为了达到正当防卫目的而放任重大损害结果发生。

（2）过于自信过失防卫过当,是指防卫人知道自己的防卫行为可能明显超过了正当防卫的必要限度而造成重大损害,但轻信重大损害结果不会发生。

（3）疏忽大意的过失防卫过当,是指防卫人知道自己的行为明显超过了正当防卫的必要限度而造成重大损害,因为疏忽大意而没有预见,以至发生重大损害结果的。

3. 防卫过当的刑事责任

防卫过当的刑事责任包括两个方面的内容：

（1）防卫过当的定罪。防卫过当本身不是独立的罪名,对防卫过当应根据防卫人主观上的罪过形式及客观上造成的具体危害结果来确定罪名。司法实践中,防卫过当行为触犯的常见罪名有故意杀人罪、过失致人死亡罪、故意伤害罪和过失致人重伤罪等。

（2）防卫过当的处罚。依据《刑法》第20条第2款的规定,对防卫过当"应当减轻或者免除处罚",因为防卫过当中防卫人主观上是为了保护合法权益免受不法侵害。虽然对不法侵害者造成了不应有的损害结果,但其行为的客观危害性比其他犯罪行为要小得多。因此《刑法》规定,对防卫过当行为应当减轻或者免除处罚。

后　　记

　　本书几经修改,在陆建华编辑、姜超峰律师的鼓励下终于完成,有一种如释重负之感。

　　写书对我来说,真的是一件非常难的事情。首先,不知道怎么写,写些什么;其次,担心书籍出版后得不到同行的认同。我的顾虑颇多,姜超峰律师则反复和我谈,写书没有什么难的,写出你的心得,就是一部书。就这样,我们一起对承办刑事辩护案件的经验进行梳理,为体现自己的刑事辩护经验特色,而将本书副书名命名为"从侦查角度谈刑事辩护"。

　　回想当年,我从小县城考入省城一所工科院校。大学生活,既让我学到了一些建筑专业知识,又学到了如何发现问题、分析问题、解决问题的思维方法,形成了自我学习、独立思考、做事严谨求实的工作作风。大学毕业后,我阴差阳错地被分配回家乡,从事公安工作。在18年的刑事侦查预审工作中,除跟随老同志学习、实践外,我陆续在书店购买了侦查、预审、法医等方面的书籍,利用休息时间从头学起,从一个什么都不懂的门外汉,变成业务骨干,成为中层领导。就这样,我从一名普通民警到刑警、到有丰富经验的侦查人员,从办案组长、刑警中队长、预审科长到拘留所长,直至辞职做律师。

　　2007年我以402分的成绩通过司法考试。2008年奥运会之后,已进入不惑之年的我,决定辞职做律师。作为一个曾从事18年公安侦查、预审工作的人,办理刑事辩护案件应当是我的强项,不同的是需要转换一下工作思维,这对我来说没有什么难的,但在实习培训、律协培训时,老律师不断地强调,做刑事辩护律师风险很大,时刻面临公、检、法机关的调查或者稍有不慎就会被追究刑事责任。《刑法》第306条是永远悬在律师头上的一把利剑。但性格决定命运,最终我还是决定做刑事辩护律师。我认为,只要严格要求自己,严格按执业规范办案,在法律框架内行事，就不会有法律风险。

  回想做律师这9年来，从初来乍到，到律师事业略有所成，再到成立自己的律所，完全是不忘初心，力求做合格律师，依法为民维权。一路走来，首先要感谢在一起同甘共苦、摸爬滚打的姜超峰律师。他是一位编辑出身的优秀青年律师，一位才华横溢的法学硕士，也是我们律所核心合伙人，这本书也凝聚着他的心血。其次要感谢北京大学出版社陆建华先生，帮助我设计书籍体例、策划书籍内容，反复提出修改意见。最后，要感谢我的助理刘丽娜、赵娅琼，帮助我校对书稿、整理案例。

  《命案的辩护——从侦查角度谈刑事辩护》是本人第一次写书，也是对自己18年刑事侦查经验和9年刑事辩护律师经验的总结，期待能够给广大年轻刑事辩护律师提供借鉴。

杨汉卿
2018年2月1日